REPORT OF HEDGE FUNDS IN CHINA 2025

清华大学五道口金融学院
TSINGHUA UNIVERSITY PBC SCHOOL OF FINANCE

深圳数据经济研究院
SHENZHEN INSTITUTE OF DATA ECONOMY

2025年中国私募基金研究报告

曹泉伟　陈卓　吴海峰　等 / 著

中国财经出版传媒集团
经济科学出版社
Economic Science Press
·北京·

编委会

主　　任：曹泉伟

副 主 任：陈　卓　吴海峰

编著人员：（按姓氏笔画为序）

　　　　　门　垚　平依鹭　刘　桢

　　　　　吴　莹　张　鹏　姜白杨

前言

在全球经济的多维度变迁中，2024年延续了挑战与机遇并存的态势。随着全球经济逐步适应通胀压力和货币政策调整的影响，经济增长动力仍面临不确定性。尽管部分国家经济复苏势头显现，但地缘政治冲突、贸易摩擦以及能源价格波动等因素，使全球市场承受着复杂的外部环境压力。2024年，美联储和欧洲央行在加息周期尾声阶段维持审慎态度，全球流动性环境相较前一年略有改善。美元指数在震荡中趋稳，主要股指表现分化，部分经济体股市有所反弹。在这一背景下，中国经济展现出较强的韧性。全年国内生产总值增速保持在合理区间，经济结构持续优化，消费和投资共同拉动经济增长。然而，国内外周期性和结构性矛盾交织，A股市场延续震荡格局。投资者信心在复杂环境中反复波动，市场风格呈现出明显分化。小盘成长股在政策支持和行业趋势推动下表现亮眼，而传统行业板块受经济调整压力影响较大。面对剧烈波动的市场环境，私募基金管理人展现出较强的应变能力和差异化的投资策略。

我国私募基金行业已历经20多年的发展，逐渐成为我国财富管理行业中不可或缺的一部分。本书将围绕中国证券类私募基金展开研究，关注其在我国的发展历程、业绩表现，并对基金经理的选股能力、择时能力和基金业绩持续性进行深入分析。

第一章，我们回顾私募基金行业的发展历程，并从不同维度剖析我国私募基金的现状。2024年，行业监管进一步完善，《私募投资基金监督管理条例》持续发挥政策引导作用，推动行业稳健发展。与此同时，中国证券投资基金业协会发布的相关备案管理细则，提高了市场透明度和合规性。截至2024年底，我国证券类私募基金备案存续数量达到了87 815只，备案存续管理规模达到了5.22万亿元。证券类私募基金凭借灵活的投资策略和快速应变能力，在波动的市场环境中发挥了重要作用。

第二章，我们以私募基金中最具代表性的股票型私募基金为研究对象，与股票型公募基金以及覆盖所有A股股票的万得全A指数的业绩表现进行综合比较。在近三年（2022~2024年）和近五年（2020~2024年）这两个时间段，股票型私募基金的收益率都要优于股票型公募基金和万得全A指数；在调整风险后，与往年分析结果相异的是在承担相同风险的情况下，三年样本中，私募基金的风险调整后收益表现优于公募基金；近五年私募基金的风险调整后收益表现不如公募基金，但均优于大盘指数。从索丁诺比率的分析结果来看，在相同的下行风险水平下，近三年和近五年私募基金的索丁诺比率都远高于公募基金和大盘指数。从收益—最大回撤比率的分析结果来看，无论是三年样本还是五年样本，在相同的回撤水平下，私募基金都能够取得高于大盘指数的风险调整后收益。相对而言，私募基金还是在长期具有较强的盈利能力。

第三章，我们评估股票型私募基金经理的选股和择时能力。我们的量化分析结果显示，在万得（Wind）数据库近五年具有完整历史业绩的810只股票型私募基金中，有195只基金（占比24.0%）表现出显著的选股能力，有68只基金（占比8.4%）表现出显著的择时能力。自助法（bootstrap）检验结果表明，有112只基金（占比13.8%）的选股能力源于基金经理自身的投资能力，有56只基金（占比6.9%）的择时能力源于基金经理自身的投资能力，而非运气。

第四章，我们分别使用基金收益率的Spearman相关性检验、绩效二分法检验、描述统计检验和基金夏普比率的描述统计检验，研究私募基金过往业绩与未来业绩的关系。检验结果显示，当排序期为一年时，2008~2024年期间股票型私募基金的收益只在部分年间表现出一定的持续性，且在部分年间出现了反转的现象；当排序期为三年时，收益率排名靠前（属于收益率排名在前25%的第1组）的私募基金在下一年有较大概率延续其排名水平。当采用夏普比率作为衡量基金业绩的指标时，过去一年夏普比率排名靠前（属于夏普比率排名在前25%的第1组）或靠后（属于夏普比率排名在后25%的第4组）的基金在未来一年有较大概率仍然排名靠前或靠后；过去三年夏普比率排名靠前的基金在未来一年有较大概率仍然排名靠前。投资者在选取基金时，可以以此为依据选取或规避特定的私募基金。

第五章，为使大家了解我国私募基金行业的发展状况以及不同策略私募基金的整体收益和风险程度，我们根据私募基金的投资策略构建出六类中国私募基金指数，分别为普通股票型私募基金指数、股票多空型私募基金指数、相对价值型私募基金指数、事件驱动型私募基金指数、债券型私募基金指数和CTA型私募基金指数。这六类私募基金指数的收益皆普遍超过了市场指数，并且在市场波动或低迷的年份，私募基金指数显示出相对稳定的抗跌能力，最大回撤率较市场指数更低。在各类指数的横向比较中，CTA型私募基金指数在收益和调整风险后的表现上占据领先地位，而相对价值型私募基金指数虽然绝对收益不是最高，但其较低的风险和较高的调整风险后收益使其综合表现同样出色。

第六章，我们构建私募基金风险因子，并用这些风险因子解释私募基金收益的来源。私募基金风险因子包括股票市场风险因子（MKT）、规模因子（SMB）、价值因子（HML）、动量因子（MOM）、债券因子（BOND10）、信用风险因子（CBMB10）、债券市场综合因子（BOND_RET）及商品市场风险因子（FUTURES）。结果显示，当对单只基金进行回归分析时，四类股票型基金的拟合程度较好，与 MKT 因子呈正相关的基金数量比例较高，体现出股票型基金的特征，而债券型基金和 CTA 型基金的拟合程度较差，意味着我们构造的八个风险因子不能较好地解释这两个策略私募基金的收益构成。当对私募基金指数进行回归时，普通股票型、股票多空型和事件驱动型私募基金指数的模型拟合程度较高。

  本书通过定性的归纳总结和大量的数据分析，力求以客观、独立、深入、科学的方法，对我国私募基金行业作出深入分析，使读者对私募基金行业发展历史、发展现状与行业进程有一个全面而清晰的认识与理解。同时，也为关注私募基金行业发展的各界人士提供一份可以深入了解私募基金的参阅材料。

  鉴于书中部分章节的计算结果篇幅较长，在附录二中我们仅呈现 α 为正显著的基金，附录三中仅呈现排序期收益率排名前 30 位的基金。若读者对完整数据感兴趣，可扫描以下二维码查阅。

目 录 CONTENTS

第一章　中国私募基金行业发展概览　/　1

一、私募基金简介 ·· 1

二、行业发展历程 ·· 5

三、2024 年行业发展新动态 ·· 11

　　（一）私募基金行业相关文件或政策意见梳理 ······················· 12

　　（二）证券私募基金行业规范化运作 ······································· 14

　　（三）私募子公司管理规范修订 ··· 16

　　（四）私募信息披露面临强监管 ··· 18

四、行业发展现状 ·· 19

　　（一）基金发行数量 ··· 20

　　（二）基金实际发行规模 ··· 23

　　（三）基金发行地点 ··· 23

　　（四）基金投资策略 ··· 24

　　（五）基金费率 ··· 26

五、小结 ·· 26

第二章　私募基金能否战胜公募基金和大盘指数　/　28

一、收益率的比较 ·· 29

　　（一）四类股票型私募基金与大盘指数的比较 ······················· 31

　　（二）年度收益率的比较 ··· 37

　　（三）基金超过大盘指数收益率的比例 ··································· 40

　　（四）累计收益率的比较 ··· 41

二、风险调整后收益指标的比较 ·· 42

　　（一）夏普比率 ··· 43

　　（二）索丁诺比率 ··· 54

（三）收益—最大回撤比率 ································ 65
　二、四个收益指标的相关性分析 ································ 76
　三、小结 ·· 77

第三章　私募基金经理是否具有选股能力与择时能力　/　79

　一、回归模型及样本 ·· 80
　二、选股能力分析 ·· 83
　三、择时能力分析 ·· 94
　四、选股能力与择时能力的稳健性检验 ························ 98
　五、自助法检验 ··· 102
　六、小结 ··· 111

第四章　私募基金业绩的持续性　/　113

　一、收益率持续性的绩效二分法检验 ························· 114
　二、收益率持续性的 Spearman 相关性检验 ·················· 120
　三、收益率持续性的描述统计检验 ···························· 124
　四、夏普比率持续性的描述统计检验 ························· 132
　五、小结 ··· 138

第五章　道口私募基金指数　/　140

　一、道口私募基金指数编制方法 ······························ 141
　　　（一）样本空间 ··· 141
　　　（二）指数类别 ··· 141
　　　（三）样本选入 ··· 141
　　　（四）样本退出 ··· 141
　　　（五）道口私募指数计算准则 ···························· 142
　二、道口私募基金指数覆盖的基金数量 ······················· 143
　三、道口私募基金指数与市场指数的对比 ···················· 151
　四、小结 ··· 160

第六章　中国私募基金的业绩归因分析　/　161

　一、风险因子的构建 ·· 162
　二、风险因子的描述统计 ····································· 166

三、私募基金的风险因子归因分析 ································ 174
（一）样本选取 ································ 174
（二）私募基金风险归因模型 ································ 176
（三）归因分析结果 ································ 176
四、私募基金指数的风险因子归因分析 ································ 181
（一）私募基金指数风险归因模型 ································ 181
（二）归因结果分析 ································ 181
（三）稳健性检验 ································ 183
五、小结 ································ 184

附录一 股票型私募基金近五年业绩描述统计表（按年化收益率由高到低排序）：
2020~2024 年 ································ 186

附录二 股票型私募基金经理的选股能力和择时能力（按年化 α 排序）：
2020~2024 年 ································ 229

附录三 收益率在排序期排名前 30 位的基金在检验期的排名（排序期为一年）：
2021~2024 年 ································ 240

附录四 收益率在排序期和检验期分别排名前 30 位的基金排名（排序期为一年）：
2021~2024 年 ································ 245

附录五 夏普比率在排序期排名前 30 位的基金在检验期的排名（排序期为一年）：
2021~2024 年 ································ 250

参考文献 ································ 255
后记 ································ 257

第一章

中国私募基金行业发展概览

自2004年首只私募基金——阳光私募基金问世以来，我国私募基金行业历经了20多年的快速发展。随着我国资本市场的不断壮大和相关政策的日益完善，私募基金作为一种重要的投资工具，正崭露头角，成为我国财富管理领域的新兴力量。随着国内居民财富的持续积累和风险偏好的提升，私募基金在我国的规模和影响力不断扩大。该行业不仅为投资者提供了多元化的投资选择，也为实体经济的发展提供了必要的资金支持和服务。随着相关部门对私募基金行业运作和信息披露等方面出台具体规定，私募基金行业的规范发展有了引导，投资者的权益也有了制度性的保护。

本章将从四个方面梳理私募基金的发展脉络。第一部分，详细介绍私募基金的概念、内涵和性质；第二部分，深入探讨私募基金行业的发展历程和独特特点；第三部分，从市场动向和监管法规等多个角度，总结2024年我国私募基金行业的发展动态；第四部分，全面介绍私募基金行业的发展现状，从私募基金的数量、规模、发行地点、投资策略及费率等多个维度进行分析。

一、私募基金简介

证券投资基金是一种集合投资方式，由基金管理人通过发售基金份额向投资者募资，并对所募集的基金资产进行专业化投资管理。这些基金主要投资于公开交易的股票、债券、货币市场工具和金融衍生品等有价证券，以实现资产增值和风险分散。

根据募集资金的对象和方式的不同，证券投资基金可以分为公开募集证券投资基金（以下简称"公募基金"）和私募证券投资基金（以下简称"私募基金"）。公募基金通过公开发售基金份额向广大投资者募集资金，而私募基金则以非公开方式向特定合格投资者募集资金。在我国资产管理行业中，公募基金和私募基金各自发挥着重要作用，相辅相成、互为补充，为居民提供多层次的财富管理服务。公募基金的投资门槛和费用较低，是普通投资者获取专业投资服务和分散化参与证券投资的最佳选择；而私募基金投资门槛和费用较高，通常要求投资者具备较多的金融资产和较高的风险识别与承受能力，如要求投资者投资于单只产品的金额不低于100万元。尽管公募基金和私募基金都属于证券类投资基金，但私募基金具有许多独特的特点。下面将通过对公募基金和私募基金进行对比来帮助投资者更深入地理解私募基金的内涵与性质。

（1）私募基金与公募基金在募集方式和募集对象上存在明显差异。公募基金能够向广泛的社会大众公开发售，而私募基金不允许进行公开发售和宣传推广，根据《中华人民共和国证券投资基金法》（以下简称《证券投资基金法》），私募基金只能以非公开方式向合格投资者募集资金。因为私募基金具有较高的投资风险和投资门槛，私募基金管理人在向特定投资者宣传推介产品前，需经特定对象确定程序来评估投资者是否具有相应的风险识别和风险承受能力。中国证券监督管理委员会（以下简称"证监会"）在2014年出台的《私募投资基金监督管理暂行办法》中，首次明确了私募基金合格投资者的具体要求；并在2018年发布的《关于规范金融机构资产管理业务的指导意见》中进一步提高了合格投资者的门槛，对合格投资者的家庭金融资产和家庭金融净资产提出了具体要求。2024年由中国证券投资基金业协会（以下简称"中基协"）发布的《私募证券投资基金运作指引》，强化了对私募资金募集的要求，明确了私募证券基金的初始募集及存续规模，强化了投资者的适当性要求，明确了预警止损线安排。

（2）私募基金与公募基金在信息披露方面有着不同的规定和要求。公募基金遵循证监会发布的《证券投资基金信息披露管理办法》，实行严格的信息公开披露制度，确保了高度的透明度。公募基金需要向公众披露投资目标、投资组合等关键信息，并受到证监会及其派出机构的监督。相比之下，私募基金则遵循中基协发布的《私募投资基金信息披露管理办法》进行自律管理，信息披露要求较低，不必披露投资组合。[①] 这两类基金的具体区别如下：在基金募集期间，公募基金需要披露包括招募说明书、托管协议、发售公告等文件，而《私募投资基金信息披露管理办法》对私募基金未作披露文件的要求，但列出了需要披露的特定信息内容。在基金运作期间，公募基金的信息披露内容更多、时效要求更高，需要披露季报、半年报及经审计的年报，需要按一定频率披露资产净值、份额净值、累计净值等信息；而私募基金信息披露范围较小，频率上主要包括季报及年报，对于单只管理规模达到5 000万元以上的私募基金还需披露月度报告，具体披露基金净值信息。在

---

① 虽然目前尚不用披露投资组合，但2024年7月证监会发布的《私募投资基金信息披露和信息报送管理规定（征求意见稿）》（以下简称《信披规定》）中涉及对底层资产披露的特定安排，因此，未来私募基金也可能面临投资组合的信息披露。

重大事项方面，对于公募基金，《证券投资基金信息披露管理办法》中对各类重大事项的信息披露时效提出了硬性要求；对于私募基金，《私募投资基金信息披露管理办法》仅规定在重大事项发生时需"及时"向投资者披露。综上所述，公募基金的信息披露要求更为严格和透明，而私募基金则在信息披露上享有一定的灵活性，但必须遵守相关的自律管理规定。这些规定旨在保护投资者的知情权，同时考虑到了私募基金投资者的风险识别和承受能力。

（3）私募基金与公募基金在中国金融市场中受到不同程度的监管。公募基金面向的是广泛的社会公众，根据规定，其基金份额的持有人数不得少于200人，由于涉及的投资者众多，且大部分投资者的风险识别和承受能力较低，公募基金在募集、申赎和交易等环节受到严格的规范和监管，发行的产品也需经过证监会的严格审核，产品公开化与透明化程度较高。而私募基金近年来的监管力度虽在不断加大，但相对于公募基金，其监管约束仍然较宽松，这与私募基金的特质密切相关。私募基金仅面向具有一定风险识别和风险承受能力的合格投资者，社会影响面窄；私募基金投资运作等方面主要依照基金合同进行，信息披露程度较低，保密性较强，因此更加注重市场主体自治，以行业自律管理为主。私募基金的自律监督管理由中基协负责，包括对私募基金登记备案、信息披露、募集行为、合同指引、命名指引等多维度的监督管理，但中基协不对私募基金管理人和产品作实质性的事前检查，这体现了私募基金监管的特点，即在确保合规性的同时，给予市场主体更大的自主权。这些差异化的监管策略旨在平衡市场效率和保护投资者。公募基金的严格监管有助于维护市场的稳定性和透明度，而私募基金的自律管理则鼓励创新和灵活性，以满足不同投资者群体的需求。随着金融市场的不断发展和成熟，监管机构也在不断调整和优化监管框架，以适应市场的变化和投资者的期待。

（4）私募基金与公募基金的管理费收费标准不同。公募基金一般按照固定费率收取管理费，由于规模效应，基金的管理规模越大，基金管理费率越低，股票型公募基金年度管理费率在0.15%~2.0%之间。私募基金的收费模式更为复杂，采取固定管理费和浮动管理费相结合的模式，固定管理费是投资者每年向私募基金管理人按投资金额一定比例支付的管理费用，通常在1%~2%之间；浮动管理费是基金当事人事先在基金合同中约定的业绩报酬，通常约定在基金收益率达到一定水平时，管理人收取一部分业绩收益作为报酬，提取超额业绩的比例一般为20%。2020年6月，中基协发布的《私募证券投资基金业绩报酬指引（征求意见稿）》中规定，业绩报酬的计提比例上限为业绩报酬计提基准以上投资收益的60%。另外，私募基金管理人提取浮动管理费的时间节点也较为灵活，可按合同约定的固定时间节点或在基金分红时计提报酬，可选择在投资者赎回基金份额时计提报酬，也可选择在基金清盘时一次性计提业绩报酬；而公募基金管理费是每日计提的。值得注意的是，2019年11月，公募基金浮动管理费率重启试点，规定在基金年化收益率达到8%以上时，基金管理人可以提取20%的业绩报酬，随着试点公募基金的发行，未来浮动管理费机制或不再是私募基金特有的收费特征，公募基金也可能采用类似的收费模式。总体而言，私募基金的管理费收费标准更为灵活，且与基金的业绩挂钩，这样的合同激励基金管理人追求更高的投资回报。而公募基金的管理费则更为稳定，适合风险偏好较低的广大投资者。随着市场的发展和监管政策的调整，两种基金的收费模式也在不断演变，以适应市场的需求和投资者的期望。

（5）私募基金与公募基金在投资限制上有较大差异。公募基金在投资品种、比例、集中度、仓位等方面都有严格的限制；私募基金则受限较少，可以采取相对灵活的投资策略。根据《公开募集证券投资基金运作管理办法》和《关于规范金融机构资产管理业务的指导意见》（以下简称"资管新规"），公募基金的投资限制包括但不限于：基金名称显示投资方向的，应当有80%以上的非现金基金资产属于投资方向确定的内容；同一基金管理人管理的全部基金产品投资一家上市公司发行的股票的市值不得超过该公司市值的30%。股票型公募基金通常有不少于80%的股票仓位限制等规定。私募基金则在投资范围、投资限制、投资策略等方面限制较少，可操作空间较大。相比于公募基金设立规模至少达到两亿元的大体量，私募基金单只产品的设立规模通常在几千万元至几亿元，且其面向的投资者群体是具有一定风险识别和承受能力的合格投资者，故而私募基金具有较高的灵活性。私募基金的投资策略和限制通常由基金合同约定，监管机构采取适度监管原则，强调市场主体自治和行业自律管理。在符合基金合同约定的情况下，私募基金可以选择合适的策略，自主调整各类投资标的仓位，综合运用买入、卖空、杠杆等方式强化投资回报。并且，私募基金可以在0~100%之间自由控制仓位，而不受公募基金那样严格的仓位限制。

（6）私募基金与公募基金的追求目标不同。公募基金的投资目标是超越业绩比较基准，以及追求基金业绩在同类基金中的排名靠前，也就是说，公募基金更注重相对收益，即与市场基准或同类基金相比的收益表现；而私募基金关注基金的绝对收益和超额回报，注重控制最大回撤与波动率，追求较高的风险收益比，并且无论市场涨跌，都希望获得绝对的正收益率。追求绝对收益也是私募基金备受投资者青睐的原因之一。

表1-1总结了上述对比分析中公募基金与私募基金的区别，供读者参考。

表1-1　　　　　　　　公募基金和私募基金对比

项目	公募基金	私募基金
募集对象	广大社会公众	少数特定的合格投资者，包括机构和个人
募集方式	公开发售	非公开发售

续表

项目	公募基金	私募基金
信息披露	要求严格，有一套完整的制度	要求较低，保密性强
监管程度	在各方面都有严格的规范和监管	监管约束少，以自律管理为主
收费标准	一般按固定比例收取管理费	一般按1%~2%收取固定管理费+20%业绩提成
投资限制	严格限定基金的投资方向、比例和仓位	灵活控制投资方向、比例和策略等
追求目标	基金业绩在同类基金中的排名，追求相对于某一基准的业绩	基金的绝对收益
投资风险	投资风险相对较低	投资风险相对较高，对投资人的风险识别和风险承担能力有更高要求
投资门槛	投资门槛低	投资门槛高，对个人投资者金融资产或收入、机构投资者净资产有要求

二、行业发展历程

过往30年间，私募基金行业从粗放的地下生长走向规范合法化发展，经历了一个自下而上、自发孕育和逐渐规范化发展的过程，目前已成长为我国资管行业的重要组成部分。其行业发展历程主要分为以下三个阶段。

第一阶段：地下生长阶段（20世纪90年代至2004年）。20世纪90年代，我国资本市场初步建立，制度与监管建设尚未完善。当时，企业从一级市场进入二级市场后，估值会大幅上升。然而，由于制度建设滞后，希望通过公募基金从两个市场套利的投资者无法获得利润。与此同时，中国改革开放带来了一批拥有闲置资金的富裕人群和企业，正探求以一种新的方式参与资本市场。在这种背景下，1993年，一些证券公司获得了投资一级市场的资格，开始进行承销业务，接受大客户的资金和委托进行代理证券投资。其中大部分资金发展成了隐蔽的"一级市场基金"，即通过认购新股在一级市场上进行投资。这种大客户与证券公司之间的非正规信托资金委托关系成为中国私募基金的雏形。私募基金行业在诞生初期没有受到严格监管，主要采用无托管状态的账户管理合作模式。

1996~2000年，股票市场行情火热，吸引了许多投资者通过委托理财的方式入市，如部分上市公司会委托主承销商进行代理投资。市场上的投资需求旺盛，推动了投资管理公司的发展。同时，在券商运营过程中，基金管理人员面临着薪酬水平较低和诸多限制的问题。这促使许多券商的优秀人才选择离开，以委托理财的方式设立自己的投资管理公司，从而为私募基金行业补充了人才队伍，推动了私募基金行业向更加专业化的方向发展。

2001年，全国人民代表大会通过了《中华人民共和国信托法》（以下简称《信托法》），为信托行业建立了法律制度框架，明确和规范了信托关系，为信托公司合法从事私募业务提供了法律依据。随后，2003年8月，云南国际信托有限公司发行了中国首只以信托模式运作的私募基金——"中国龙资本市场集合资金信托计划"，该基金是国内首只投资于二级市场的证券类信托产品，由信托方自身的投研团队进行自主管理。2003年10月，全国人民代表大会常务委员会通过了《证券投资基金法》，明确了公开募集基金的法律体系，虽然私募基金并未获得相同的法律地位，但为国内引入私募基金预留了一定的发展空间。2003年12月，《证券公司客户资产管理业务试行办法》发布，证监会允许证券公司从事集合资产管理业务，从此券商可以通过资产管理计划和券商理财的方式为私募基金公司提供私募基金产品。私募基金阳光化的条件逐渐成熟。这一阶段，私募基金产品管理人以"券商派"为主，这一系列法律和政策层面的变化给我国私募基金行业带来了新的发展契机。

第二阶段：阳光化成长阶段（2004~2013年）。2004年2月，首只由私募机构担任投资顾问的私募基金产品——"深国投·赤子之心（中国）集合资金信托计划"问世。其业务模式中，发行方为信托公司，资金托管方为银行，私募机构则受聘于信托公司担任管理人，负责资金运作管理。这一模式为私募基金管理人担任信托等产品的投资顾问或实际管理人奠定了基础，开创了我国私募证券投资基金阳光化的先河。以信托关系为基础的代客理财机制，创新地将私约资金改造为资金信托，使私募基金运作更规范化、公开化和阳光化。随后，采用信托方式投资股市的私募基金逐渐被市场接受，并获得投资者和基金经理的认同，成为私募基金行业的主流运作方式。2006年12月，中国银行业监督管理委员会（以下简称"银监会"）发布《信托公司集合资金信托计划管理办法》，实现了促进私募基金阳光化、规范化发展的重要一步。当时，私募基金的数量和管理规模相对较小，管理人主要以"民间派"为主。

2007年10月上证指数飙升至6 124点，火热的股市行情吸引了许多公募基金管理人加入私募基金领域。他们为私募基金带来了规范化运作的理念和专业管理的经验，推动了私募基金的稳健发展，从此私募基金行业崭露头角，管理人开始向"公募派"转型。2009年12月，修改后的《证券登记结算管理办法》明确了合伙制企业可以开设证券账户，为我国发展有限合伙型私募基金提供了契机。2010年2月，我国首只以有限合伙方式运作的银河普润合伙制私募基金正式成立，这标志着私募基金行业在组织形式上的创新和多元化发展。

第三阶段：规范化发展阶段（2013年至今）。2012年6月，证监会开始对私募基金实行统一监管，并在同年成立了中基协，负责履行行业自律监管职能。中基协承担了私募基金的登记备案工作，并出台了多项行业规范和自查要求，对行业规范发展起到了重要作用。同年12月，《证券投资基金法（修订草案）》获通过，首次将非公开募集基金纳入法律监管范围，并明确公司或合伙企业类型的非公开募集基金参照适用该法。修订后的《证券投资基金法》（以下简称"新基金法"）于2013年6月1日正式实施，明确了私募行业的法律地位。新基金法旨在防范系统性风险，主要侧重于规章制度的建立，规定私募基金以行业自律监管为主，具体业务运作主要依靠基金合同和基金当事人的自主约定。新基金法的实施对我国私募基金行业具有重要而深远的意义，标志着私募基金正式步入合法规范发展阶段。表1-2总结了2013年至今监管部门在私募基金行业规范化发展阶段所发布的重要政策。

表1-2　　　　私募基金行业规范化发展阶段重要政策

发布日期	监管政策名称	发布方
2013年6月	《中华人民共和国证券投资基金法》	证监会
2014年1月	《私募投资基金管理人登记和基金备案办法（试行）》	中基协
2014年5月	《关于进一步促进资本市场健康发展的若干意见》	国务院
2014年6月	《关于大力推进证券投资基金行业创新发展的意见》	证监会
2014年8月	《私募投资基金监督管理暂行办法》	证监会
2016年2月	《私募投资基金管理人内部控制指引》	中基协
2016年2月	《私募投资基金信息披露管理办法》	中基协
2016年2月	《关于进一步规范私募基金管理人登记若干事项公告》	中基协
2016年4月	《私募投资基金募集行为管理办法》	中基协
2016年4月	《私募投资基金合同指引》	中基协
2016年7月	《证券期货经营机构私募资产管理业务运作管理暂行规定》	证监会
2016年11月	《私募投资基金服务业务管理办法》	中基协
2017年6月	《基金募集机构投资者适当性管理实施指引（试行）》	中基协
2017年8月	《私募投资基金管理暂行条例》（征求意见稿）	国务院
2017年9月	《证券投资基金管理公司合规管理规范》	中基协
2017年12月	《私募基金管理人登记须知》	中基协
2018年3月	《关于进一步加强私募基金行业自律管理的决定》	中基协
2018年4月	《关于规范金融机构资产管理业务的指导意见》	人民银行、银保监会、证监会、外汇管理局

续表

发布日期	监管政策名称	发布方
2019年12月	《私募投资基金备案须知》	中基协
2020年6月	《私募证券投资基金业绩报酬指引（征求意见稿）》	中基协
2020年12月	《关于加强私募投资基金监管的若干规定》	证监会
2021年2月	《关于加强私募基金信息报送自律管理与优化行业服务的通知》	中基协
2021年9月	《关于优化私募基金备案相关事项的通知》	中基协
2021年9月	《关于开展分道制二期试点工作的通知》	中基协
2021年11月	《关于上线"量化私募基金运行报表"的通知》	中基协
2022年1月	《关于加强经营异常机构自律管理相关事项的通知》	中基协
2022年5月	《基金从业人员管理规则》及配套规则	中基协
2022年6月	《私募基金管理人登记和私募投资基金备案业务办事指南》	中基协
2022年12月	《私募投资基金登记备案办法（征求意见稿）》	中基协
2023年1月	《证券期货经营机构私募资产管理业务管理办法》	证监会
2023年2月	《私募投资基金登记备案办法》	中基协
2023年4月	《私募证券投资基金运作指引（征求意见稿）》	中基协
2023年4月	《私募基金管理人登记申请材料清单（2023年修订）》	中基协
2023年7月	《私募投资基金监督管理条例》	国务院
2023年7月	《私募基金管理人失联处理指引》	中基协
2023年7月	《证券期货经营机构私募资产管理计划备案管理办法》	中基协
2023年9月	《私募投资基金管理人可持续投资信息披露通则》	北京基金业协会
2023年12月	《私募投资基金监督管理办法（征求意见稿）》	证监会
2024年4月	《私募证券投资基金运作指引》	中基协
2024年5月	《证券公司私募投资基金子公司管理规范（2024年修订）》	中证协
2024年5月	《证券公司另类投资子公司管理规范（2024年修订）》	中证协
2024年5月	《自律规则适用意见第6号——关于〈证券公司另类投资子公司管理规范〉和〈证券公司私募投资基金子公司管理规范〉有关规定的适用意见》	中证协
2024年7月	《私募投资基金信息披露和信息报送管理规定（征求意见稿）》	证监会

资料来源：国务院、证监会、中基协、人民银行、北京基金业协会。

  2014年1月，证监会授权中基协对私募基金进行自律监管，并负责私募基金的登记与备案工作，逐步构建行业自律管理体系。同月，中基协发布了《私募投资基金管理人登记和基金备案办法（试行）》，明确了私募基金管理人登记和基金备案制度，并首次授予私募机构独立基金管理人身份。50家私募基金管理人（包括33家私募基金公司）成为首批获得登记证书的机构。这一登记备案制度的实施推动了私募基金行业的迅速发展，但也暴露出行业参与者良莠不齐、合规意识不足等问题。为规范私募行为、加强自律监管，中基协开始布局"7+2"自律规则体系，包括募集办法、登记备案办法、信息披露办法、投资顾问业务办法、托管业务办法、外包服务管理办法、从业资格管理办法，以及内部控制指引和基金合同指引。这一多维度的规范措施旨在强化私募行为的规范性和自律性。

2014年5月，国务院发布了《关于进一步促进资本市场健康发展的若干意见》（以下简称"新国九条"），提出要"培育私募市场"，这是国务院首次在文件中单独列出私募基金并对其进行具体部署。新国九条提出了功能监管和适度监管原则，要求私募发行不再需要行政审批，而是要完善私募业务和产品的全程监管、风险控制和自律管理。2014年8月，证监会发布并施行了《私募投资基金监督管理暂行办法》（以下简称《暂行办法》），这是我国首个专门监管私募基金的部门规章，是私募基金行业发展历程中的重要里程碑。《暂行办法》对私募基金的登记备案、合格投资者、资金募集、投资运作、行业自律、监督管理等方面作出了明确规定，有效规范和促进了私募基金行业的发展。《暂行办法》填补了监管空白，强调了中基协在私募基金行业中的自律监管职责，要求中基协依照相关法律法规和自律规则，对私募基金业开展行业自律、协调行业关系、提供行业服务、促进行业发展，从而推动了私募基金行业规范化、制度化发展，使私募基金的产品数量和管理规模得到快速提升。

2016年是行业规范化发展的重要节点。为进一步规范金融市场、加强监管作用、防范金融市场的泡沫和炒作、治理市场乱象，从2016年起，监管部门出台了一系列严厉的监管文件，完善行业监管框架，提升监管效能，帮助私募基金行业强化基础、提升品质。这一年，中基协发布了多项监管文件，涉及管理人内部控制、信息披露管理、募集行为管理和基金合同指引等，构成了行业自律体系的核心，为私募基金的规范化运作提供了明确的指导和规范。同年7月，证监会发布了《证券期货经营机构私募资产管理业务运作管理暂行规定》，对宣传推介行为、结构化资管产品、过度激励等方面进行了规范，并进一步明确了私募证券基金管理人的执行要求，从而加强了对私募基金的风险管控。

2017年8月，国务院发布了《私募投资基金管理暂行条例（征求意见稿）》，明确了私募基金管理人和托管人的职责，并规定了资金募集、管理运作、信息披露等方面的监管规则，以进一步规范私募基金的运作。2018年4月，人民银行、银保监会、证监会、外汇管理局等四部委联合发布了《关于规范金融机构资产管理业务的指导意见》（即资管新规），提出鼓励充分运用私募产品来支持市场化，其正式生效标志着资管行业统一监管时代的开始。

为深化私募基金行业的信用体系建设，中基协于 2018 年 1 月发布了《私募证券投资基金管理人会员信用信息报告工作规则（试行）》。同月，中国证券登记结算有限责任公司（以下简称"中证登"）发布了《关于加强私募投资基金等产品账户管理有关事项的通知》，以加强对私募基金、证券期货经营机构私募资产管理计划、信托产品、保险资管产品证券账户的管理。2018 年 9 月，中基协发布了《关于加强私募基金信息披露自律管理相关事项的通知》，通过建立健全行业诚信约束机制，督促和规范私募基金管理人按时履行私募基金信息披露义务等，旨在加强行业的自律管理。随后，中基协陆续发布了《私募投资基金命名指引》《私募基金管理人登记须知》《私募基金管理人备案须知（2019 年版）》《私募证券投资基金业绩报酬指引（征求意见稿）》《私募投资基金电子合同业务管理办法》等文件，并持续开展行业自查工作，使私募基金管理公司的经营信息更加全面透明，从而增强中基协的监督管理能力，保障投资者的合法权益。这一系列政策规范的出台，标志着私募基金行业在信用体系建设和自律管理方面迈出了重要一步，有助于提升行业的整体规范性和透明度。

2019 年，证监会批准沪深 300ETF 期权合约上市，为市场提供了更多风险管理工具，这一举措使私募基金可采用更多策略开发产品，增强了市场的风险管理能力。2020 年 12 月，证监会发布《关于加强私募投资基金监管的若干规定》（以下简称《若干规定》），这是继《私募投资基金监督管理暂行办法》后的第二个部门规章，其监管效力高于中基协发布的规范性文件。《若干规定》旨在促进私募基金规范发展，防范私募基金违法违规行为并严格管理风险，进一步加强行业监管。

2021 年 2 月，中基协发布了《关于加强私募基金信息报送自律管理与优化行业服务的通知》，旨在推动行业数据质量提升。9 月，中基协发布了《关于优化私募基金备案相关事项的通知》和《关于开展分道制二期试点工作的通知》，对私募基金产品备案进行了详细规定，其中部分产品变更业务可先经系统自动审核，后期再抽查，这种自动化的办理模式大幅提升了办理效率。分道制备案试点范围扩大，纳入了证券类私募基金。11 月，中基协发布了《关于上线"量化私募基金运行报表"的通知》，完善了量化私募基金信息监测体系。

2022 年 1 月，中基协发布了《关于加强经营异常机构自律管理相关事项的通知》，提升私募基金规范化运作水平，设立行业常态化退出机制，推动行业高质量发展，维护投资者权益。5 月，中基协发布了《基金从业人员管理规则》及配套规则，以加强从业人员自律管理，规范其执业行为。6 月，中基协发布了《私募投资基金电子合同业务管理办法（试行）》，规范私募基金电子合同业务，并发布《关于私募基金管理人登记备案工作相关事宜的通知》及《私募基金管理人登记和私募投资基金备案业务办事指南》，进一步优化相关工作。12 月 30 日，中基协发布了新修订的《私募投资基金登记备案办法（征求意见稿）》及配套指引，向社会公开征求意见，旨在进一步提升私募基金的登记备案管理水平，延续监管扶优限劣的导向，对行业产生了较大影响。

2023年以来私募行业接连迎来多项新规。2023年1月13日，证监会修订了《证券期货经营机构私募资产管理业务管理办法》，旨在巩固资管业务规范的整改成果，促进行业生态的稳健规范发展，更好地发挥私募资管业务在服务实体经济方面的作用。2月24日，中基协正式发布《私募投资基金登记备案办法》及其配套指引，自同年5月1日起施行。这是国内私募基金领域的一次重大改革，同时也是自2014年发布的《私募投资基金管理人登记和基金备案办法（试行）》后，第一次大范围的行业新规调整。4月14日，中基协发布了《私募基金管理人登记申请材料清单（2023年修订）》以配合同年2月24日颁布的《私募投资基金登记备案办法》及相关指引的实施，旨在规范私募基金管理人的登记申请流程，提高行业的透明度和规范性。4月28日，中基协就《私募证券投资基金运作指引（征求意见稿）》公开征求意见，标志着我国私募基金行业迎来了高质量的整合和优化。7月9日，《私募投资基金监督管理条例》正式发布，为私募基金行业未来的稳健发展提供了更高水平的法律支持和依据，能够更好地保护投资者的合法权益，预防金融风险。7月14日，中基协发布实施《私募基金管理人失联处理指引》，旨在督促私募基金管理人保持与投资者的沟通渠道畅通，保护投资者的合法权益，促进行业的健康发展。7月14日，《证券期货经营机构私募资产管理计划备案管理办法》正式由中基协发布，该管理办法在证监会的指导下修订，融合了私募资管业务原有的自律规则、服务指南等成熟内容，结合了备案监测实践经验，进一步完善了相关规定。9月4日，北京基金业协会在全球PE北京论坛上发布了全球首个私募投资基金行业的可持续投资和ESG方面的团体标准——《私募投资基金管理人可持续投资信息披露通则》。该标准的目的是为私募投资基金管理人提供可持续投资信息披露的指引，规范行业内可持续投资相关信息的披露，推动管理人向资本市场提供更加全面、透明、准确的可持续投资数据和信息。12月8日，证监会就《私募投资基金监督管理办法（征求意见稿）》公开征求意见。本次修订充分吸收了《私募投资基金监督管理条例》立法成果和监管实践经验，着力构建规范发展、充分竞争、进退有序、差异化监管的行业生态。

三、2024年行业发展新动态

2024年，全球经济形势依然复杂多变。我国经济延续恢复态势，投资者的信心也在逐步恢复。我国进一步深化资本市场改革，党的二十届三中全会审议通过的《中共中央关于进一步全面深化改革 推进中国式现代化的决定》提及资本市场改革的十项举措，包括完善促进资本市场规范发展基础制度、健全投资和融资相协调的资本市场功能、支持长期资金入市、提高上市公司质量、强化上市公司监管和退市制度等。与此同时，监管部门发布和执行新规定，以进一步完善对资管行业的监督与管理。其中，私募基金行业也有新的监管文件出台，通过加强行业的科学化和规范化管理，促进私募基金行业更加健康的发展。2024年4月30日，中基协发布《私募证券投资基金运作指引》，宣布自2024年8月1日起施行，通过规范基金运作，提高行业整体的透明度和规范性，保护投资者利益，促进私募基金行业的健康发展。下面将对2024年私募基金行业的最新政策和相关动态进行重点解读。

（一）私募基金行业相关文件或政策意见梳理

2024年1月8日，证监会就《私募投资基金监督管理办法（征求意见稿）》公开征求意见反馈截止。2024年3月1日，中基协开始施行修订后的《集合资产管理计划资产管理合同内容与格式指引》《单一资产管理计划资产管理合同内容与格式指引》《资产管理计划风险揭示书内容与格式指引》等自律规则，旨在规范证券期货经营机构契约式私募资产管理计划合同内容与格式。同月，中基协就修订《证券公司私募投资基金子公司管理规范》和《证券公司另类投资子公司管理规范》征求了行业意见。

2024年3月22日，商务部、外交部、国家发展改革委、中国人民银行等十部门联合印发《关于进一步支持境外机构投资境内科技型企业的若干政策措施》。其中，在监管方面，强调对于境外机构在境内设立创业投资基金（企业），与内资创业投资基金（企业）享受同等待遇，在登记备案、事项变更等方面实行区别于其他私募基金的差异化自律管理；在完善退出机制方面，提出推进私募基金份额转让试点。将继续优化私募份额转让流程和定价机制，推动私募基金和区域性股权市场的协同发展，拓宽私募基金退出渠道，形成"投资—退出—再投资"良性循环，在此过程中鼓励和支持境外机构发挥专业优势和特长，积极参与相关投资交易。

2024年4月12日，国务院发布《关于加强监管防范风险推动资本市场高质量发展的若干意见》，提出多条关于私募基金方面的意见。在加强交易监管、增强资本市场内在稳定性方面，提出集中整治私募基金领域突出风险隐患，制定私募证券基金运作规则；在推动中长期资金入市、持续壮大长期投资力量方面，提出支持私募证券投资基金和私募资管业务稳健发展，提升投资行为稳定性；在进一步全面深化改革开放、更好服务高质量发展方面，提出进一步畅通募投管退循环，发挥好创业投资、私募股权投资支持科技创新作用；在推动加强资本市场法治建设、大幅提升违法违规成本方面，提出推动出台背信损害上市公司利益罪的司法解释、内幕交易和操纵市场等民事赔偿的司法解释，以及打击挪用私募基金资金、背信运用受托财产等犯罪行为的司法文件。强调通过深化中央和地方、部门之间协调联动从而落实并完善上市公司股权激励、中长期资金、私募股权创投基金、不动产投资信托基金等税收政策和压实地方政府在提高上市公司质量以及化解处置债券违约、私募机构风险等方面的责任。

2024年4月19日，中国证监会发布了《资本市场服务科技企业高水平发展的十六项措施》，其中第十条提到引导私募股权创投基金投向科技创新领域。完善私募基金监管办法，丰富产品类型，推动母基金发展，发挥私募股权创投基金促进科技型企业成长作用。落实私募基金"反向挂钩"政策，扩大私募股权创投基金向投资者实物分配股票试点、份额转让试点，拓宽退出渠道，促进"投资—退出—再投资"良性循环。2024年4月30日，中基协在中国证监会指导下起草的《私募证券投资基金运作指引》（以下简称《运作指引》）正式发布，并于2024年8月1日起施行。《运作指引》共42条，内容覆盖私募证券基金的募集、投资、运作等各环节，突出问题导向、风险导向，科学设置差异化规范要求，旨在加强私募证券投资基金自律管理、规范私募证券基金业务、保护投资者合法权益、促进私募基金行业健康发展、维护证券期货市场秩序。

2024年5月10日，中国证券业协会（以下简称"中证协"）发布了《证券公司私募投资基金子公司管理规范（2024年修订）》、《证券公司另类投资子公司管理规范（2024年修订）》及其配套文件《自律规则适用意见第6号——关于〈证券公司另类投资子公司管理规范〉和〈证券公司私募投资基金子公司管理规范〉有关规定的适用意见》。此次修订在保持《证券公司私募投资基金子公司管理规范》（2016年版）基本框架的基础上，补充了上位法依据，并对业务监管、内控监管、人员管理等方面的条款进行了完善。本次修订整体回应了证券公司子公司最新的监管要求和私募基金行业近期的法规更新，并吸收了《证券公司私募投资基金子公司管理规范》（2016年版）发布以来形成的一些监管口径，有助于私募基金子公司合规展业，助力行业高质量发展。6月19日，中国证监会发布《关于深化科创板改革 服务科技创新和新质生产力发展的八条措施》，其中明确提到优化私募股权创投基金退出"反向挂钩"制度。7月5日，国务院办公厅转发中国证监会等六部门《关于进一步做好资本市场财务造假综合惩防工作的意见》，在坚决打击和遏制重点领域（如发行证券和应用会计政策等）财务造假方面，提出压实私募股权创投基金管理人勤勉尽责责任，加强对基金所投项目财务真实性的尽职调查和投后管理，防范造假行为发生。同一天，中国证监会就《私募投资基金信息披露和信息报送管理规定（征求意见稿）》（以下简称《信披规定》）向社会公开征求意见。9月24日，中国证监会发布的《关于深化上市公司并购重组市场改革的意见》明确提出通过锁定期"反向挂钩"等安排，鼓励私募投资基金积极参与并购重组。9月26日，中央金融办、中国证监会联合印发了《关于推动中长期资金入市的指导意见》，提出大力发展权益类公募基金，支持私募证券投资基金稳健发展并鼓励私募证券投资基金丰富产品类型和投资策略，推动证券基金期货经营机构提高权益类私募资管业务占比，适配居民差异化财富管理需求。

（二）证券私募基金行业规范化运作

2023年4月28日，中基协就《私募证券投资基金运作指引》（以下简称《运作指引》）公开征求意见。公开征求意见稿中对私募证券投资基金的存续门槛、20亿元规模以上私募的压力测试、长期投资期限、投资方式、投资规范作出重点修订。4月30日，中基协发布《运作指引》，宣布自2024年8月1日起施行。《运作指引》共42条，内容覆盖私募证券基金的募集、投资、运作等各环节，突出问题导向、风险导向，科学设置差异化规范要求。

《运作指引》内容主要包括四个方面。一是强化资金募集要求，明确私募证券基金的初始募集及存续规模，强化投资者适当性要求，明确预警止损线安排等；二是规范投资运作行为，明确投资策略一致性要求，强调组合投资，禁止多层嵌套，规范债券投资、场外衍生品交易和程序化交易，建立健全内控制度，加强流动性管理，明确信息披露要求等；三是强调受托管理职责，禁止变相保本保收益，明确不得开展通道业务，不得通过场外衍生品、资管产品等规避监管要求，规范业绩报酬计提，保证公平对待投资者；四是树立长期投资、价值投资理念，规范基金过往业绩展示，引导投资者关注长期业绩，加强对短期投资行为的管理；五是合理设置过渡期。针对存量私募证券基金设置差异化整改要求，部分整改要求给予一定过渡期安排，避免对基金正常运作造成不利影响。

《运作指引》公开征求意见期间，中基协共收到意见建议600余份，行业机构意见主要集中在募集及存续门槛、申赎开放频率及锁定期安排、组合投资、场外衍生品交易、过渡期安排等方面。中基协结合行业反馈意见并进行充分评估、测算，对前述条款进行适度放宽，具体涉及以下几个重点问题。

（1）关于基金存续规模。为逐步改善小乱散差的行业现状，《运作指引》公开征求意见稿提出基金规模持续低于1 000万元的私募证券基金应当进入清算流程，市场机构对此反映较多，认为对小规模基金冲击较大。经充分评估后，目前已作出调整：一是将最低存续规模降低至500万元，明确长期低于500万元规模的基金应当停止申购；二是在触发停止申购后、进入清算程序前，增加缓冲期"停止申购后连续120个交易日基金资产净值仍低于500万元的，应当进入清算程序"；三是给予一定过渡期，将长期低于500万元的起算时间定为2025年1月1日。

（2）关于申赎开放频率及份额锁定期。为引导投资者理性投资、长期持有，公开征求意见稿提出私募证券基金每月至多开放一次申赎，并设置不少于6个月的份额锁定期，市场机构普遍认为相关要求会影响产品运作的流动性安排，并限制了投资者"用脚投票"的权利。从维护投资者利益角度出发，中基协吸收了相关意见，将申赎开放频率放宽为至多每周开放一次，并将6个月锁定期要求放宽至3个月，同时允许私募证券基金通过设置短期赎回费的方式替代强制锁定期安排，把选择权交还市场。此外，对于《运作指引》发布前已备案私募证券基金的申赎及锁定期安排不作强制整改要求。

（3）关于组合投资。此前，私募证券基金行业缺少组合投资方面的规范要求。为引导私募基金管理人提升专业投资能力，分散投资风险，《运作指引》参照《证券期货经营机构私募资产管理计划运作管理规定》提出双25%的组合投资要求，即单只私募证券基金投资同一资产不超过基金规模的25%，同一私募机构管理的全部私募证券基金投资于同一资产比例不超过该资产的25%。

征求行业意见后，《运作指引》维持组合投资的总体要求不变。针对市场机构反映组合投资的执行需要考虑投资资产市值变化、明确对于不同类型资产的计算基准、被动超比例后的调整安排等问题，中基协对相关条款进行了优化，明确可以按照买入成本与市值孰低法计算投资比例，补充了"同一资产"释义、投资比例被动超限后调整要求等内容，便于行业落地执行。

（4）关于场外衍生品交易。《运作指引》要求私募证券基金以风险管理、资产配置为目标开展场外衍生品交易，从降杠杆、防风险的角度规范单只私募证券基金参与场外衍生品交易的整体风险敞口。

自2024年2月以来，私募证券基金参与多空收益互换（DMA）业务的规模及杠杆均实现下降，风险已得到释放。针对前期私募证券基金通过DMA进行杠杆交易的情况，《运作指引》明确要求私募证券基金参与DMA业务不得超过2倍杠杆，进一步控制业务杠杆水平。此外，《运作指引》明确私募证券基金参与雪球结构衍生品的合约名义本金不得超过基金净资产的25%，与证券期货经营机构私募资产管理计划参与雪球结构衍生品的执行口径拉齐，减少监管套利空间。关于场外衍生品交易的过渡期安排，考虑到中基协前期已向市场传达了限定DMA业务杠杆倍数、控制雪球结构衍生品投资集中度等要求，《运作指引》正式实施后，要求不符合场外衍生品交易条款的私募证券基金不得新增募集、不得展期，但存续已开仓的场外衍生品合约可以继续运作至到期，不受影响。

（5）过渡期安排。征求意见过程中，行业机构普遍希望有充足的过渡期安排。为确保《运作指引》顺利发布实施，避免对市场造成影响，现已充分吸收行业意见，大幅放松过渡期安排，具体为：一是对不满足组合投资等条款的存量基金，将过渡期大幅延长至24个月，相关基金在过渡期内可正常开放申赎、正常投资运作；二是对过渡期后仍不符合相关条款的私募证券基金，可继续投资运作至合同到期，仅要求不得新增募集、不得展期，不强制要求调仓或者卖出，影响较小。

值得注意的是，根据《运作指引》，除合格投资者、基金评价机构外，私募基金管理人不得向不存在代销关系的机构或个人提供基金净值；除私募基金管理人、与其签署该基金代销协议的基金销售机构外，任何机构和个人也不得展示和传递基金净值等业绩相关信息。《运作指引》于 2024 年 8 月 1 日起施行，因此，包括万得、私募排排网、好买基金在内的多家基金销售平台，自 2024 年 8 月 1 日起不再展示未与之签订代销协议的私募基金产品业绩数据。该规定的施行对本书后续章节中的基金样本产生了重大影响。

《运作指引》对私募基金行业从募集到运作过程的具体要求会对行业产生潜在的约束，对私募基金管理人的成本、收益产生影响，同时也会增加监管难度。具体来说，首先，《运作指引》很可能会增加私募基金行业的合规成本，特别是对小型私募基金管理人来说，经营门槛进一步提高，可能会面临较大的经济压力。其次，对私募基金的持仓与交易限制等进行控制，可能会限制基金管理人在投资决策上的灵活性，尤其是在市场波动较大时，可能会影响基金的流动性和收益。类似地，为了打击多层嵌套，要求私募证券投资基金至多进行两层嵌套，可能会限制一些复杂的投资结构和策略的实施。再次，对于不符合要求的已备案私募证券投资基金，过渡期结束后若仍未符合要求，将不得新增募集规模、不得新增投资者、不得展期，合同到期后进行清算，这可能会对一些基金的运营造成影响。最后，对私募基金投资衍生品等新型金融工具提出了明确要求，但由于衍生品的风险收益结构复杂，监管难度高，对监管的及时性和有效性提出了新的挑战。

一方面，《运作指引》通过明确私募证券基金募集、投资、运作等各环节的要求来规范基金运作，减少投资者面临的风险，确保投资者的权益得到保护，维护市场秩序，促进整个私募基金行业的稳定和健康发展。例如，《运作指引》通过明确私募证券基金参与雪球结构衍生品的合约名义本金不得超过基金净资产的 25%，来减少监管套利空间；通过要求私募基金建立健全流动性风险监测、预警与应急处置机制，每季度至少开展一次压力测试，有助于强化流动性风险管理；通过对于一定规模以上的私募基金管理人，要求提取风险准备金，增强风险抵御能力；通过明确信息披露要求，包括基金托管要求和 FOF 投资净值披露要求，提高了信息透明度；通过禁止多层嵌套，有助于降低投资结构的复杂性，提高投资透明度。另一方面，《运作指引》鼓励私募基金管理人树立价值投资、长期投资、理性投资理念，减少和避免短期行为对市场的冲击；并且，引导私募基金管理人提升专业投资能力，通过组合投资要求分散投资风险，促进私募基金管理人提升专业能力。

（三）私募子公司管理规范修订

2024 年 3 月，中证协就修订《证券公司私募投资基金子公司管理规范》和

《证券公司另类投资子公司管理规范》征求了行业意见。同年 5 月 10 日，中证协发布了《证券公司私募投资基金子公司管理规范（2024 年修订）》[以下简称"《私募子管理规范》（2024 年版）"]、《证券公司另类投资子公司管理规范（2024 年修订）》[以下简称"《另类子管理规范》（2024 年版）"] 及其配套文件《自律规则适用意见第 6 号——关于〈证券公司另类投资子公司管理规范〉和〈证券公司私募投资基金子公司管理规范〉有关规定的适用意见》（以下简称《适用意见》）。修订版文件自 2024 年 5 月 31 日起开始实施。《私募子管理规范》和《另类子管理规范》最早于 2016 年 12 月 30 日发布，2024 年是首次修订。

本次修订内容主要涉及以下几点。

（1）上位法依据发生变动。《私募子管理规范》（2024 年版）增加《私募投资基金监督管理条例》《证券期货经营机构私募资产管理业务管理办法》《证券期货经营机构私募资产管理计划运作管理规定》《证券公司和证券投资基金管理公司合规管理办法》《证券基金经营机构董事、监事、高级管理人员及从业人员监督管理办法》作为新的上位法依据，明确私募基金子公司需同时适用证券公司子公司和私募基金行业相关监管要求。

（2）修改设立私募基金子公司的要求。新发布的《私募子管理规范》（2024 年版）删除了《私募子管理规范》（2016 年版）原有的设立私募基金子公司的具体要求，仅保留了需"符合法律法规、中国证监会的相关规定"的原则性规定。

（3）修改设立二级管理子公司的要求。新增了设立二级管理子公司的具体要求，并吸收了中证协《关于证券公司子公司整改规范工作有关问题的答复》和中证协《关于证券公司子公司整改规范工作有关问题的答复（第二期）》中的相关规定。具体来说：《私募子管理规范》（2024 年版）使用"二级管理子公司"完全代替"下设的特殊目的机构"，由"拥有管理控制权"明确修订为"拥有不得低于合作方的管理控制权"，并允许"共同控制"；《适用意见》明确私募基金子公司可以在与经政府或部委认可的投资机构、国家重点扶持产业龙头企业、知名外资机构合作等特殊情形下，设立二级管理子公司，并且规定了其应符合的要求。

（4）取消自有资金投资基金比例上限 20% 的要求。《私募子管理规范》（2016 年版）第十三条规定，私募基金子公司自有资金对其所设基金的投资金额比例上限为 20%。《私募子管理规范》（2024 年版）直接删除此要求，仅规定了自有资金投资于本机构设立的私募基金须"符合中国证监会的相关规定"。上述规定的修订有助于加强业内共识，满足私募基金子公司及其关联方自有资金对所设基金投资的实际需求，有利于缓解私募基金子公司所设私募股权基金募资难的问题。当然，关于上述监管规定放宽在后续实践中的实际实施情况，也有待进一步观察。

（5）对禁止"先保荐、后直投"的豁免。《私募子管理规范》（2024 年版）对私募基金子公司及二级管理子公司是否能够投资于被其母公司或母公司的承销保荐子公司提供诸如辅导、保荐、承销等金融服务的拟上市企业，新增了例外情形"中国证监会、证券交易所、协会另有规定的除外"，并在《适用意见》中说明了具体的例外情形。

（6）禁止从事实体业务的认定。新增明确了"禁止从事实体业务"的认定应实质重于形式的原则，为私募基金子公司所设基金被动承继股权、通过设立并购基金持有被投资企业大比例股权甚至成为控股股东等情况下对被投资企业日常经营进行监督提供了合规基础。

（7）修改闲置资金的投资范围。《私募子管理规范》（2024年版）适度增加了闲置资金的投资范围，提高了闲置资金管理效率。同时，因《关于规范金融机构资产管理业务的指导意见》印发后保本型银行理财产品已清零，《私募子管理规范》（2024年版）在闲置资金的投资范围中删除了保本型银行理财产品。

（8）新增人员管理制度、高管备案。《私募子管理规范》（2024年版）回应了2022年4月1日起实施的《证券基金经营机构董事、监事、高级管理人员及从业人员监督管理办法》的规定，新增了私募基金子公司需建立人员管理制度、进行高管备案的规定。

（9）新增业绩考核、薪酬制度。《私募子管理规范》（2024年版）回应了近期证监会对证券公司和公募基金公司的监管政策，新增了私募基金子公司建立业绩考核和薪酬管理制度、避免不当激励、不得实施股权激励的规定。

概括来说，此次修订在保持《私募子管理规范》（2016年版）基本框架的基础上，补充了上位法依据，并对业务监管、内控监管、人员管理等方面的条款进行了完善。本次修订整体回应了证券公司子公司最新的监管要求和私募基金行业近期的法规更新，并吸收了《私募子管理规范》（2016年版）发布以来形成的一些监管口径，有助于私募基金子公司合规展业，助力行业高质量发展。

（四）私募信息披露面临强监管

2024年7月5日，中国证监会就《私募投资基金信息披露和信息报送管理规定（征求意见稿）》（以下简称《信披规定》）向社会公开征求意见。

《信披规定》包括六大主要内容：总则、信息披露一般规定、差异化信息披露、信息报送、信息披露的事务管理、监督管理和法律责任。其中，备受业界关注的是"向投资者披露私募基金底层资产信息"的规定。

《信披规定》共八章四十三条，主要包括六大主要内容。

（1）在总则里，《信披规定》明确私募基金管理人、私募基金托管人、私募基金服务机构应当按照法律、行政法规、中国证监会规定向私募基金投资者披露信息，向中国证监会及其派出机构、基金业协会报送信息。明确向投资者披露的信息应当在中国证监会指定的信息披露备份平台进行备份。

（2）在信息披露一般规定里，明确信息披露对象、披露内容、披露方式。明确私募基金托管人、私募基金服务机构在发现重大风险等情形时，向投资者披露信息和向中基协、中国证监会派出机构报告。鼓励私募基金管理人自主增加信息披露内容，提升信息披露质量，为投资者决策提供有用信息。

（3）差异化信息披露。明确私募证券投资基金、私募股权投资基金差异化的定期报告、临时报告要求和底层资产披露的特定安排。明确涉及未托管等情形的私募证券投资基金的审计要求和私募股权投资基金的全面审计要求。明确私募证券投资基金托管人对基金净值等复核审查，以及发现特定风险情形下的投资者提示和报告要求。

（4）信息报送。明确私募基金管理人定期、临时和专项报送要求。明确私募基金管理人应当报送年度经营情况和经审计年度财务报告。

（5）信息披露的事务管理。明确建立信息披露和信息报送管理制度、加强未公开基金信息的管控、妥善保存有关文件资料等要求。明确私募基金管理人的股东、合伙人和实际控制人配合履行信息披露和信息报送义务。

（6）监督管理和法律责任。明确对违反信息披露和信息报送规定的处理处罚。

2023年9月实施的《私募投资基金监督管理条例》（以下简称《私募条例》），对私募投资基金信息披露和信息报送提出了明确要求和处理处罚规定。《信披规定》落实《私募条例》，对私募基金信息披露和信息报送相关监管安排进行了进一步明确细化，是对私募基金行政监管规则体系的进一步补充完善。

2016年，中基协发布《私募投资基金信息披露管理办法》，在自律规则层面对私募基金信息披露、保护投资者知情权等方面明确了相关要求。而《信披规定》在此基础上，将行业自律实践中行之有效的做法提升为行政规则，有利于提升行业透明度。

同时，针对一些风险事件反映出的行业信息披露方面的薄弱环节，《信披规定》针对性地提出了规范要求，如要求对未托管的私募证券投资基金开展审计等，以弥补制度短板，促进行业进一步提升规范运作水平。

四、行业发展现状

基于万得（Wind）数据我们整理统计得出，截至2024年底，我国私募基金累计发行数量为228 538只，其中已终止运营的基金数量达到17 644只，由于终止运营的基金数量占比较高（7.72%），为避免研究结果受幸存者偏差（survivorship bias，即在数据筛选时只考虑目前还在运营的个体而忽略终止运营的个体）的影响，本部分所分析的数据包含继续运营和终止运营在内的全部私募基金数量，以求全面反映行业的发展情况。① 需要提醒读者的是，本书后续章节为构建有效研究样本筛选出了连续5年都具有复权单位净值数据的基金作为研究样本，因此基金样本数量与本部分存在差异。本部分将根据万得数据库，从基金发行数量、实际发行规模、发行地点、投资策略和费率五个方面进行具体分析，以帮助读者了解私募基金行业当前的发展状况。

（一）基金发行数量

图1-1展示了我国历年新发行和继续运营的私募基金数量。我国私募基金数量的变化趋势与我国私募基金和证券市场的发展历程密切相关。自2001年信托公司获准开展私募业务以来，私募基金于2002年初次亮相，共发行2只产品，此后数量逐年上升。但受2005年股市下行影响，新发行基金增速放缓，当年仅有27只新产品，同时退出市场的基金增至43只；而2007年股市大幅走高，带动了私募基金的迅猛发展，当年新发产品达419只。2008年全球金融危机爆发，对国内经济和证券市场产生了负面冲击，导致当年私募基金的新发行数量回落至311只，而停止运营的基金却攀升至232只。进入私募基金阳光化发展阶段后，每年新发行基金数量稳步增长，同时停止运营的基金数量也呈现上升态势。2013年，《证券投资基金法》首次将非公开募集基金纳入监管范围，明确了私募基金行业的法律地位，为私募基金行业的规范化发展奠定了基础。当年新发行的私募基金数量迅速增至2 319只。2014~2015年，证监会、中基协等部门陆续发布了针对私募基金的监管条例和自律规定，进一步完善了私募基金行业的监管体系。这些举措为私募基金的发展创造了良好的环境，导致私募基金的发行量出现井喷式增长：2014年，新发行产品数量飙升至7 259只，2015年更是跃升至18 391只。2016~2019年，监管部门加大了对私募基金的监管力度，推出了一系列政策法规。随着国务院发布《私募投资基金管理暂行条例（征求意见稿）》并配套实施了资产管理新规，私募基金行业的运作得到进一步规范，每年发行量相对稳定，新发产品数量均保持在万只以上。2020~2022年，私募基金迎来爆发式增长。2020年，受新冠疫情影响，货币政策宽松，市场流动性充裕，股市出现了结构性行情，在这一背景下，私募基金新发行数量首次突破2万只，达到24 437只。尽管2021年和2022年股市出现震

---

① 2020年万得数据库的统计口径发生一定变化，本书所涵盖的证券类私募基金样本也随之发生较大变化。通过对比万得口径下的私募基金产品和在中基协备案的私募基金数据，我们发现万得数据库中不仅包含备案基金类型为"证券私募基金"的私募基金，还涵盖信托计划、资产管理计划等类型的私募基金。

荡、分化严重，私募基金业绩多次下滑，但在居民财富向资本市场转移的大趋势下，私募基金新发行产品数量仍持续快速增长，2021年更是突破4万只，达到40 587只。然而，2022年与2023年新发产品数量均较2021年有所回落，2022年仍达33 710只，而2023年只有24 473只，较2022年减少9 237只。由于2023～2024年国家加强了对私募基金行业运作的监管，特别是2024年，中基协发布了《私募证券投资基金运作指引》，对私募证券公司的存续规模和信息披露等运作过程作出了规定，因此万得数据库等第三方平台自2024年8月1日起，不再展示未与之签订代销协议的私募基金产品业绩数据。根据万得数据库提供的结果，2024年在其平台代销的新发产品数量为9 821只。

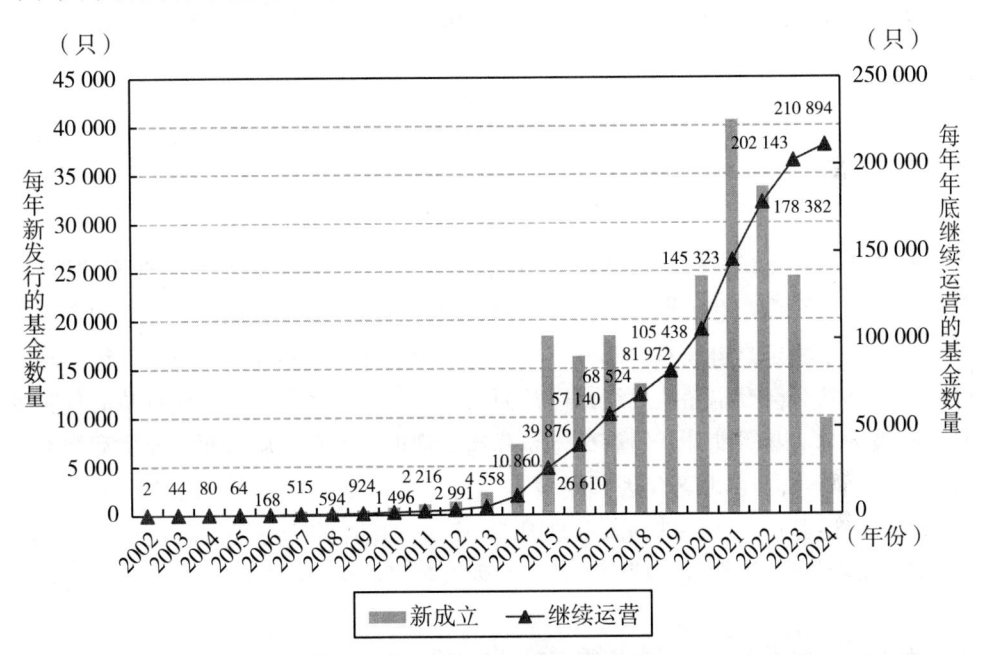

图1-1 每年新发行及继续运营的私募基金数量：2002～2024年

表1-3展示了万得数据库披露的我国历年新发行、继续运营和停止运营的私募基金产品数量。2015年，市场剧烈波动，在新发行私募基金数量大幅增长的同时，停止运营的基金数量也迅速增加，在市场监管趋严的背景下，2016年，停止运营的私募基金数量达到2 994只，创下历史最高纪录。2017～2022年，随着私募基金逐步规范化发展，每年停止运营的基金数量呈现相对稳定的状态。2021年，停止运营的私募基金数量减少至702只，而在2022年和2023年，这一数字进一步分别降至651只和712只。2024年，停止运营的私募基金数量增至1 070只。截至2024年底，累计停止运营的私募基金共有17 644只，约占累计发行基金总量的7.72%。

表1-3　每年新发行、停止运营和继续运营的私募基金数量：2002~2024年　　单位：只

年份	新发行	停止运营	继续运营	年份	新发行	停止运营	继续运营
2002	2	0	2	2014	7 259	957	10 860
2003	43	1	44	2015	18 391	2 641	26 610
2004	46	10	80	2016	16 260	2 994	39 876
2005	27	43	64	2017	18 382	1 118	57 140
2006	134	30	168	2018	13 433	2 049	68 524
2007	419	72	515	2019	14 689	1 241	81 972
2008	311	232	594	2020	24 437	971	105 438
2009	537	207	924	2021	40 587	702	145 323
2010	782	210	1 496	2022	33 710	651	178 382
2011	1 109	389	2 216	2023	24 473	712	202 143
2012	1 367	592	2 991	2024	9 821	1 070	210 894
2013	2 319	752	4 558	总计	228 538	17 644	210 894

私募基金停止运营最常见的情形是基金存续期满而结束运营。在合同签署时，私募基金通常会设定存续期限，当存续期满时，基金管理人会根据受托人的意见或者自身判断来决定是否清盘。部分私募基金会因业绩表现不佳而被迫停止运营。一般地，私募基金会设定净值底线，通常为0.7~0.8，当私募基金业绩触及清盘底线时，会被强制清盘。此外，还有部分私募基金管理人因看空后市而选择主动结束运营。例如，赵丹阳在2008年因预期股市下行，清盘旗下所有赤子之心产品。除上述原因外，还存在一些特殊的清盘原因，如产品的结构设计不符合新的监管政策、投资者信心下降引发大规模赎回、基金管理人难以取得业绩报酬、公司内部调整等因素。

本部分数据来源于万得数据库，除此之外，市场上还有其他平台统计私募基金产品信息，如朝阳永续、私募排排网等。由于各个机构统计口径不同，其所统计出的私募基金数量也存在差异，如私募排排网的统计口径较为广泛，涵盖了信托、自主发行、公募专户、券商资管、期货专户、有限合伙、海外基金等类型（或渠道）的私募基金产品。不过，自2014年起，随着监管要求的升级，私募基金开始实施登记备案制度，新发行的私募基金需在中基协备案，因此，中基协披露的备案产品数据更加精确。中基协的统计数据显示，截至2024年12月末，我国证券类私募基金备案存续数量达到了87 815只，备案存续管理规模达到了5.22万亿元。①

---

① 由于万得数据库和中基协统计口径不同，中基协记录的存续和新备案私募证券投资基金数量与万得数据库所记录的有些微差异。

（二）基金实际发行规模

图1-2展示了2002~2024年我国私募基金实际发行规模的数量占比情况。如图1-2所示，我国单只私募基金产品发行规模主要集中在1亿元以下，占比达到73.3%。具体来看，截至2024年底，单只私募基金产品实际发行规模不足2000万元的私募基金产品数量最多，占比达29.9%。单只私募基金产品发行规模在2000万~5000万元的占比23.1%，发行规模在5000万~1亿元的占比为20.3%，发行规模在1亿~3亿元的占比为18.7%。而单只产品发行规模超过3亿元的产品数量最少，占比仅为7.9%。这一分布与截至2023年底的数据相比未发生显著变化。

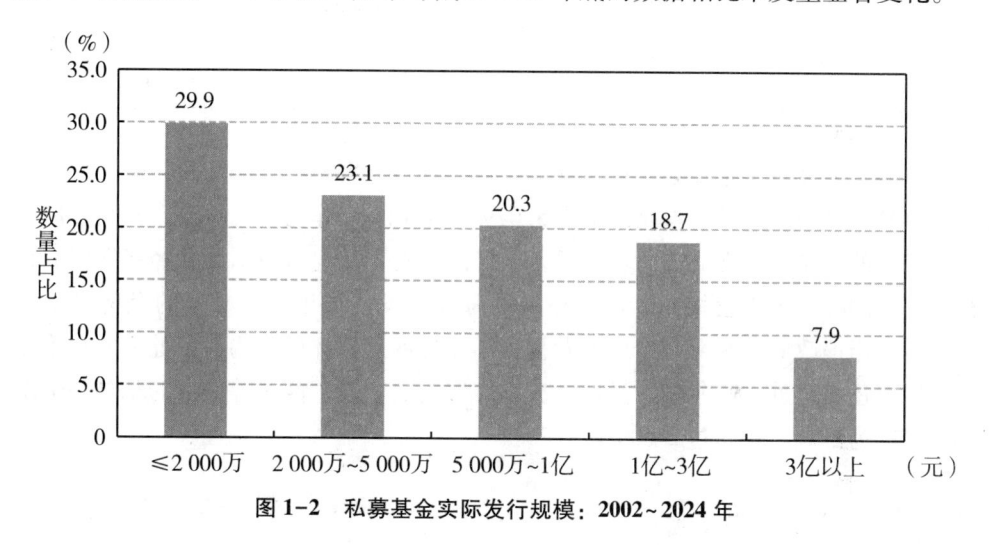

图1-2 私募基金实际发行规模：2002~2024年

（三）基金发行地点

表1-4展示了我国私募基金发行地点的分布情况。截至2024年底，私募基金发行地主要集中在上海、北京、深圳、杭州、广州，这5个城市私募基金的发行量占全国总量的七成以上。其中，上海以59 890只的发行量居全国首位，占比为26.21%，这一优势主要得益于上海作为我国的金融中心以及上海证券交易所（以下简称"上交所"）所在地的地位；其次是北京，其私募基金发行量达53 502只，占比为23.41%，作为首都，北京拥有集中化的监管机构和丰富的客户资源，为私募基金的发展提供了有利条件；深圳则以35 580只私募基金产品的发行量位列第三，占比为15.57%，其显著表现主要源于深圳是深圳证券交易所（以下简称"深交所"）所在地，且前海自贸区的一系列金融优惠政策聚集了大量金融与科技领域的高精人才，使私募基金也受到相关利好。

表 1-4　　　　　　私募基金发行地点的分布：2002~2024 年

发行地点	发行数量（只）	数量占比（%）
上海	59 890	26.21
北京	53 502	23.41
深圳	35 580	15.57
杭州	11 594	5.07
广州	9 505	4.16
哈尔滨	5 318	2.33
其他	53 149	23.26
合计	228 538	100.00

私募基金发行数量排在第四位和第五位的城市分别是杭州和广州，发行量分别为 11 594 只和 9 505 只，占比分别为 5.07% 和 4.16%。作为省会城市，杭州凭借新一线城市的地位，使在此发行的私募基金产品受益于政府政策引导和经济发展的积极影响。同样作为省会城市，广州还是沿海经济发达城市，以雄厚的经济实力著称，并且当地政府为私募基金的运营提供了良好的运营环境、构建了健全的政策体系。除上述城市外，哈尔滨、昆明、成都、厦门、宁波、西宁等城市的私募基金发行量也较为可观，均超过 2 000 只。

（四）基金投资策略

在万得基金分类体系中，根据投资类型的不同，私募基金可分为股票型、债券型、混合型、股票多空型、相对价值型、宏观对冲型、商品型、国际（QDII）股票型、事件驱动型等不同策略类型的投资基金。① 表 1-5 统计了我国各策略私募基金的发行总量及其占比情况。数据显示，股票型基金仍是私募基金产品中的主流，其产品数量达到 180 568 只，占私募基金总数量的 79.0%。股票型私募基金是将大部分资产配置于股票市场的基金，通过低买高卖实现投资收益，其业绩表现通常与大盘走势密切相关。

---

① 万得基金分类体系是结合了契约类型和投资范围来进行的分类。契约类型主要分为开放式和封闭式，在此基础上按照投资范围进行分类。万得基金投资范围分类的主要依据为基金招募说明书中所载明的基金类别、投资策略和业绩比较基准。

表 1-5　　不同策略的私募基金发行总量及占比情况：2002~2024 年

投资策略	基金数量（只）	数量占比（%）
股票型基金	180 568	79.0
债券型基金	18 188	8.0
混合型基金	8 761	3.8
股票多空型基金	5 055	2.2
宏观对冲型基金	5 631	2.5
相对价值型基金	4 811	2.1
商品型基金	3 118	1.4
国际（QDII）股票型基金	1 094	0.5
事件驱动型基金	797	0.3
其他	515	0.3
合计	228 538	100.0

除股票型私募基金外，各策略中基金数量最多的是债券型私募基金，其发行数量为 18 188 只，占比为 8.0%。债券型私募基金主要将资金投资于债券，收益较为稳定，风险也相对较低。混合型私募基金的发行数量位居第三，达到 8 761 只，占比为 3.8%。混合型私募基金的投资标的灵活多样，包括股票、债券和货币市场工具等，能够根据市场变化灵活调整仓位，如在股市表现良好时投资股票，而在股市行情萎靡时转向债券等固定收益类产品。其他策略中，宏观对冲型、股票多空型和相对价值型私募基金的发行数量分别为 5 631 只、5 055 只和 4 811 只，占比分别为 2.5%、2.2% 和 2.1%。宏观对冲型基金基于经济学理论，研究利率走势、政府货币与财政政策等宏观经济因素，来预测相关投资品种未来趋势，并据此进行操作。股票多空型基金通过同时做多和做空股票来对冲风险，通过利用做空业绩未达预期的股票或对应的股指期货，在熊市和牛市均有机会获得不错的收益。相对价值型基金采用配对交易策略，同时买入价值被低估的股票并卖空价值被高估的股票，通过股票价格收敛来获取收益。此外，商品型基金发行数量为 3 118 只，占比为 1.4%，该类基金通过管理期货策略（CTA）进行期货或者期权投资交易来实现投资收益。

国际（QDII）股票型基金发行数量为 1 094 只，占比为 0.5%。事件驱动型基金发行数量不足千只，仅为 797 只，占比为 0.3%。国际（QDII）型基金是在我国境内设立，经相关部门批准从事境外证券市场的股票、债券等有价证券投资业务的基金。事件驱动型基金主要通过分析上市公司的重大事项（如并购重组、增资扩股、回购股票）等影响公司估值的因素对公司估值的影响来判断投资机会。此外，市场上还存在其他几种私募基金类型，如货币市场型基金、国际（QDII）债券型基金、国际（QDII）混合型基金等，这几种基金的发行数量均相对较少。

（五）基金费率

与公募基金不同，私募基金不仅会收取固定管理费，还额外收取浮动管理费，其常见的收费模式为"2—20"，即2%的固定管理费率和20%的浮动管理费率。由于万得数据库目前所披露的私募基金浮动管理费率均为空值，我们不再统计浮动管理费率分布。表1-6和图1-3展示了我国私募基金行业中固定管理费率的信息。在本书中，我们主要关注以股票为投资对象的股票型私募基金。股票型私募基金固定管理费率平均约为1.48%，主要集中在1.0%~1.5%、1.5%和2.0%三个费率上，对应产品数量的占比分别为42.7%、15.3%和12.9%。

表1-6　股票型私募基金固定管理费率描述性统计：截至2024年12月底　　　单位：%

平均值	1.48
75%分位数	1.75
50%分位数	1.30
25%分位数	1.25

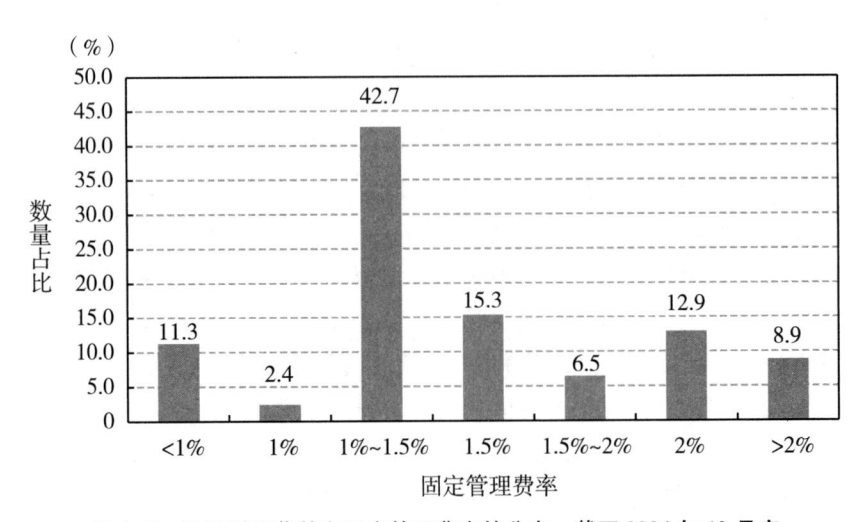

图1-3　股票型私募基金固定管理费率的分布：截至2024年12月底

五、小结

我国私募基金行业经历了多个发展阶段，从探索式自我生长到规范化、市场化发展，已成为我国资管行业不可缺少的重要力量。随着我国资本市场的不断发展与开放，监管制度进一步健全与完善，居民财富持续积累，投资者对权益市场的投资逐渐增加，对私募基金产品的需求也随之增加。在这一过程中，私募基金行业不仅适应了市场变化，还积极响应投资者的需求，逐步形成了多样化的投资策略和产品类型。这种转变不仅提升了行业的整体水平，也为投资者提供了更多的选择，促进了资本市场的健康发展。随着监管的加强和市场环境的改善，私募基金行业的未来发展前景广阔。

2004 年，我国私募基金行业以信托关系为基础开展运营，随后逐渐发展为更加规范和公开的阳光私募。2013 年，修订后的《证券投资基金法》明确了私募基金行业的法律地位，为行业的进一步发展奠定了基础。2014 年，《私募投资基金监督管理暂行办法》填补了行业监管的空白，为私募基金的制度化、合法化发展拉开了序幕。在国务院、证监会、中基协等机构的指导下，私募基金行业的监管和自律体系逐步完善，行业也不断发展壮大。2020~2023 年，随着居民财富逐渐向资本市场转移，私募基金行业迎来了爆发式增长。在这五年中，私募基金新发产品的数量合计达到了 110 894 只，反映出市场对私募基金的强烈需求和行业的快速发展。但 2024 年，受日趋严格的私募基金行业监管的影响，私募基金新发行产品数量下降。

本章从私募基金的数量、发行规模、发行地点、投资策略和基金费率五个维度对证券类私募基金行业的现状进行了详细梳理。2024 年全年新发行 9 821 只私募基金，在监管趋严的制度环境中，不合规、不合格、不具备持续经营能力的私募基金陆续出局，2024 年停止运营的私募基金数量为 1 070 只。在发行规模上，新发行私募基金仍以中小规模为主，发行规模位于 1 亿元以下的基金累计占比为 73.3%。在发行地的选择上，私募基金主要集中在上海、北京、深圳、杭州和广州。私募基金的投资策略依然以股票型基金为主，累计发行量占比约为 79%。从费率水平来看，截至 2024 年底，股票型私募基金的固定管理费率多数集中在 1.0%~1.5%、1.5% 和 2.0% 三档上，固定管理费率平均值为 1.48%。整体而言，我国私募基金行业基金数量与规模仍然处于快速增长阶段。

第二章

私募基金能否战胜公募基金和大盘指数

我国私募基金行业持续发展，资产管理规模逐渐扩大，各类投资策略也日趋成熟。在决定是否投资私募基金时，投资者需要思考几个关键问题：私募基金的投资门槛、费用和风险都相对较高，但它们是否能给投资者带来超额收益？私募基金过去的收益表现如何？与公募基金相比，私募基金的业绩是否更胜一筹？为了回答这些问题，并为投资者提供决策参考，我们选取了股票型私募基金作为研究对象。股票型私募基金专注于股票市场投资，是私募基金领域最具代表性的基金种类。此外，我们还以大盘指数作为市场基准，对股票型私募基金的收益表现作出全面的分析。

本书采用万得全A综合指数（以下简称"万得全A指数"）作为衡量市场表现的基准，该指数涵盖了北京、上海、深圳三大交易所上市的所有A股公司股票，广泛用于反映市场整体状况。同时，我们选取股票型公募基金作为参照，以比较股票型私募基金与股票型公募基金的业绩表现。本章将从收益率和风险调整后的收益率两个维度，对万得全A指数、股票型公募基金和私募基金的业绩进行对比。在风险调整收益指标方面，我们选择了夏普比率、索丁诺比率和收益—最大回撤比率等多种风险因素，通过多层面、多视角的分析，对万得全A指数、股票型公募基金和私募基金的业绩进行深入比较，旨在得出准确的结论。

研究结果表明，从年度收益率来看，2008~2024年期间，在大多数年份，股票型私募基金的年度收益率超过了万得全A指数，与公募基金相比则各有胜负。从累计收益率来看，股票型私募基金在2008~2024年的累计回报达到198%，高于股票型公募基金的累计收益率（112%），更远超万得全A指数的累计收益率（30%）。在夏普比率方面，无论是三年还是五年样本期，股票型私募基金在相同风险水平下，均实现了高于市场指数的风险调整后收益。进一步分析索丁诺比率和收益—最大回撤比率，三年和五年样本期均显示，在同等下行风险条件下，股票型私募基金的回报优于市场。此外，近三年和近五年夏普比率的比较显示，股票型私募基金同样超越了股票型公募基金；而在近三年和近五年索丁诺比率的对比中，股票型私募基金的表现也全面优于股票型公募基金。

本章内容涵盖三个部分。第一部分，从收益率角度，对比万得全 A 指数、股票型公募基金和股票型私募基金的表现；第二部分，从风险调整后的收益角度，再次比较万得全 A 指数、股票型公募基金与股票型私募基金，全面分析股票型私募基金是否具备超越大盘指数和股票型公募基金的能力；第三部分，对股票型私募基金的收益率、夏普比率、索丁诺比率和收益—最大回撤比率四个指标进行相关性分析，以确定评估股票型私募基金业绩的最适宜指标。

一、收益率的比较

本章聚焦于股票型私募基金，根据对私募基金各类投资策略分类的判断，我们将万得数据库的私募基金二级分类中投资于股票二级市场的普通股票型、股票多空型、相对价值型和事件驱动型私募基金定义为股票型私募基金。鉴于分级基金净值统计的不一致性，本研究样本中未包括分级基金。

对于投资者而言，收益率是评价基金表现最直观、最易获取的指标。因此，我们以此指标对万得全 A 指数、股票型公募基金与股票型私募基金进行比较。我们选取红利再投资的净值增长率作为基金收益率指标，即以复权净值计算的收益率，并且剔除管理费率和托管费率。

在数据处理过程中，我们注意到万得数据库在搜集私募基金净值信息时，若某月未能采集到特定基金的净值，系统会自动用上月净值替代，导致净值数据出现重复。为此，我们对 2003~2024 年股票型私募基金的净值重复现象进行了统计，并依据重复比例的不同区间，绘制了相应的基金分布图（见图 2-1）。当基金的复权净值与前一个月保持一致时，我们认为该月净值发生了重复。基于此，我们设定了净值重复率的计算方式，即基金净值重复=该基金重复净值样本数/该基金总样本数。图 2-1 显示，2003~2024 年，净值重复率低于 10% 的基金占比大约为 70%，而其他重复率区间的股票型私募基金占比均较小。通常，净值重复率过高是数据收集不准确导致的，若将这些基金包含在样本中，分析结果可能会出现偏差。因此，在我们的样本中，剔除了分析期间净值重复率超过 10% 的基金。

在搜集样本的过程中，我们注意到一些基金的收益与风险指标数值上极为相似，如表 2-1 所示。显而易见，"高毅邻山优选"系列中的 5 只基金在 2021~2024 年的年度收益率数值完全相同。因此，在本书的统计分析中，我们仅选取了这些相似产品中的 1 只基金进行深入研究。例如，我们仅考虑了表 2-1 中的"高毅邻山优选 5 期"基金作为样本。

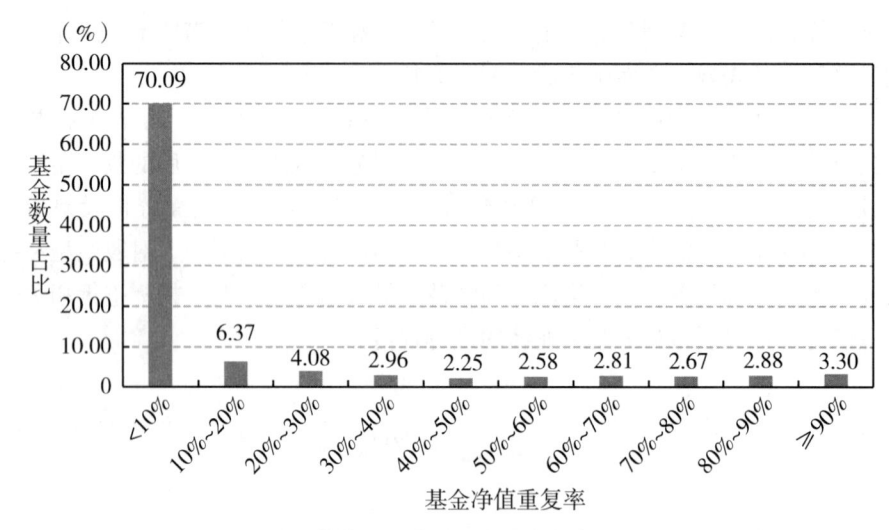

图 2-1 股票型私募基金净值重复率的分布情况：2003~2024 年

表 2-1　　　　　　　　同类股票型私募基金样本举例　　　　　　单位：%

编号	基金名称	2021 年收益率	2022 年收益率	2023 年收益率	2024 年收益率
1	高毅邻山优选 5 期	-2.08	-13.84	1.35	-3.82
2	高毅邻山优选 6 期	-2.08	-13.84	1.35	-3.82
3	高毅邻山优选 7 期	-2.08	-13.84	1.35	-3.82
4	高毅邻山优选 8 期	-2.08	-13.84	1.35	-3.82
5	高毅邻山优选 9 期	-2.08	-13.84	1.35	-3.82

另外，自 2024 年 8 月 1 日起，《私募证券投资基金运作指引》正式实施。《运作指引》明确规定，除私募基金管理人以及与其签订基金代销协议的基金销售机构外，任何组织和个人都不得公开或传递基金的净值以及其他业绩相关的信息。《运作指引》实施后，数据获取难度增加，导致 2024 年度样本数量较上年（3 230 只）有所下降。2024 年的样本选取自万得平台上销售的具有近五年（2020~2024 年）完整历史净值数据的股票型私募基金，总计 810 只。

本书涉及三个基金净值的基本概念，我们对各概念的定义作如下说明：（1）基金净值，指在某一基金估值点上，按照公允价格计算的基金资产总市值扣除负债后的余额；（2）基金累计净值，指基金净值加上基金成立后累计分红所得的余额，反映该基金自成立以来的所有收益的数据；（3）基金复权净值，指考虑分红再投资后调整计算的净值。其中，基金复权净值最能反映基金的真实表现，因此在以下的分析中，我们均使用基金复权净值指标。在对私募基金与大盘指数、公募基金的收益进行比较之前，我们先将私募基金四类策略的样本与大盘指数的收益与风险进行单独比较，使读者可以清晰地观察这四类私募基金的特征。

（一）四类股票型私募基金与大盘指数的比较

首先，我们在表2-2中展示了每年每类基金的样本数量，表中显示"<10"的区域代表当年该类型的基金数量不足10只，不具有研究意义，"—"则代表在当年没有该类型基金。需要提醒读者的是，在2020年和2021年，事件驱动型私募基金均不足10只，但为了更全面地展示近几年事件驱动型私募基金的详细情况，在研究中并未剔除这两年事件驱动型私募基金的数据。从表2-2可以看出，普通股票型基金每年含有样本数量的时间段是2008~2024年，股票多空型基金每年含有样本数量的时间段是2009~2024年，相对价值型基金每年含有样本数量的时间段是2011~2024年，事件驱动型基金每年含有样本数量的时间段是2012~2024年。

表2-2　四类股票型私募基金在每一年的样本数量：截至2024年12月底　　单位：只

年份	普通股票型	股票多空型	相对价值型	事件驱动型
2008	108	<10（3）	<10（3）	—
2009	180	17	<10（2）	—
2010	330	27	<10（4）	<10（1）
2011	608	49	17	<10（4）
2012	815	73	33	34
2013	897	59	57	42
2014	1 153	99	111	21
2015	1 563	274	217	21
2016	4 380	526	341	35
2017	6 217	603	361	39
2018	7 667	462	312	27
2019	8 624	420	357	19
2020	7 702	303	493	15
2021	11 084	358	720	43
2022	15 509	406	824	89
2023	17 916	487	884	109
2024	7 567	157	211	<10（9）

其次，截至2024年底，我们分别统计近一年到近十年有完整历史数据的四类策略股票型私募基金的样本数量，如表2-3所示。有近一年（2024年）完整历史数据的股票型私募基金有6 593只，有近三年（2022~2024年）完整历史数据的基金有2 062只，有近五年（2020~2024年）完整历史数据的基金有810只，有近七年

（2018~2024 年）完整历史数据的基金有 445 只，有近十年完整历史数据（2015~2024 年）的基金只有 139 只。

表 2-3　　　　有完整历史数据的四类股票型私募基金的样本数量：
截至 2024 年 12 月底　　　　　　　　　　　单位：只

策略类型	近一年	近二年	近三年	近四年	近五年	近六年	近七年	近八年	近九年	近十年
普通股票型	6 318	3 511	1 912	1 107	742	548	416	302	247	131
股票多空型	106	75	51	38	29	22	15	12	9	5
相对价值型	160	114	95	65	38	20	13	10	6	3
事件驱动型	9	8	4	1	1	1	1	1	—	—
合计	6 593	3 708	2 062	1 211	810	591	445	325	262	139

1. 普通股票型私募基金

私募基金中的普通股票型基金主要投资于股票市场，这类基金有助于分散投资者直接持有单一股票所带来的非系统性风险，但其业绩表现也容易受整体市场（系统性风险）波动的影响。我们对 2008~2024 年普通股票型基金的等权平均年化收益率进行了计算，并在图 2-2 中将其与万得全 A 指数的年化收益率进行了比较。在过去的 17 年里，普通股票型私募基金的收益率有 11 年超越了大盘指数，这些年份大多为股指下跌或涨幅较小的时期，具体包括 2008 年、2010 年、2011 年、2013 年、2016~2018 年和 2020~2023 年。然而，在股指表现强劲的 2009 年、2014 年、2015 年、2019 年和 2024 年，普通股票型基金的收益率未能超越大盘指数。此外，普通股票型私募基金的年化收益率变化趋势与万得全 A 指数的收益率变化趋势大致相同，即如果大盘指数在某一年的年化收益率为正，则普通股票型私募基金的年化收益率通常也为正，反之亦然。

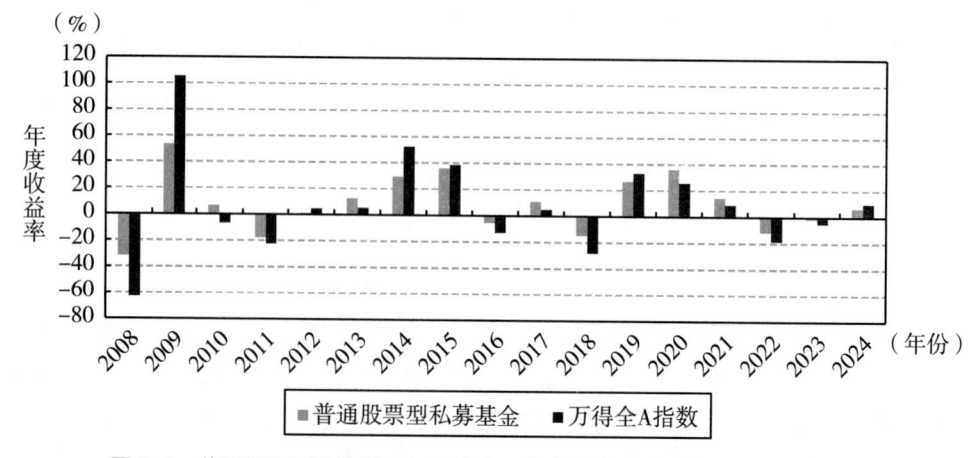

图 2-2　普通股票型私募基金与万得全 A 指数的年度收益率：2008~2024 年

图 2-3 展示了 2008~2024 年普通股票型私募基金与万得全 A 指数波动率的比较结果，我们可以观察这些年私募基金的风险是否较大盘指数的风险更低。从图 2-3 可以看出，在过去 17 年中，除了在 2011 年、2014 年、2017~2018 年、2020~2023 年这 8 个年份中普通股票型私募基金的年化波动率比万得全 A 指数的波动率稍大一些外，在其余 9 个年份中普通股票型私募基金的波动率明显低于万得全 A 指数的波动率。总的来说，在样本范围内，多数年份里私募基金的风险较大盘指数的风险更低，说明普通股票型私募基金风险控制能力相对较强。

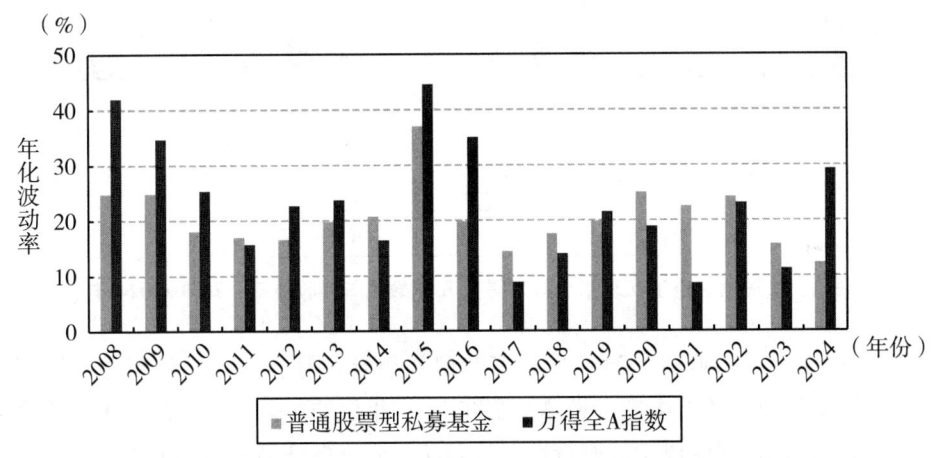

图 2-3　普通股票型私募基金与万得全 A 指数收益率的年化波动率：2008~2024 年

具体来看，我们发现，2008~2019 年，整体上万得全 A 指数波动率要大于普通股票型私募基金。但是，自 2020 年起出现反转，普通股票型私募基金的波动率普遍高于万得全 A 指数。2024 年是 A 股波动率极致变化的一年，上证指数全年上涨 12.67%，深证成指上涨 9.34%，创业板指则上涨 13.23%。

2. 股票多空型私募基金

私募基金的股票多空策略涉及同时买入和卖空股票，旨在通过这种操作实现盈利。基金经理可能会利用股指期货等工具进行风险对冲。在股票市场中，这种策略可以通过直接交易、融资融券及场外期权等多种方式来执行。多空策略中空头的作用主要包括：（1）对冲多头头寸的系统性风险；（2）对看跌的证券进行卖空以获取利润；（3）基于统计套利或配对交易的需求，卖空价格异常的股票。然而，由于同时持有买入和卖出的头寸，交易费用可能会相对较高。我们对比了 2009~2024 年股票多空型基金与万得全 A 指数的年度收益率，结果如图 2-4 所示。在过去的 16 年中，股票多空型基金在 9 个年份的收益率超过了万得全 A 指数，这些年份包括 2010 年、2011 年、2013 年、2016 年、2018 年、2020 年、2021

年、2022年和2023年，涵盖了所有大盘指数下跌的年份。此外，与普通股票型基金相似，股票多空型私募基金年度收益率的正负变化通常与万得全A指数收益率的正负变化保持同步。

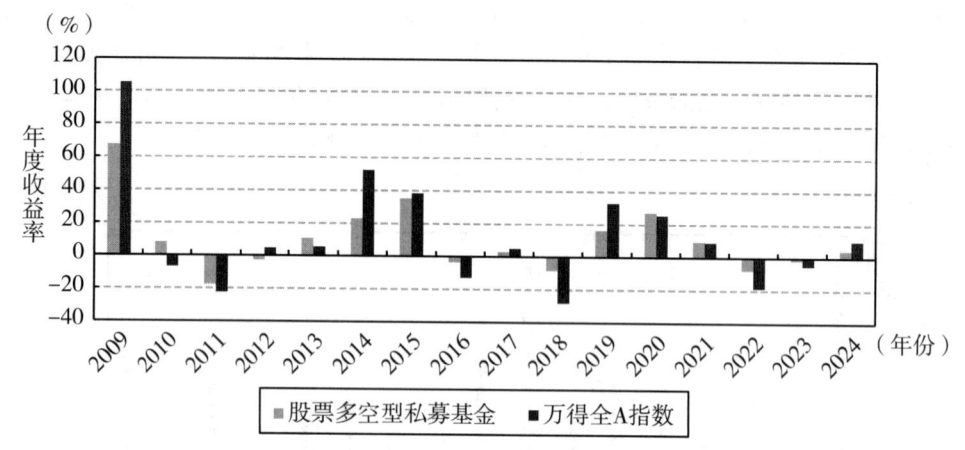

图 2-4　股票多空型私募基金与万得全A指数的年度收益率：2009~2024年

图2-5展示了2009~2024年股票多空型基金与万得全A指数的年化波动率对比。在这16年里，股票多空型私募基金在11个年份的年化波动率都低于万得全A指数，显示出其较强的风险规避特性。这归功于股票多空型私募基金采用的多空双向投资策略，有效对冲了风险。相应地，股票多空型私募基金的波动性通常比普通股票型私募基金要小。与图2-3的对比显示，2009~2024年，股票多空型私募基金的年化波动率超过普通股票型私募基金的年份仅限于4年，即2009年、2010年、2013年和2024年。

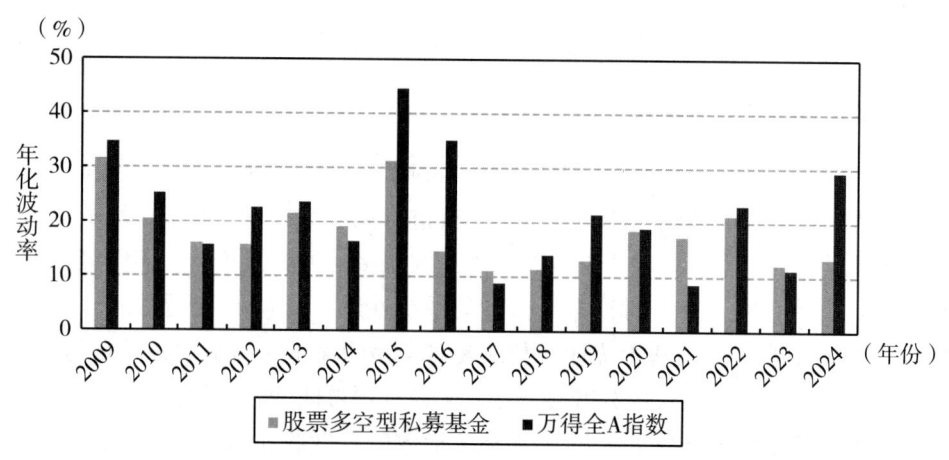

图 2-5　股票多空型私募基金与万得全A指数收益率的年化波动率：2009~2024年

3. 相对价值型私募基金

相对价值型私募基金主要利用关联股票之间的价差来获利,即通过购入价值被低估的股票和卖空价值被高估的股票来实现收益,其收益通常不受市场趋势影响。目前,相对价值策略主要分为两大类:一类侧重于套利,如结合跨品种、跨期限和跨区域等不同套利方式,鉴于单一领域套利机会的稀缺,策略更倾向于混合多种套利机会;另一类则专注于股票现货与股指期货的完全对冲阿尔法策略,即通过构建包含股票现货和股指期货的组合,并通过完全对冲组合中的系统性风险来实现超额收益。

图 2-6 展示了 2011~2024 年相对价值型私募基金(2011 年以前无样本)与万得全 A 指数年度收益率的对比。从图 2-6 可以看出,在这 14 年期间,相对价值型私募基金仅在 2011 年、2013 年、2016 年、2018 年、2021 年、2022 年和 2023 年实现了超越万得全 A 指数的收益率。相较于前两类基金与指数收益率的同步波动,相对价值型私募基金的收益与大盘指数的相关性明显较弱,且收益水平也相对较低。即便在股市向好时,这类基金的收益也并不突出,但在股市下行时,它们往往能更好地保护投资者的资产。例如,2016 年、2018 年和 2022 年,万得全 A 指数分别下跌了 13%、28% 和 19%,而相对价值型私募基金的年度收益率则分别为 0.69%、-2.81% 和 0.01%,显示出资产价值的稳定或轻微损失,这与其策略特点相吻合。综合来看,尽管在市场大幅上涨时相对价值型私募基金的收益不高,但在股市大幅下挫时,这类基金通常能更有效地保护投资者的财富。

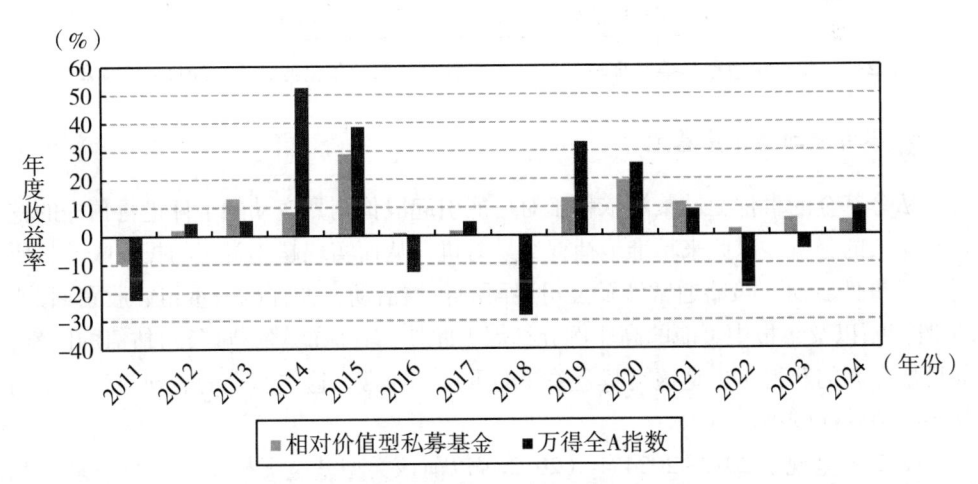

图 2-6　相对价值型私募基金与万得全 A 指数的年度收益率:2011~2024 年

图 2-7 展示了 2011~2024 年相对价值型私募基金与万得全 A 指数的年化波动率对比。观察可知,除了 2021 年相对价值型私募基金的波动率稍微超出万得全 A

指数的波动率，差距为 2.48 个百分点外，其余 13 年相对价值型私募基金的波动率均低于万得全 A 指数。此外，相对价值型私募基金的波动率与万得全 A 指数的波动率之间不存在一致性。详细分析显示，在 2012 年、2013 年、2015 年、2016 年、2019 年、2022 年和 2024 年，万得全 A 指数的波动率均超过了 20%，而相对价值型私募基金的波动率分别比万得全 A 指数低 12 个、15 个、30 个、26 个、11 个、10 个和 9 个百分点。这表明，在这 7 个年份中，股市的剧烈波动并未对相对价值型私募基金的风险控制能力产生影响，这与该类基金的策略特点相吻合。特别是在 2015 年和 2016 年，万得全 A 指数的波动率分别达到了 45% 和 35%，而相对价值型私募基金的波动率仅为 14% 和 8%。总体而言，我国的相对价值型私募基金维持了低风险和低收益的策略。

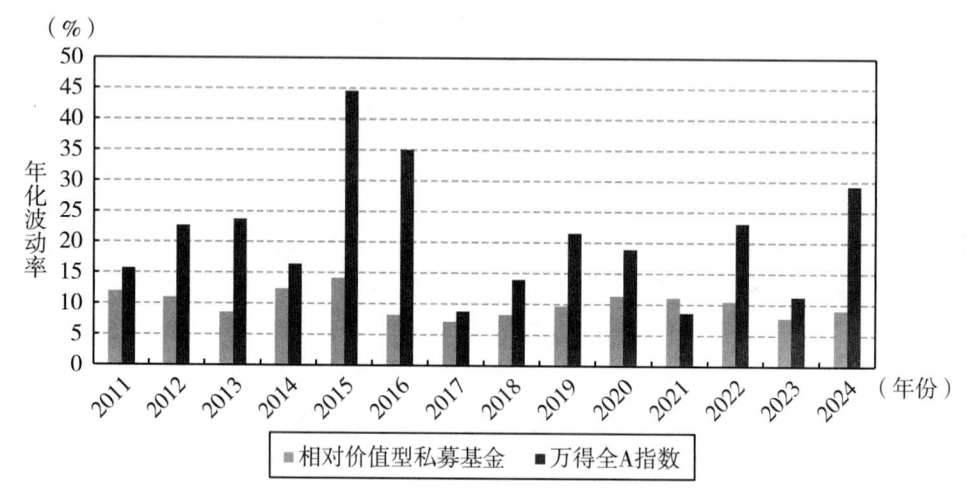

图 2-7 相对价值型私募基金与万得全 A 指数收益率的年化波动率：2011~2024 年

4. 事件驱动型私募基金

私募基金的事件驱动策略依赖于对可能引起股价剧烈变动的事件进行预先的挖掘与深入的分析，以此来精准地捕捉交易时机，从而实现超越常规的投资收益。所谓的"事件驱动"策略通常涉及公司层面的各类活动，如并购、重组、股票回购、ST 股摘帽以及年报中可能的高比例分红等。此外，其他能够影响公司估值的因素，如科技专利的获得，也是这类基金关注的重点。通常，这类基金的表现与整体市场趋势的关联性较小。

图 2-8 呈现了 2012~2024 年（2012 年以前该类型基金无样本）事件驱动型私募基金与万得全 A 指数年度收益率的对比。观察发现，在这 13 年期间，事件驱动型私募基金在 8 个年度的收益率超过了指数，具体包括 2012 年、2013 年、2015 年、2016 年、2018 年和 2021~2023 年。特别是在 2015 年，事件驱动型私募基金的年度收益率接近 76%，是万得全 A 指数及其他三类股票型基金收益率的两倍以上。

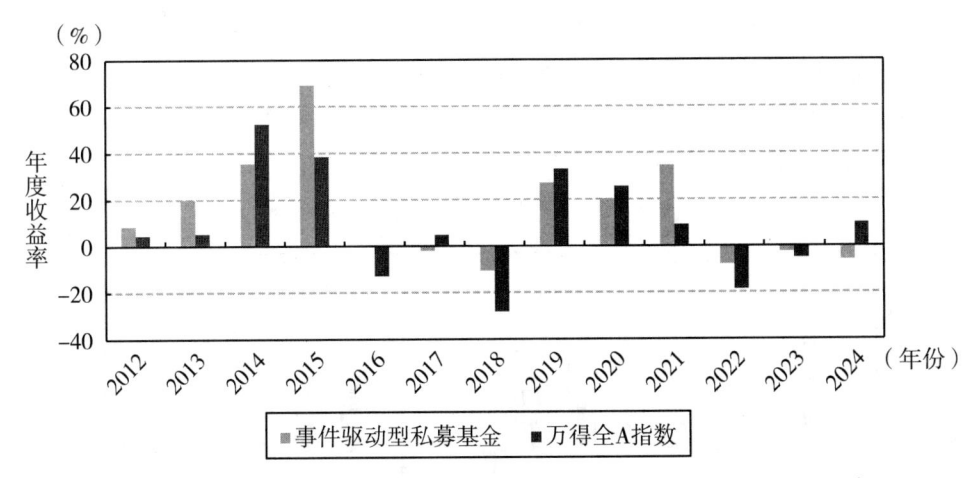

图 2-8　事件驱动型私募基金与万得全 A 指数的年度收益率：2012~2024 年

图 2-9 呈现了 2012~2024 年事件驱动型私募基金与万得全 A 指数的年化波动率对比。观察发现，与其他三类基金相比，事件驱动型私募基金所承担的对应的投资策略的风险较高。在这 13 年期间，事件驱动型私募基金的波动率在 10 年里超过了指数的波动率。仅在 2015 年、2016 年和 2024 年指数波动率显著上升时，事件驱动型私募基金的年化波动率才低于指数。总体而言，尽管事件驱动型私募基金的收益较为丰厚，但其风险也是四类基金中最高的，多数年份其投资风险甚至超过了指数。

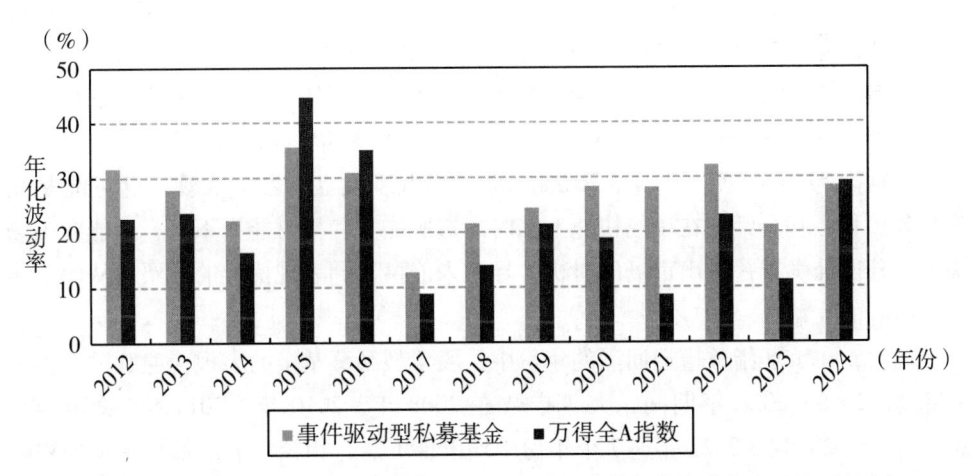

图 2-9　事件驱动型私募基金与万得全 A 指数收益率的年化波动率：2012~2024 年

（二）年度收益率的比较

除了将私募基金与大盘指数进行比较外，投资者还关注费率和投资门槛较高的私募基金是否能超越公募基金的表现。在分析了万得全A指数的基础上，我们探讨了四种股票型私募基金的年度收益率和年化波动率。接下来，我们将对2008~2024年股票型私募基金的年度收益率与万得全A指数、股票型公募基金的年度收益率进行综合比较，具体结果见图2-10。

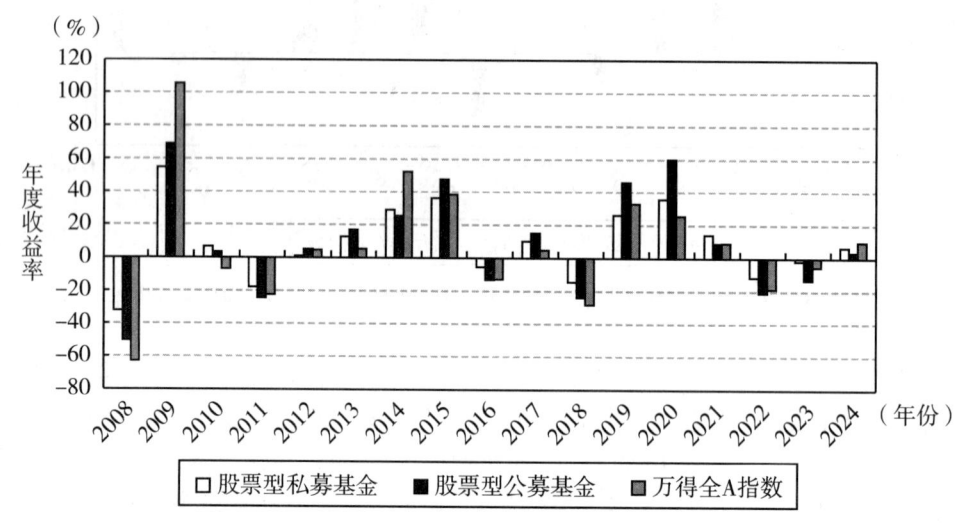

图2-10 股票型私募基金、公募基金与万得全A指数的年度收益率比较：2008~2024年

在2008~2024年的17年间，股票型私募基金的业绩在多数年份中超越了大盘指数。具体而言，从2008年、2010~2011年、2013年，再到2016~2018年，以及2020~2023年，共有11个年份私募基金的收益超过了万得全A指数。然而，在指数显著增长的年份，如2009年、2014年、2015年、2019年和2024年，万得全A指数分别实现了105%、52%、39%、33%和10%的涨幅，而私募基金的年度收益率则分别为54%、29%、36%、26%和7%，均低于大盘指数的表现。这可能是因为大多数私募基金经理在市场快速上涨时的选股能力和择时能力不足，未能在市场快速上升前准确把握进出市场的时机，导致未能挑选到表现优异的股票，从而未能获得相应的收益。

其次，在市场指数遭遇回撤的年份中，股票型私募基金的表现普遍胜过万得全A指数。2008~2024年期间，大盘指数在2008年、2010年、2011年、2016年、2018年、2022年及2023年这7个年份中均出现下滑，相较之下，私募基金的跌幅较为轻微，甚至在2010年实现了正收益。具体来看，2008年股票型私募基金的收益率为-32%，比指数的收益率（-63%）高出31个百分点；到了2018年，指数年度收益率损失了28%，而私募基金仅下降了14%，显示出比指数更强的抗跌性；在2010年这个指数下跌7%的年份，私募基金却获得了近7%的正收益。综合来看，私募基金为投资者带来的损失更小，能更有效地帮助投资者保持财富。

探讨了私募基金与万得全A指数年度收益差异后，我们进一步分析私募基金与公募基金的收益对比。在《2025年中国公募基金研究报告》中，我们选取了2003~2024年的数据作为研究样本，而本书的分析时段定为2008~2024年。这是因为私募基金自2008年起才开始成熟，基金数据趋于规范。那么，在这段时间内，私募基金与公募基金的收益率谁更胜一筹？我们的分析结果显示，在17个年度中，有10个年度私募基金的收益率超过了公募基金，具体包括2008年、2010年、2011年、2014年、2016年、2018年和2021~2024年。另外，在指数上涨的10个年度（2009年、2012~2015年、2017年、2019~2021年、2024年），除2014年、2021年和2024年外，私募基金的年度收益率均低于公募基金；而在指数下跌的7个年度中，私募基金的收益率均高于公募基金。这表明，私募基金经理凭借灵活调整股票仓位和策略的能力，展现出了比公募基金经理更强的风险控制能力。

接下来，我们通过计算股票型私募基金与万得全A指数、股票型公募基金的月度收益率，得出了它们的年化波动率。我们进一步分析了私募基金与大盘指数、公募基金收益率波动幅度的不同，图2-11呈现了这三者的对比结果。首先，我们观察私募基金与大盘指数年化波动率的差异。在2008~2024年，私募基金收益率的波动率在9年中均低于万得全A指数。我国大盘指数在2015年和2016年的波动率分别达到了45%和35%，而私募基金的波动率则分别控制在了36%和19%，显著低于指数的波动率。其次，我们分析私募基金与公募基金收益波动率的差异。结果显示，在10个年份（2008~2012年、2015年、2016年、2020年、2022年和2024年）中，私募基金的年化波动率低于公募基金。总体而言，在大多数年份里，私募基金的波动率都低于大盘指数和公募基金的波动率。在这三者中，私募基金展现出最强的风险控制能力，其次是公募基金，而风险最高的则是大盘指数。这表明，投资股票型私募基金相较于投资指数基金风险更小。

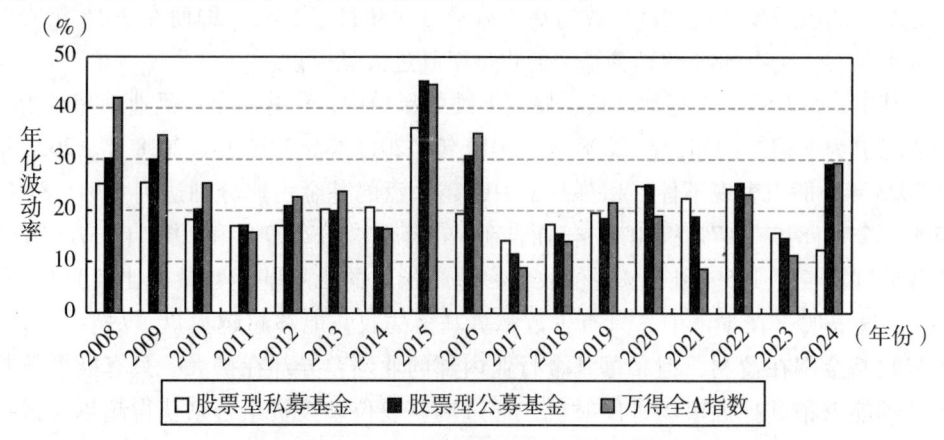

图2-11 股票型私募基金、公募基金和万得全A指数收益率的年化波动率比较：2008~2024年

（三）基金超过大盘指数收益率的比例

在先前的讨论中，我们以私募基金行业平均收益率为基准，对私募基金和大盘指数的年度收益率进行了对比分析。现在，让我们从个别私募基金的视角出发，探究有多少基金能够超越市场基准指数。为了深入了解 2008~2024 年私募基金相对于市场基准指数的整体表现，我们统计了每年私募基金收益率超过市场基准指数的基金数量比例，并将结果展示在图 2-12 中。此外，为了对比私募基金与公募基金在超越市场基准指数方面的表现差异，图 2-12 中也包含了相应年份公募基金的相关数据。

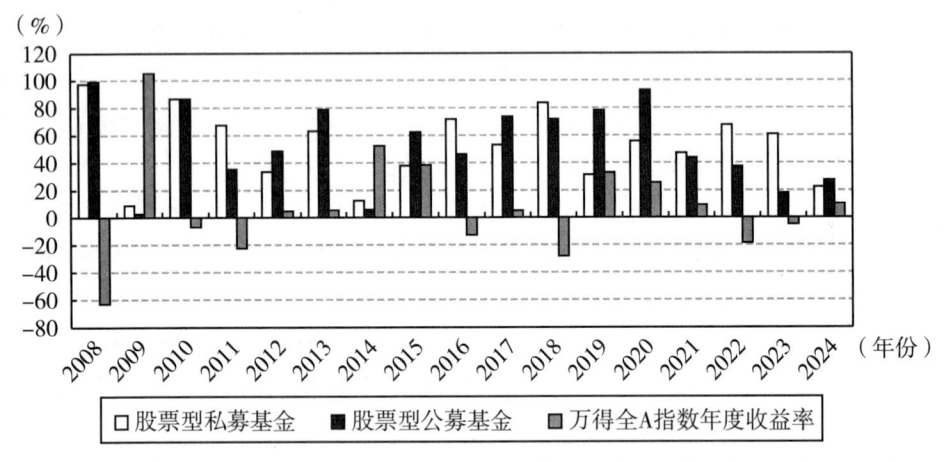

图 2-12 股票型私募基金、公募基金分别超越大盘指数收益率的比例：2008~2024 年

首先，我们观察私募基金相较于大盘指数的表现。在 2008~2024 年，有 10 年私募基金的收益率超过大盘指数的基金数量占比超过了 50%。即便在 2015 年股市大幅震荡时，仍有 38% 的私募基金的收益率胜过大盘指数。

其次，在万得全 A 指数增长缓慢或下跌的年份中，私募基金产品业绩超越指数的情况更为普遍。例如，在 2008 年、2010 年、2011 年、2016 年、2018 年、2022 年和 2023 年，股市表现不佳，私募基金中超越大盘的基金占比分别达到 97%、87%、67%、72%、84%、67% 和 60%。然而，在牛市年份，如 2009 年和 2014 年，万得全 A 指数分别增长了 105% 和 52%，但收益率超越指数的私募基金数量占比仅为 9% 和 13%。这表明，在牛市中，只有少数私募基金的收益能够超越大盘。尽管牛市中大多数基金都在盈利，但私募基金行业内部的业绩差异却在扩大。只有极少数基金经理能够精准把握市场进出时机，通过调整仓位和投资组合来获得超越大盘指数的收益，站在市场涨幅的顶端。而大多数私募基金经理则难以跟上大盘指数的涨幅。

最后，我们比较了私募基金与公募基金两个行业收益超过大盘指数的产品数量的比例。结果显示，在这 17 年里，有 8 年收益超过指数的私募基金的比例高于公募基金，而另外 9 年则是公募基金的收益表现更佳。我们观察到一个共同趋势：在牛市期间，私募基金和公募基金超越指数收益的比例普遍较低；相反，在熊市期间，私募基金和公募基金超越指数收益的比例则相对较高。

（四）累计收益率的比较

投资者常常关心的另一个问题是，自己投资的基金能否长期取得优异的收益？本部分我们将从投资者的角度出发，来探究一下长期投资于私募基金的收益如何？如果能够超越指数，其超越指数的幅度是多少？假设私募基金的业绩可以超过指数的业绩，那么它是否也能超越公募基金的业绩？超越公募基金的幅度又是多少？为了回答上述问题，我们首先选取近三年（2022~2024 年）和近五年（2020~2024 年）这两个区间作为样本观察期，计算并比较私募基金和万得全 A 指数、公募基金年均收益率的高低，随后对 2008~2024 年私募基金和万得全 A 指数、公募基金的累计收益率进行比较。在选取基金样本时，我们要求私募基金样本在 2022~2024 年或 2020~2024 年具有完整三年或五年基金复权净值数据。近三年（2022~2024 年）和近五年（2020~2024 年）的股票型私募基金的样本数分别为 2 062 只、810 只。

图 2-13 展示了近三年（2022~2024 年）和近五年（2020~2024 年）股票型私募基金与万得全 A 指数、股票型公募基金年化收益率的对比。从图 2-13 可以看出，过去三年内，股票型私募基金的年化收益率为-2.23%，超过了股票型公募基金的年化收益率（-10.95%）以及万得全 A 指数的年化收益率（-5.33%）；而在过去五年间，股票型私募基金的年化收益率达到 5.36%，同样高于股票型公募基金的年化收益率（4.30%）和万得全 A 指数的年化收益率（3.07%）。

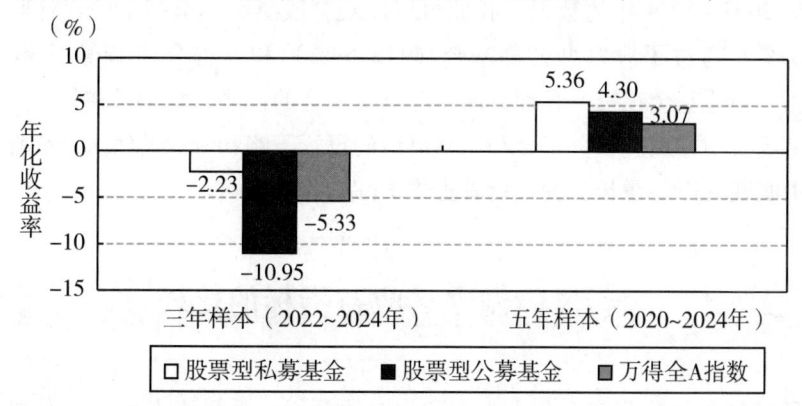

图 2-13　近三年（2022~2024 年）和近五年（2020~2024 年）股票型私募基金、公募基金和万得全 A 指数的年化收益率比较

整体而言，私募基金保持了相对于大盘指数的业绩优势，无论是近三年的业绩还是近五年的业绩都优于大盘指数和股票型公募基金。

我们将考察期间延长至整个样本期间，比较了2008~2024年股票型私募基金、万得全A指数和股票型公募基金的累计收益率，并将结果呈现于图2-14中。我们假设在2007年底三种投资的起始价值均为100元。如果投资者在2007年底分别以100元投资于股票型私募基金、万得全A指数和股票型公募基金，至2024年底，股票型私募基金的净值将增长至298.81元，累计收益率达到198.81%；股票型公募基金的净值将增至212.69元，累计收益率为112.69%；而万得全A指数的净值仅增至130.14元，累计收益率为30.14%。因此，在忽略风险因素的情况下，长期投资私募基金，相较于指数而言能够获得更高的收益；与公募基金相比，在更长的时间跨度内，私募基金同样能带来更高的收益。

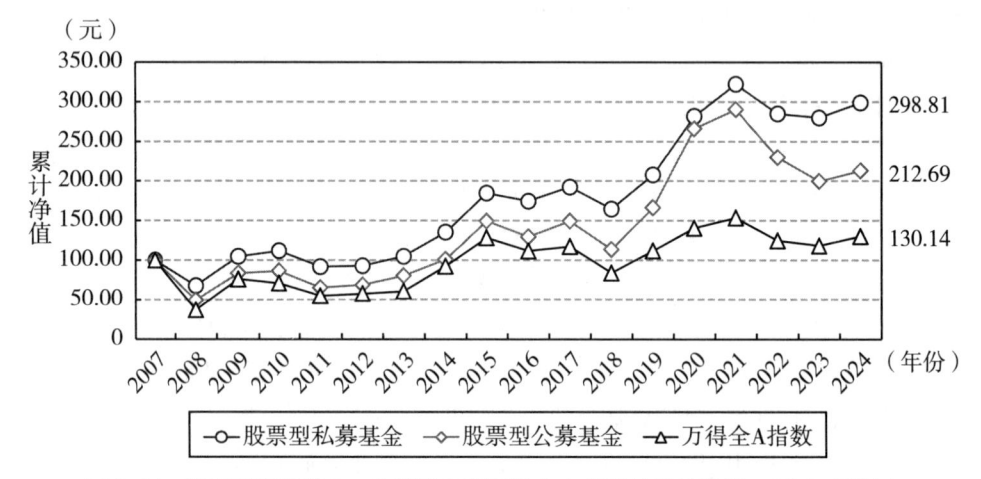

图2-14 股票型私募基金、公募基金和万得全A指数的累计净值：2008~2024年

观察2008~2024年的数据，我们可以发现，股票型私募基金的累计收益率高达198.81%，超过了股票型公募基金（112.69%）和万得全A指数（30.14%）。数据表明，私募基金在资产管理方面可能具有一定的优势，特别是在长期投资策略和应对市场波动方面。私募基金利用其灵活的投资策略和专业的团队，能够在多变的市场中实现资产的增长，为投资者提供更高的收益。

二、风险调整后收益指标的比较

对私募基金、公募基金和大盘指数作对比分析，从投资者最易于获取的绝对收益信息分析入手是第一步。为了更深入地了解私募基金的业绩，我们需要进一步探讨风险调整后的收益指标。相较于绝对收益指标，风险调整后的收益指标在考虑风险因素方面更为全面，因此更加科学和合理。在选择风险调整后的收益指标时，我们采用夏普比率来衡量总风险，采用索丁诺比率来衡量下行风险，采用收益—最大回撤比率来衡量一段时间内的最大回撤风险，从而使私募基金业绩与指数、公募基金业绩的比较结论更为科学。由于不同的投资组合面临的风险各异，风险调整后的收益指标帮助我们解答了以下问题：在相同风险水平下，私募基金与大盘指数、公募基金的收益是否有所不同？在接下来的内容中，我们开始对四类策略基金组成的股票型私募基金整体样本作出分析。在本部分，我们以近三年和近五年作为研究的期间，从多个层次、多个角度对私募基金和大盘指数、公募基金的相关风险调整后收益指标展开比较和分析。在选取基金样本时，我们同样要求基金在2022~2024年或2020~2024年具有完整三年或五年的基金复权净值数据。从表2-3可以看到，近三年私募基金的样本量为2 062只，近五年私募基金的样本量为810只。我们在附录一展示了股票型私募基金近五年（2020~2024年）业绩的收益和风险指标。

（一）夏普比率

夏普比率的含义为基金每承担一个单位的风险所获得的超额收益。在计算这一指标时，用某一时期内基金的平均超额收益率除以这个时期超额收益率的标准差来衡量基金风险调整后的回报，该比例越高，表明基金在风险相同的情况下获得的超额收益越高。其计算公式为：

$$Sharpe_M = \frac{MAEX}{\sigma_{ex}} \tag{2.1}$$

$$Sharpe_A = Sharpe_M \times \sqrt{12} \tag{2.2}$$

其中，$Sharpe_M$为月度夏普比率，$Sharpe_A$为年化夏普比率，$MAEX$为月度超额收益率的平均值（monthly average excess return），σ_{ex}为月度超额收益率的标准差（standard deviation）。基金的月度超额收益率为基金的月度收益率减去市场月度无风险收益率，市场无风险收益率采用整存整取的一年期基准定期存款利率。

图2-15展示了近三年（2022~2024年）和近五年（2020~2024年）股票型私募基金与万得全A指数、股票型公募基金的年化夏普比率对比。从图2-15可以看出，过去三年中，股票型私募基金的年化夏普比率为-0.03，这一数值高于股票型公募基金的年化夏普比率（-0.45）和万得全A指数的年化夏普比率（-0.21）；而在过去五年里，股票型私募基金的年化夏普比率达到了0.34，同样超过了股票型公募基金的年化夏普比率（0.23）和万得全A指数的年化夏普比率（0.17）。综合夏普比率的对比结果，可以得出在近三年和近五年的时间段内，股票型私募基金

的表现均优于公募基金和市场大盘指数。

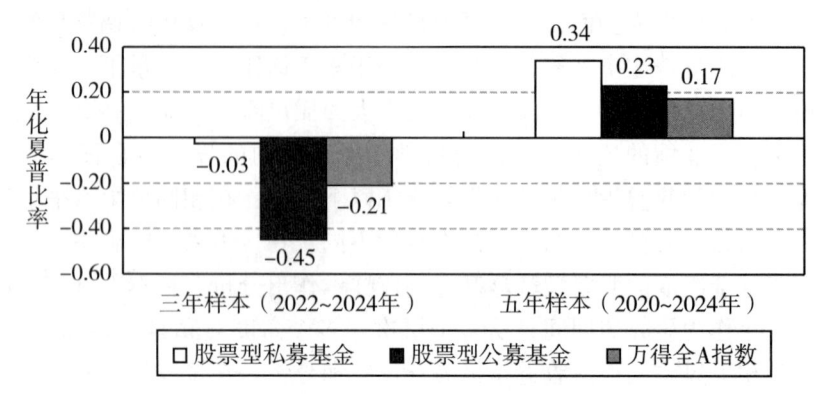

图 2-15　近三年（2022~2024 年）和近五年（2020~2024 年）股票型私募基金、公募基金和万得全 A 指数的年化夏普比率

我们将 2020~2024 年股票型私募基金夏普比率由低到高分为 10 个区间，在直方图中将私募基金的夏普比率与万得全 A 指数的夏普比率进行更直观的比较，每个区间直方图代表属于该区间的基金数量占比，结果如图 2-16 所示。从图 2-16 可以看出，私募基金年化夏普比率主要集中在［0，0.4）和［0.4，0.8）这两个区间内，合计占比为 69.76%，可见大多数基金的夏普比率分布还是比较集中的。万得全 A 指数的年化夏普比率（0.17）落于［0，0.4）区间内。同时，私募基金近五年年化夏普比率的最大值为 2.69，最小值为-1.20，两极差异较大。

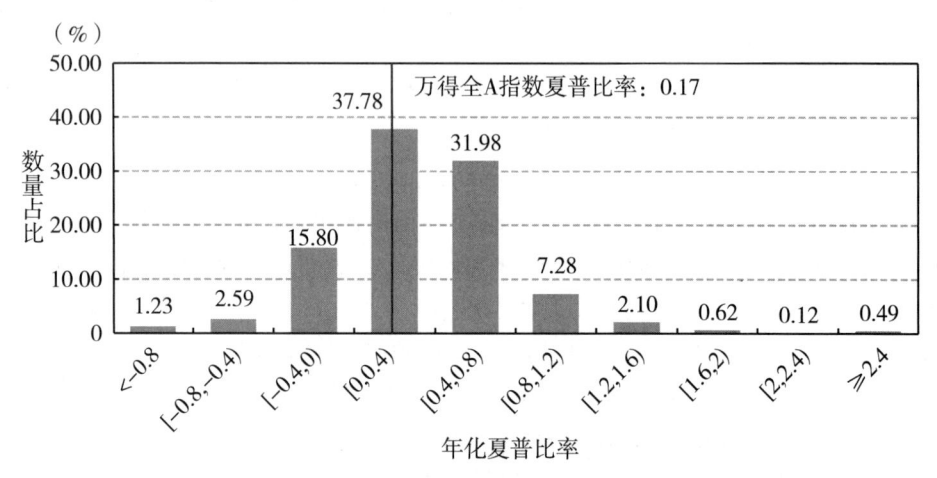

图 2-16　股票型私募基金近五年年化夏普比率分布直方图：2020~2024 年

我们将 2020~2024 年私募基金样本的夏普比率从高到低排列，如图 2-17 所示，图中横线代表万得全 A 指数的年化夏普比率（0.17），表示当承担每一单位风险时，大盘指数可获得 0.17% 的收益。有 507 只股票型私募基金的年化夏普比率超

过大盘指数的夏普比率（0.17），占比为62%。此外，我们也注意到有159只（20%）基金的年化夏普比率小于零，这些基金的收益都低于银行存款利率。

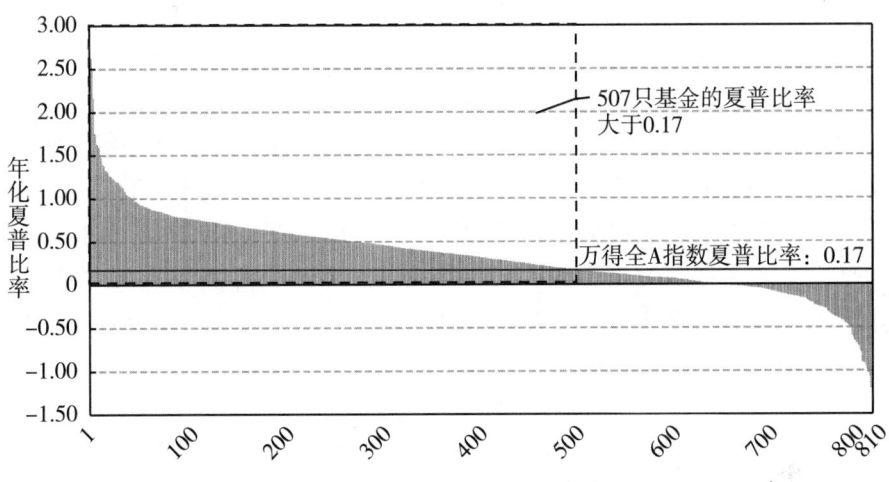

图 2-17　股票型私募基金近五年年化夏普比率排列：2020~2024 年

图 2-18 为过去五年（2020~2024 年）810 只股票型私募基金的年化夏普比率散点分布图，揭示了这些基金的夏普比率分布状况，纵轴代表基金的超额收益率，横轴则代表超额收益的标准差（即风险）。每只基金的夏普比率由从原点至其坐标点的斜率表示，斜率越大，表明基金的夏普比率越高，风险调整后的收益也越高。最大斜率值为 2.69，最小斜率值为 -1.20，分别对应夏普比率的最高值和最低值。所有基金的夏普比率均位于从原点出发，斜率分别为 2.69 和 -1.20 的射线所界定的扇形区域内。可以看出，股票型私募基金的夏普比率分布相对集中，这与先前的分析结果相吻合。

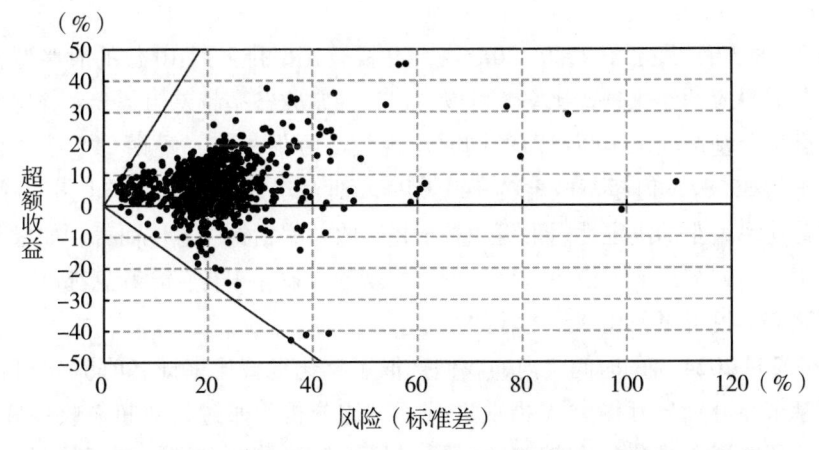

图 2-18　股票型私募基金近五年年化夏普比率散点图：2020~2024 年

图 2-19（a）展示了 2020~2024 年年化夏普比率排名前 10 位的股票型私募基金及其对应的年化夏普比率。夏普比率是衡量基金超额收益与风险的指标，高夏普比率的基金并不必然意味着高年化超额收益率，也不代表其风险水平低。观察图 2-19（a）中前 10 名基金，可以明显看出，它们之所以夏普比率高，各有其原因。例如，"白鹭 FoF 演武场 6 号"和"中邮永安金石"基金，它们的风险水平控制在 1%~3%，尽管超额收益只有 4%~7%，但它们凭借出色的风险管理，实现了较高的风险调整后收益。而"融升稳健 1 号"和"量魁东海龙王 2 号"基金，则是通过获得较高的超额收益来实现高夏普比率的，尽管它们的风险水平在这些基金中较高，但超额收益分别达到了 13.16% 和 13.11%。因此，仅凭超额收益或风险水平来评估基金是不够的，必须综合考虑这两个因素，才能对基金的表现作出更准确、全面的评价。

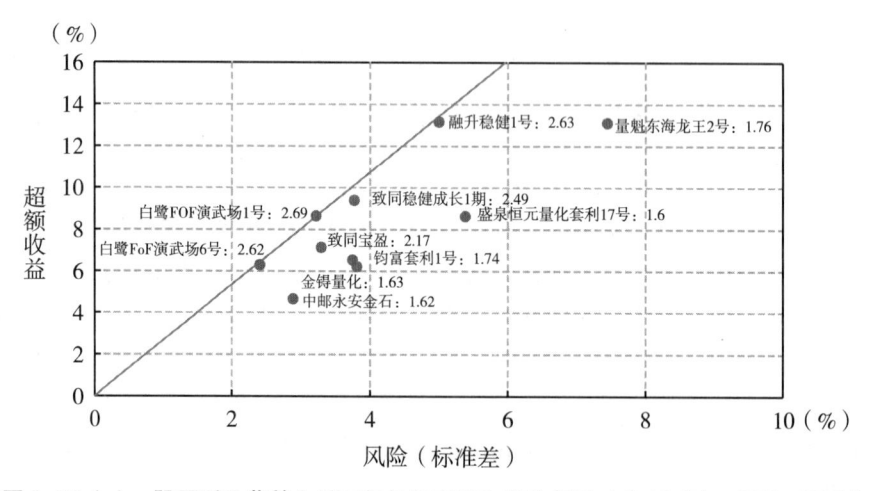

图 2-19（a） 股票型私募基金近五年年化夏普比率散点图（前 10 名）：2020~2024 年

图 2-19（b）展示了 2020~2024 年年化夏普比率排名后 10 位的股票型私募基金名称及其对应的年化夏普比率。可以看出，通常收益率越差的基金夏普比率也越低，甚至部分基金在承担高风险的同时出现较高亏损，如"鲲鹏 214 号"基金的风险水平为 35.87，但超额收益为 -43.04%。而对于这些年化夏普比率为负的基金，夏普比率大小的决定性因素更侧重于超额收益率指标。总体而言，如果基金的夏普比率为零或为负值，说明基金经理所贡献的收益连银行存款利息都赶不上，投资者应该避免投资夏普比率小于零的基金。

在 2020~2024 年的时间段内，我们选取了年化夏普比率排名前 10% 和后 10% 的私募基金，分别与万得全 A 指数进行了对比分析。通过评估超额收益和风险，我们深入研究了表现优异和较差的股票型私募基金与大盘指数之间的明显差异。表 2-4 展示了 2020~2024 年年化夏普比率排名前 10% 的 81 只基金。以万得全 A 指数为基准,其近五年的年化夏普比率为 0.17,若以这 81 只基金的年化超额收益率标准差的平均值(12.28%)作为风险度量,那么万得全 A 指数的年化超额收益率计算结果为 2.09%(12.28%×0.17)。数据显示,排名前 10% 的基金平均年化超额收益率为 12.70%,显著高于万得全 A 指数在同等风险下的年化超额收益率(2.09%)。进一步分析表 2-4,我们发现不同基金获得较高的夏普比率的原因各异。影响夏普比率的关键因素是年化超额收益率和超额收益率的标准差。表 2-4 显示,有 20 只基金的年化超额收益标准差低于 5%,它们凭借卓越的风险管理能力实现了高夏普比率,如"千朔量化 15 号"基金,尽管其超额收益率仅为 4.10%,但风险水平控制在了 4.69%;另外有 4 只基金的超额收益率超过了 30%,它们则是因为强大的盈利能力而获得高夏普比率的,如"金时量化 1 号"基金,其超额收益率高达 37.54%,年化超额收益标准差为 31.31%。这些基金通过减少风险或增加超额收益的方式,均实现了卓越的年化夏普比率表现。

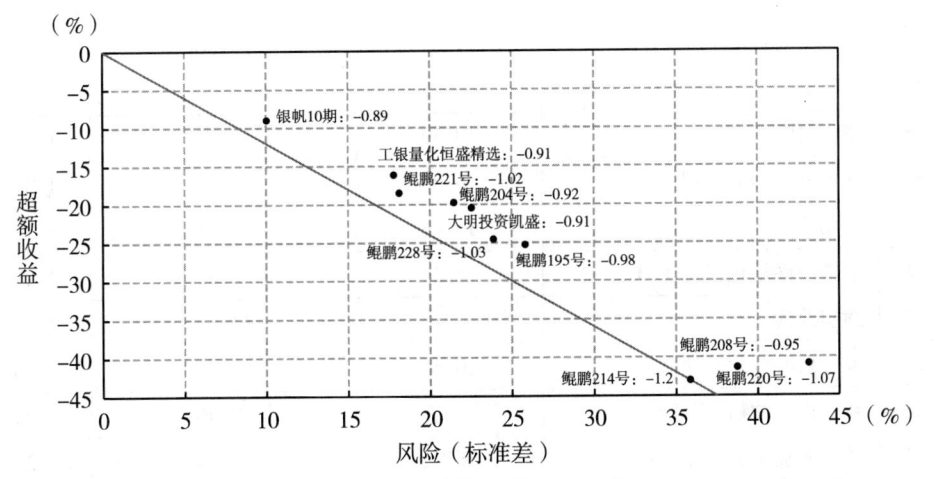

图 2-19(b) 股票型私募基金近五年年化夏普比率散点图(后 10 名):2020~2024 年

表 2-4 近五年年化夏普比率排名在前 10% 的股票型私募基金:2020~2024 年

编号	基金名称	年化超额收益率(%)	年化超额收益率标准差(%)	年化夏普比率
1	白鹭 FOF 演武场 1 号	8.63	3.22	2.69
2	融升稳健 1 号	13.16	5.01	2.63
3	白鹭 FoF 演武场 6 号	6.29	2.40	2.62
4	致同稳健成长 1 期	9.39	3.77	2.49
5	致同宝盈	7.14	3.29	2.17
6	量魁东海龙王 2 号	13.11	7.45	1.76

续表

编号	基金名称	年化超额收益率（%）	年化超额收益率标准差（%）	年化夏普比率
7	钧富套利1号	6.53	3.75	1.74
8	金锝量化	6.22	3.81	1.63
9	中邮永安金石	4.67	2.87	1.62
10	盛泉恒元量化套利17号	8.63	5.39	1.60
11	鹤骑鹰一粟	18.54	11.62	1.60
12	赢仕创盈9号	7.54	4.99	1.51
13	鹿秀标准量化对冲1号	9.31	6.33	1.47
14	华炎晨星	10.88	7.75	1.40
15	明汯红橡金麟专享1号	7.02	5.03	1.39
16	中邮永安钱潮FOF3号	4.63	3.36	1.38
17	金锝6号	4.57	3.44	1.33
18	华炎晨晖	10.59	8.01	1.32
19	外贸-致远对冲3号	6.05	4.58	1.32
20	龙旗紫微	10.46	8.01	1.31
21	金锝中性量化优选1号	4.24	3.34	1.27
22	静实致远	14.10	11.18	1.26
23	世纪前沿量化对冲9号	10.86	8.65	1.26
24	新方程对冲精选N1号	9.27	7.46	1.24
25	泽元通宝1号	26.01	21.19	1.23
26	致远对冲1号	5.68	4.64	1.22
27	中金财富多元化FOF1号	6.80	5.62	1.21
28	金时量化1号	37.54	31.31	1.20
29	华炎晨轩	9.40	7.89	1.19
30	宽德对冲专享1期	5.89	4.95	1.19
31	平凡悟鑫	5.18	4.39	1.18
32	静实稳进1号	13.15	11.29	1.17
33	宁泉悦享1号	11.00	9.54	1.15
34	赫富灵活对冲1号	9.68	8.41	1.15
35	中信信托宽德对冲专享6期	5.25	4.62	1.14
36	中信信托宽德对冲专享10期	4.96	4.42	1.12

续表

编号	基金名称	年化超额收益率（%）	年化超额收益率标准差（%）	年化夏普比率
37	鹿秀驯鹿二号	15.33	14.16	1.08
38	大椿鲁班1号	27.38	25.36	1.08
39	宽德中性优选3号	6.01	5.69	1.06
40	明汯中性1号	6.37	6.11	1.04
41	中信信托睿信稳健配置TOF	4.20	4.05	1.04
42	国盛科新1期	3.68	3.57	1.03
43	涵德量化稳健	7.51	7.32	1.03
44	羲和平衡FOF思享1号	8.92	8.81	1.01
45	仁桥泽源1期	17.39	17.32	1.00
46	澎泰安全边际1期	16.77	16.79	1.00
47	博隆量化阿尔法	7.02	7.09	0.99
48	寰宇精选收益之睿益10期	7.22	7.41	0.97
49	东方港湾马拉松全球	22.50	23.27	0.97
50	盈沣远航1号	34.53	35.90	0.96
51	龙旗巨星1号	16.21	16.91	0.96
52	寰宇精选收益之睿益1期	7.35	7.79	0.94
53	赫富对冲3号	5.87	6.32	0.93
54	下游消费板块H1104	20.64	22.33	0.92
55	宏量优选1号	13.42	14.52	0.92
56	波粒二象趋势1	34.04	36.97	0.92
57	路远睿泽稳增	32.97	36.01	0.92
58	世纪前沿指数增强2号	21.23	23.29	0.91
59	全意通宝（进取）宏量1期	14.19	15.60	0.91
60	赫富对冲1号	8.50	9.41	0.90
61	仁桥泽源3期	15.00	16.70	0.90
62	新方程宏量1号	13.24	14.84	0.89
63	祥程汉景港湾1号	20.86	23.41	0.89
64	纽富斯价值精选	8.75	9.83	0.89
65	千朔量化15号	4.10	4.69	0.87
66	盛泉恒元灵活配置8号	11.13	12.77	0.87

续表

编号	基金名称	年化超额收益率（%）	年化超额收益率标准差（%）	年化夏普比率
67	龙旗御风	14.67	16.84	0.87
68	东方港湾望远2号	17.83	20.55	0.87
69	新方程宏量2号	12.41	14.32	0.87
70	新方程大类配置	5.92	6.89	0.86
71	龙旗红旭	19.91	23.25	0.86
72	岁寒知松柏1号	22.51	26.37	0.85
73	东兴港湾1号	19.83	23.22	0.85
74	赢仕创盈1号	7.63	8.95	0.85
75	慈阳投资优选3号	18.38	21.60	0.85
76	航长红棉3号	10.42	12.35	0.84
77	复胜富盛1号	22.47	26.71	0.84
78	利得汉景1期	19.50	23.19	0.84
79	九章幻方中证1000量化多策略1号	19.21	23.09	0.83
80	银创联合9号	14.37	17.37	0.83
81	东方港湾马拉松16号	19.10	23.13	0.83
	指标平均值	**12.70**	**12.28**	**1.18**

在研究了表现最佳（前10%）的股票型私募基金的年化夏普比率后，我们转向审视夏普比率排名后10%的基金。表2-5展示了2020~2024年按照年化夏普比率排名后10%的股票型私募基金。这81只基金的平均年化超额收益率为-9.16%，年化超额收益率的标准差平均值为21.85%，而年化夏普比率的平均值为-0.42。这些基金的年化超额收益率都低于0，且不及以万得全A指数的夏普比率（0.17）和81只基金年化超额收益率标准差平均值（21.85%）计算得出的年化超额收益率3.71%（21.85%×0.17）。这些基金业绩不佳的主要原因是它们的超额收益率较低，导致年化夏普比率普遍小于0，远低于大盘指数的夏普比率（0.17）。年化超额收益率越低的基金，其年化夏普比率也越小。例如，夏普比率最低的"鲲鹏214号"基金，尽管风险并非最大（35.87%），但由于其极低的年化超额收益率（-43.04%），导致其夏普比率仅为-1.20，位居末位。表2-5显示，这些基金在承担较高风险的同时，获得的收益率普遍较低，因此夏普比率也相应较低。

表 2-5　　近五年年化夏普比率排名在后 10％的股票型私募基金：2020~2024 年

编号	基金名称	年化超额收益率（％）	年化超额收益率标准差（％）	年化夏普比率
1	鲲鹏 214 号	-43.04	35.87	-1.20
2	鲲鹏 220 号	-41.36	38.79	-1.07
3	鲲鹏 228 号	-24.57	23.90	-1.03
4	鲲鹏 221 号	-18.52	18.14	-1.02
5	鲲鹏 195 号	-25.31	25.82	-0.98
6	鲲鹏 208 号	-40.88	43.10	-0.95
7	鲲鹏 204 号	-19.80	21.47	-0.92
8	大明投资凯盛	-20.49	22.54	-0.91
9	工银量化恒盛精选	-16.17	17.80	-0.91
10	银帆 10 期	-8.99	10.04	-0.89
11	朴石 3 期	-15.46	19.71	-0.78
12	鲲鹏 202 号	-14.40	18.82	-0.77
13	鲲鹏 222 号	-12.12	16.85	-0.72
14	朴石 6 期	-13.08	18.56	-0.70
15	工银量化信诚精选	-5.77	8.49	-0.68
16	鲲鹏 165 号西湖 2-15 号	-14.09	20.74	-0.68
17	新方程清水源创新子基金 3 期	-10.02	15.20	-0.66
18	归富长乐 1 号	-11.87	18.28	-0.65
19	格雷尊享 1 号	-11.49	18.69	-0.61
20	朴石 1 期	-11.55	19.52	-0.59
21	道和 19 号	-6.89	13.54	-0.51
22	光大金控泰石 5 号（光大）	-3.47	7.05	-0.49
23	尚雅 3 期	-11.76	24.03	-0.49
24	双诚精选 3 号	-7.67	16.46	-0.47
25	朴石 2 期	-8.79	19.25	-0.46
26	枫池建享 1 期	-8.71	19.35	-0.45
27	海淘港股通华赞 A 期	-8.95	20.06	-0.45
28	格雷锡林稳健 1 号	-8.13	18.97	-0.43
29	和聚信享平台 E	-4.48	10.70	-0.42
30	朴石 8 期	-6.12	14.74	-0.42

续表

编号	基金名称	年化超额收益率（%）	年化超额收益率标准差（%）	年化夏普比率
31	希瓦风行精选	-9.34	23.26	-0.40
32	水龙吟	-10.42	26.32	-0.40
33	正源信毅资本周期	-7.46	18.91	-0.39
34	平凡悟量	-1.90	4.82	-0.39
35	海淘港股通昭盈亮帆A期	-6.23	16.23	-0.38
36	华瑞通深圳趋势9号	-14.27	37.66	-0.38
37	铭深1号	-7.02	18.74	-0.37
38	宁聚量化精选2号	-9.59	26.34	-0.36
39	鲲鹏69号国盛西湖2-7号	-6.07	16.83	-0.36
40	尚雅4期	-8.79	24.42	-0.36
41	和聚12期汇智B期	-4.82	14.04	-0.34
42	尚雅1期（深国投）	-6.71	19.75	-0.34
43	同犇12期	-7.74	23.28	-0.33
44	信毅稳健1号	-4.91	15.54	-0.32
45	尚雅13期	-6.73	22.16	-0.30
46	中信信托柘弓1期	-5.77	20.19	-0.29
47	臻创7号	-6.35	22.49	-0.28
48	君理双子座1号	-5.24	18.98	-0.28
49	大明投资宏泰	-8.65	31.83	-0.27
50	臻合7号	-5.95	22.44	-0.27
51	和聚-钜派专享2号	-5.91	22.65	-0.26
52	名禹稳健增长	-5.06	19.41	-0.26
53	查理投资价值套利稳健型21号	-7.95	31.03	-0.26
54	榕树科技新能源4号	-5.48	21.51	-0.25
55	银帆6期	-3.74	14.91	-0.25
56	尚雅5期	-6.18	25.24	-0.24
57	虎踞尊享财富1号	-7.36	30.19	-0.24
58	朴石核心价值2号	-5.34	22.07	-0.24
59	禾永阳光回报2期	-4.07	17.12	-0.24
60	沣沛股票1期	-3.60	16.72	-0.22

续表

编号	基金名称	年化超额收益率（%）	年化超额收益率标准差（%）	年化夏普比率
61	深圳趋势 10 号	-8.06	37.91	-0.21
62	银帆 7 期	-2.88	13.60	-0.21
63	趋势投资 1 号	-8.72	42.48	-0.21
64	同犇 1 期	-5.21	26.17	-0.20
65	博颐精选	-7.21	37.16	-0.19
66	高信百诺价值成长	-3.40	18.02	-0.19
67	睿泉中港通高增长	-2.97	17.15	-0.17
68	新活力稳信 1 号	-4.13	25.10	-0.16
69	融临 58 号港股 IPO	-6.33	38.53	-0.16
70	和聚信享平台	-3.13	19.04	-0.16
71	天弓 2 号	-4.90	31.13	-0.16
72	和聚华盛 1 号	-3.49	22.21	-0.16
73	枫池枫赢 1 期	-3.51	22.65	-0.16
74	汇谷舒心 1 号	-4.93	32.25	-0.15
75	金蕴 99 期（谷寒长线回报）	-2.62	17.96	-0.15
76	中信信托广金成长 3 期	-3.21	22.27	-0.14
77	中阅磐岩 3 号	-3.99	27.89	-0.14
78	东方马拉松凯旋 1 号	-1.96	13.99	-0.14
79	榜样欧奈尔港股通	-2.35	16.79	-0.14
80	睿信 4 期	-3.11	22.27	-0.14
81	和聚平台	-3.26	23.40	-0.14
	指标平均值	**-9.16**	**21.85**	**-0.42**

分析结果表明，在 2020~2024 年的五年期间，当面对同等风险时，排名前 10%的股票型私募基金凭借其出色的夏普比率，能够实现比市场指数更高的超额回报。进一步观察发现，这些表现最佳的股票型私募基金（夏普比率前 10%）的平均超额收益率标准差比表现最差的基金（夏普比率后 10%）低 9.57 个百分点。尽管如此，这两类基金的年化超额收益率平均值却相差 21.86 个百分点。此外，与表现最差的股票型私募基金相比，表现最佳的股票型私募基金不仅能够带来更高的超额收益，还能有效降低风险水平。当我们以 2022~2024 年的三年数据进行分析时，所得结论与五年样本期的分析结果相同，故不再重复说明。

（二）索丁诺比率

索丁诺比率是另一个经典的风险调整后收益指标，它与夏普比率的区别在于，夏普比率的分母衡量的是投资组合的总风险，计算风险指标时采用的是超额收益率标准差；而索丁诺比率在考虑投资组合的风险时将其分为上行风险和下行风险，认为投资组合的正回报符合投资人的需求，因此只需衡量下行风险，计算风险指标时采用的是超额收益率的下行标准差。索丁诺比率越高，表明基金净值回调的幅度越小，盈利更加稳健。对私募基金的投资者而言，索丁诺比率比夏普比率更为重要。因为一般情况下，投资者在购买私募基金时，合同中都会对"清盘线"作出规定，市场上大多数私募基金的"清盘线"设置在净值下降到 0.7 元或 0.8 元处，这意味着投资者和基金经理们会更关注下行风险。其计算公式为：

$$Sortino_M = \frac{MAEX}{D\sigma_{ex}} \quad (2.3)$$

$$Sortino_A = Sortino_M \times \sqrt{12} \quad (2.4)$$

其中，$Sortino_M$ 为月度索丁诺比率，$Sortino_A$ 为年化索丁诺比率，$MAEX$ 为超额收益率的月平均值（monthly average excess return），$D\sigma_{ex}$ 为月度超额收益率的下行风险标准差（downside standard deviation）。基金的月度超额收益率为基金的月度收益率减去市场月度无风险收益率，市场无风险收益率采用整存整取的一年期基准定期存款利率。

在对过去三年（2022~2024 年）和过去五年（2020~2024 年）的股票型私募基金与万得全 A 指数、股票型公募基金的年化索丁诺比率进行比较分析后，我们得到了图 2-20 所展示的结果。观察可知，在最近三年内，股票型私募基金的年化索丁诺比率达到了 0.62，而股票型公募基金和万得全 A 指数的年化索丁诺比率分别为-0.77 和-0.40。进一步分析五年期数据，股票型私募基金的年化索丁诺比率为 1.23，股票型公募基金的年化索丁诺比率为 0.47，万得全 A 指数的年化索丁诺比率为 0.33。在三年样本期中，私募基金在风险调整后的收益表现超过了公募基金和万得全 A 指数，这与夏普比率的分析结果相吻合；而在五年样本期中，私募基金同样在风险调整后的收益上胜过了万得全 A 指数和公募基金。因此，可以得出结论：在同等的下行风险条件下，私募基金能够实现更高的风险调整后收益。

图 2-21 展示了 2020~2024 年股票型私募基金的年化索丁诺比率分布情况，以直方图形式呈现。在这段时间内，我们根据年化索丁诺比率的数值，将 810 只股票型私募基金划分成 10 个不同的区间。年化索丁诺比率的最高值为 16.99，最低值为-2.02。分析发现，股票型私募基金年化索丁诺比率的显著差异并非源于净值波动的总体风险，而是源于净值下降的风险。观察图 2-21 可知，股票型私募基金的

年化索丁诺比率接近正态分布，主要集中在三个区间：[-1, 0)、[0, 1) 和 [1, 2)，这三个区间的基金占比高达 90.01%。此外，万得全 A 指数在近五年的年化索丁诺比率（0.33）也落在 [0, 1) 区间内。

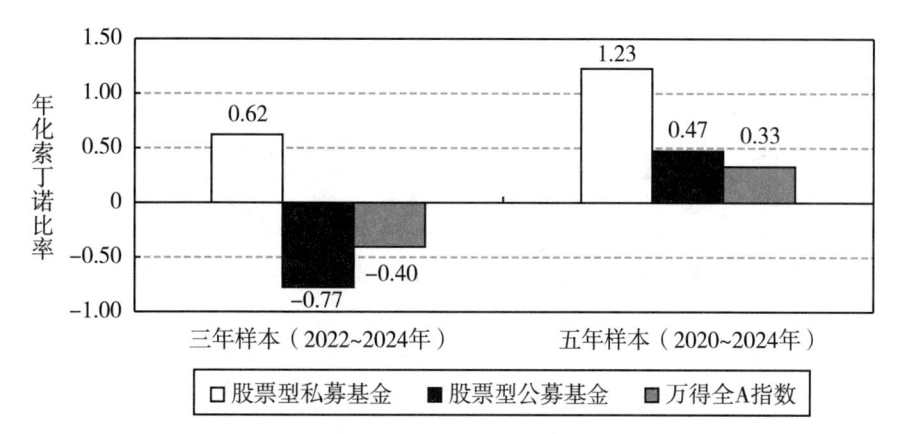

图 2-20　近三年（2022~2024 年）和近五年（2020~2024 年）股票型私募基金、公募基金和万得全 A 指数的年化索丁诺比率

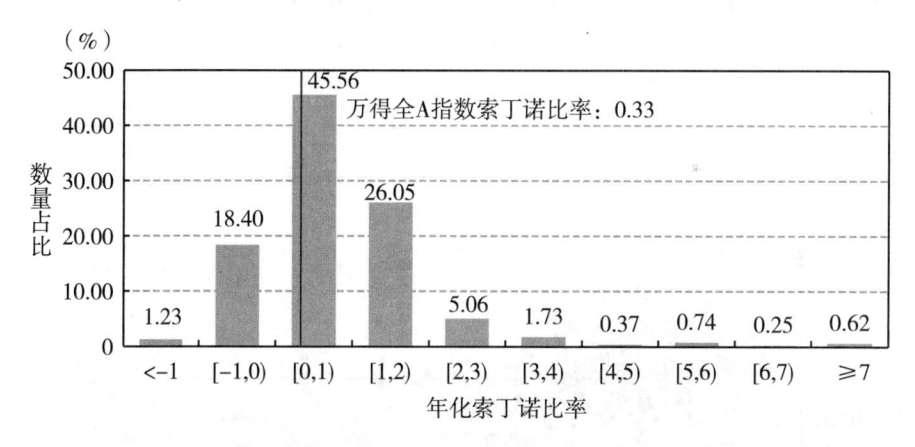

图 2-21　股票型私募基金近五年年化索丁诺比率分布：2020~2024 年

图 2-22 是 2020~2024 年股票型私募基金的年化索丁诺比率由高到低的排列图，图中横线代表万得全 A 指数的索丁诺比率（0.33），具体含义为，在承担单位下行风险（由负收益的标准差计算）时，大盘指数可以获得 0.33% 的超额收益。据图 2-22 可知，年化索丁诺比率高于万得全 A 指数的股票型私募基金数量为 503 只，占比为 62.10%，与夏普比率超越大盘的私募基金数量比例（56.97%）相近。这 503 只基金在承担相同年化下行风险的同时，可以获得高于万得全 A 指数的年化超额收益。另有 159 只基金近五年的索丁诺比率小于零，占比近 19.63%。可见，股票型私募基金索丁诺比率的分布呈明显的两极分化现象。

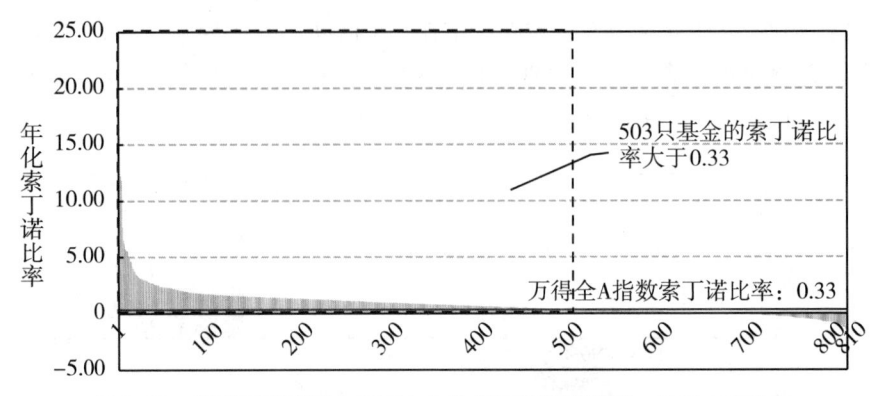

图 2-22　股票型私募基金近五年年化索丁诺比率排列：2020~2024 年

图 2-23 展示了 2020~2024 年股票型私募基金年化索丁诺比率的散点分布情况，横轴代表私募基金年化超额收益下行标准差（风险），纵轴代表私募基金的年化超额收益率（超额收益），索丁诺比率即为从原点到每一只基金对应的由年化超额收益和下行风险所确定的点的斜率。索丁诺比率即为从原点到每一只基金对应的由年化超额收益和下行风险所确定的点的斜率。近五年股票型私募基金年化索丁诺比率分布在斜率为 16.99 和-1.70 这两条射线所夹的扇形区间内，大多数基金年化索丁诺比率的散点分布较为集中。

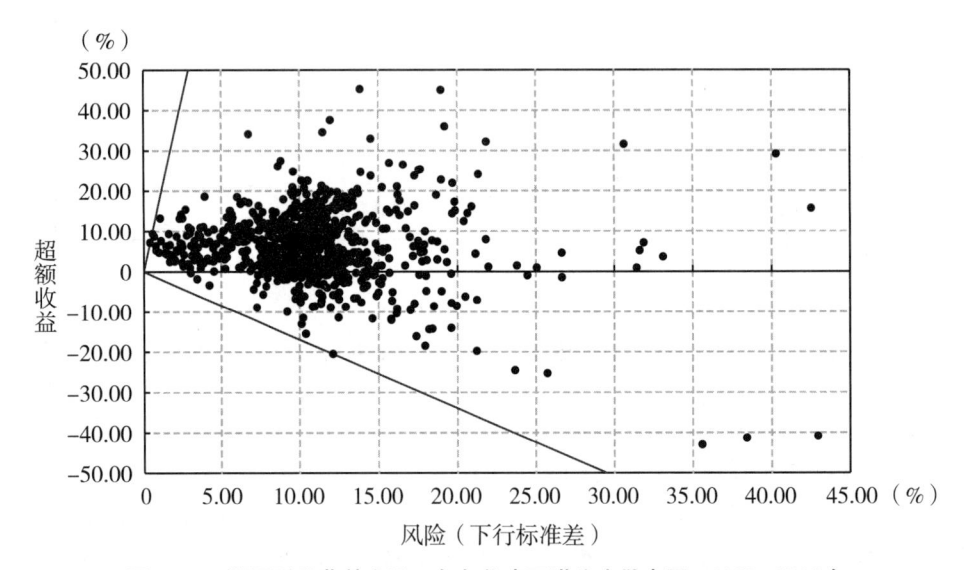

图 2-23　股票型私募基金近五年年化索丁诺比率散点图：2020~2024 年

图 2-24（a）展示了年化索丁诺比率排名前 10 位的基金名称及其对应的年化索丁诺比率。年化索丁诺比率是通过结合基金的年化超额收益率和年化下行标准差来评估基金表现的，这两个指标共同决定了年化索丁诺比率的高低。因此，即使年

化索丁诺比率较高，基金的年化下行标准差也可能较大。每只基金之所以年化索丁诺比率高，原因各异。例如，在图2-24（a）中，一些基金凭借卓越的风险管理，将下行标准差控制在1%以下，从而获得了较高的索丁诺比率，包括"致同宝盈"、"致同稳健成长1期"、"白鹭FoF演武场1号"、"白鹭FoF演武场6号"和"平凡悟鑫"基金；有些基金则靠着较高的年化超额收益率而获得了较高的年化索丁诺比率，如"融升稳健1号"、"静实致远"和"量魁东海龙王2号"基金，它们的年化超额收益率超过了13%，凭借出色的盈利表现而名列前茅。

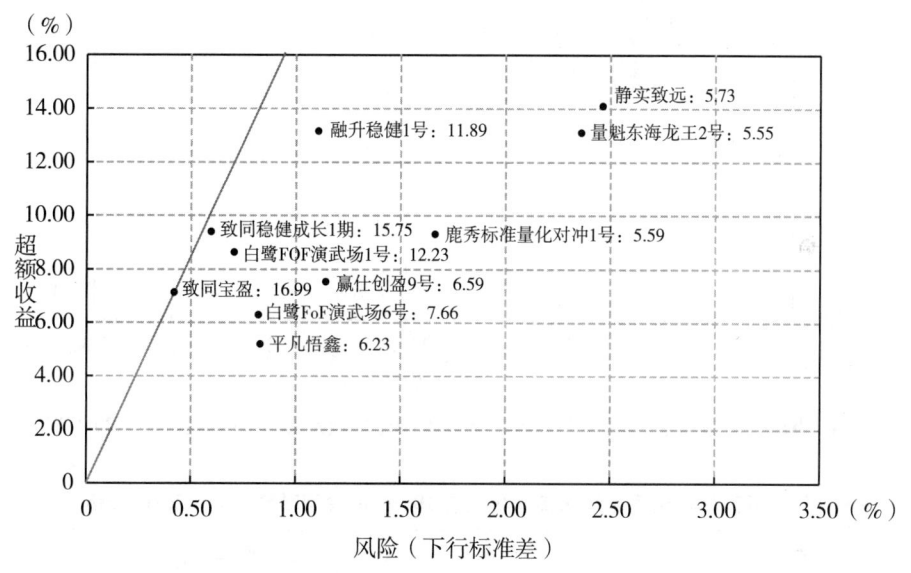

图2-24（a） 股票型私募基金近五年年化索丁诺比率散点图（前10名）：2020~2024年

图2-24（b）展示了年化索丁诺比率排名后10位的股票型私募基金名称及其对应的年化索丁诺比率。这10只基金的年化超额收益均为负值，对于年化收益率为负的基金而言，年化超额收益率和年化索丁诺比率基本呈同向变化趋势。在排名靠后的基金中，不同的基金年化索丁诺比率较低的原因各不相同。其中，"鲲鹏214号"基金的索丁诺比率为-1.21，其年化超额收益率为-43.04%，其年化下行标准差为35.60%；而"银帆10期"基金尽管年化超额收益率并不是最低的（-8.99%），但其年化下行标准差为7.23%。

我们将近五年（2020~2024年）按照年化索丁诺比率排列在前10%和后10%的股票型私募基金单独挑出，分别与万得全A指数进行对比分析。通过观察这些表现优异或较差的基金与指数在年化超额收益率和下行风险方面的综合影响，我们发现了年化索丁诺业绩表现的显著差异，并在表2-6和表2-7中进行展示。表2-6展示了2020~2024年年化索丁诺比率排名前10%的私募基金。这些基金的年化下行标准差平均值为5.33%。若以万得全A指数作为基准,其近五年的年化索丁诺比率为0.33,假设指数的下行风险(年化下行标准差)也是5.33%,则可计算出其年化超额收益率为1.76%(5.33%×0.33)。然而,前10%的基金年化超额收益率平均值高达14.29%,远超万得全A指数的年化超额收益率(1.76%)。

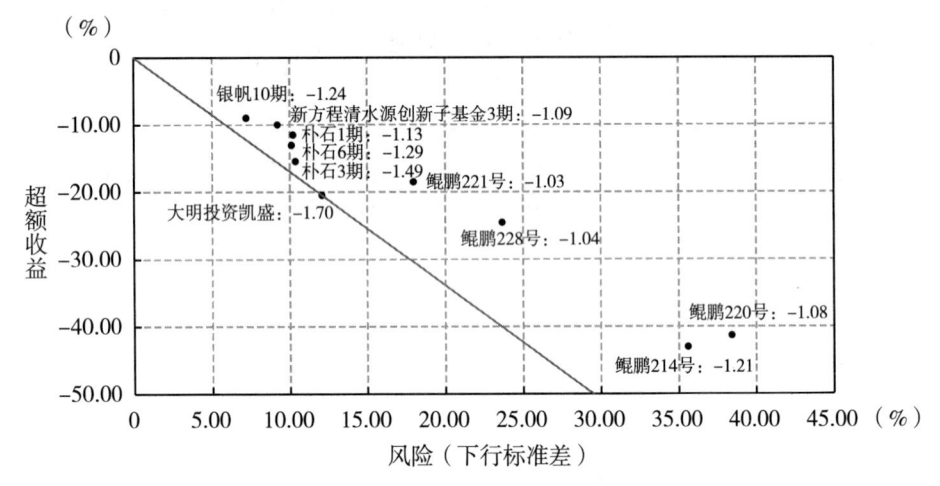

图2-24（b） 股票型私募基金近五年年化索丁诺比率散点图（后10名）：2020~2024年

表2-6　近五年年化索丁诺比率排名在前10%的股票型私募基金：2020~2024年

编号	基金名称	年化超额收益率（%）	年化超额收益率下行标准差（%）	年化索丁诺比率
1	致同宝盈	7.14	0.42	16.99
2	致同稳健成长1期	9.39	0.60	15.75
3	白鹭FOF演武场1号	8.63	0.71	12.23
4	融升稳健1号	13.16	1.11	11.89
5	白鹭FoF演武场6号	6.29	0.82	7.66
6	赢仕创盈9号	7.54	1.14	6.59
7	平凡悟鑫	5.18	0.83	6.23
8	静实致远	14.10	2.46	5.73
9	鹿秀标准量化对冲1号	9.31	1.67	5.59
10	量魁东海龙王2号	13.11	2.36	5.55
11	鹿秀驯鹿二号	15.33	2.76	5.55
12	静实稳进1号	13.15	2.56	5.14

续表

编号	基金名称	年化超额收益率（%）	年化超额收益率下行标准差（%）	年化索丁诺比率
13	波粒二象趋势 1	34.04	6.72	5.07
14	鹤骑鹰一粟	18.54	3.99	4.65
15	中邮永安金石	4.67	1.02	4.57
16	金锝量化	6.22	1.48	4.20
17	盛泉恒元量化套利 17 号	8.63	2.17	3.97
18	钧富套利 1 号	6.53	1.73	3.77
19	华炎晨星	10.88	2.95	3.69
20	华炎晨晖	10.59	3.03	3.50
21	龙旗紫微	10.46	3.09	3.38
22	中邮永安钱潮 FOF3 号	4.63	1.41	3.29
23	盖德尔雪币 2 号	45.20	13.84	3.27
24	羲和平衡 FOF 思享 1 号	8.92	2.82	3.16
25	金时量化 1 号	37.54	11.95	3.14
26	华炎晨轩	9.40	3.03	3.11
27	大椿鲁班 1 号	27.38	8.84	3.10
28	慈阳投资优选 3 号	18.38	6.00	3.06
29	泽元通宝 1 号	26.01	8.64	3.01
30	盈沣远航 1 号	34.53	11.47	3.01
31	金锝 6 号	4.57	1.56	2.93
32	世纪前沿量化对冲 9 号	10.86	3.70	2.93
33	明汯红橡金麟专享 1 号	7.02	2.41	2.91
34	宁泉悦享 1 号	11.00	3.89	2.83
35	金锝中性量化优选 1 号	4.24	1.53	2.78
36	中金财富多元化 FOF1 号	6.80	2.51	2.71
37	仁桥泽源 3 期	15.00	5.55	2.70
38	仁桥泽源 1 期	17.39	6.44	2.70
39	澎泰安全边际 1 期	16.77	6.21	2.70
40	新方程对冲精选 N1 号	9.27	3.58	2.59
41	纳斯特中昕中证 500 增强 1 号	24.78	9.62	2.57

续表

编号	基金名称	年化超额收益率（%）	年化超额收益率下行标准差（%）	年化索丁诺比率
42	泾溪中国优质成长3号	17.02	6.73	2.53
43	外贸-致远对冲3号	6.05	2.40	2.52
44	全意通宝（进取）宏量1期	14.19	5.65	2.51
45	宏量优选1号	13.42	5.35	2.51
46	中信信托宽德对冲专享6期	5.25	2.17	2.42
47	中信信托睿信稳健配置TOF	4.20	1.76	2.38
48	赫富对冲1号	8.50	3.57	2.38
49	纽富斯价值精选	8.75	3.68	2.38
50	锦桐成长2号	44.94	18.97	2.37
51	宽德中性优选3号	6.01	2.55	2.36
52	宽德对冲专享1期	5.89	2.53	2.33
53	新方程宏量1号	13.24	5.69	2.33
54	赫富灵活对冲1号	9.68	4.20	2.31
55	航长红棉3号	10.42	4.54	2.29
56	致远对冲1号	5.68	2.48	2.29
57	中信信托宽德对冲专享10期	4.96	2.18	2.28
58	路远睿泽稳增	32.97	14.52	2.27
59	涵德量化稳健	7.51	3.31	2.27
60	岁寒知松柏1号	22.51	10.14	2.22
61	新方程宏量2号	12.41	5.64	2.20
62	龙旗巨星1号	16.21	7.37	2.20
63	祥程汉景港湾1号	20.86	9.58	2.18
64	东方港湾马拉松全球	22.50	10.53	2.14
65	复胜富盛1号	22.47	10.54	2.13
66	中欧瑞博7期	14.65	6.99	2.10
67	利得汉景1期	19.50	9.50	2.05
68	明汯中性1号	6.37	3.10	2.05
69	银创联合9号	14.37	7.03	2.04
70	航长常春藤9号	11.12	5.46	2.04

续表

编号	基金名称	年化超额收益率（%）	年化超额收益率下行标准差（%）	年化索丁诺比率
71	下游消费板块 H1104	20.64	10.30	2.00
72	东方港湾望远 2 号	17.83	8.99	1.98
73	与取华山 1 号	19.52	9.88	1.98
74	量盈中证 500 指数增强	18.77	9.60	1.96
75	航长常春藤	10.06	5.15	1.95
76	龙旗御风	14.67	7.64	1.92
77	国盛科新 1 期	3.68	1.92	1.92
78	银万全盈 7 号	35.90	19.22	1.87
79	世纪前沿指数增强 2 号	21.23	11.40	1.86
80	寰宇精选收益之睿益 10 期	7.22	3.90	1.85
81	建信深盈耀之	13.37	7.24	1.85
	指标平均值	**14.29**	**5.33**	**3.55**

通过观察表 2-6 的数据，我们可以发现，各种基金之所以能获得较高的年化索丁诺比率，原因各异。以"致同宝盈"基金为例，尽管其年化超额收益率（7.14%）并非最高，但其年化超额收益率下行标准差仅为 0.42%，表明该基金的管理者在风险控制方面表现出色，无论是对全风险还是下行风险，都显示出卓越的管理能力。因此，凭借出色的下行风险控制，该基金赢得了最高的年化索丁诺比率。而像"融升稳健 1 号"和"静实致远"这样的基金，则是依靠显著的超额收益表现而榜上有名，它们的年化超额收益率分别达到了 13.16%和 14.10%，但相对较高的年化下行标准差分别为 1.11%和 2.46%。

在分析了年化索丁诺比率排名前 10%（81 只）的股票型私募基金的情况之后，我们再来看排名后 10%的基金的具体数据。表 2-7 展示了这些排名靠后的股票型私募基金。这些基金的年化超额收益率下行标准差平均值达到 14.21%。以万得全 A 指数作为基准，取其近五年的索丁诺比率 0.33，若指数的下行风险（年化下行标准差）等同于后 10%基金的平均下行标准差 14.21%，则其年化超额收益率为 4.69%（14.21%×0.33）。在这些年化索丁诺比率排名靠后的基金中，"平凡悟量"基金的年化超额收益率最高，为 -1.90%，但仍然低于基于万得全 A 指数的索丁诺比率和后 10%基金平均下行标准差计算得出的年化超额收益率 4.69%。

表 2-7　近五年年化索丁诺比率排名在后 10% 的股票型私募基金：2020~2024 年

编号	基金名称	年化超额收益率（%）	年化超额收益率下行标准差（%）	年化索丁诺比率
1	大明投资凯盛	-20.49	12.09	-1.70
2	朴石 3 期	-15.46	10.38	-1.49
3	朴石 6 期	-13.08	10.13	-1.29
4	银帆 10 期	-8.99	7.23	-1.24
5	鲲鹏 214 号	-43.04	35.60	-1.21
6	朴石 1 期	-11.55	10.23	-1.13
7	新方程清水源创新子基金 3 期	-10.02	9.23	-1.09
8	鲲鹏 220 号	-41.36	38.44	-1.08
9	鲲鹏 228 号	-24.57	23.68	-1.04
10	鲲鹏 221 号	-18.52	17.96	-1.03
11	鲲鹏 195 号	-25.31	25.74	-0.98
12	鲲鹏 208 号	-40.88	42.94	-0.95
13	鲲鹏 204 号	-19.80	21.26	-0.93
14	工银量化恒盛精选	-16.17	17.39	-0.93
15	格雷尊享 1 号	-11.49	12.44	-0.92
16	朴石 2 期	-8.79	10.83	-0.81
17	光大金控泰石 5 号（光大）	-3.47	4.28	-0.81
18	尚雅 3 期	-11.76	14.61	-0.80
19	枫池建享 1 期	-8.71	10.95	-0.79
20	鲲鹏 202 号	-14.40	18.22	-0.79
21	华瑞通深圳趋势 9 号	-14.27	18.42	-0.77
22	鲲鹏 222 号	-12.12	15.83	-0.77
23	双诚精选 3 号	-7.67	10.07	-0.76
24	工银量化信诚精选	-5.77	7.65	-0.75
25	归富长乐 1 号	-11.87	15.80	-0.75
26	海淘港股通华赞 A 期	-8.95	11.95	-0.75
27	鲲鹏 165 号西湖 2-15 号	-14.09	19.62	-0.72
28	格雷锡林稳健 1 号	-8.13	11.35	-0.72
29	道和 19 号	-6.89	9.74	-0.71

续表

编号	基金名称	年化超额收益率（%）	年化超额收益率下行标准差（%）	年化索丁诺比率
30	尚雅4期	-8.79	12.88	-0.68
31	正源信毅资本周期	-7.46	11.37	-0.66
32	水龙吟	-10.42	16.16	-0.65
33	和聚信享平台E	-4.48	7.04	-0.64
34	海淘港股通昭盈亮帆A期	-6.23	10.30	-0.60
35	朴石8期	-6.12	10.16	-0.60
36	希瓦风行精选	-9.34	16.18	-0.58
37	宁聚量化精选2号	-9.59	17.04	-0.56
38	铭深1号	-7.02	12.47	-0.56
39	同犇12期	-7.74	13.89	-0.56
40	臻创7号	-6.35	11.43	-0.56
41	平凡悟量	-1.90	3.50	-0.54
42	臻合7号	-5.95	11.41	-0.52
43	名禹稳健增长	-5.06	9.99	-0.51
44	信毅稳健1号	-4.91	9.70	-0.51
45	尚雅13期	-6.73	13.43	-0.50
46	和聚12期汇智B期	-4.82	9.73	-0.50
47	尚雅1期（深国投）	-6.71	13.61	-0.49
48	鲲鹏69号国盛西湖2-7号	-6.07	12.35	-0.49
49	和聚-钜派专享2号	-5.91	12.10	-0.49
50	榕树科技新能源4号	-5.48	11.24	-0.49
51	银帆6期	-3.74	7.87	-0.48
52	趋势投资1号	-8.72	18.52	-0.47
53	中信信托柘弓1期	-5.77	12.32	-0.47
54	深圳趋势10号	-8.06	17.28	-0.47
55	虎踞尊享财富1号	-7.36	15.88	-0.46
56	大明投资宏泰	-8.65	19.96	-0.43
57	君理双子座1号	-5.24	12.49	-0.42
58	尚雅5期	-6.18	14.88	-0.42

续表

编号	基金名称	年化超额收益率（%）	年化超额收益率下行标准差（%）	年化索丁诺比率
59	查理投资价值套利稳健型21号	-7.95	19.64	-0.41
60	银帆7期	-2.88	7.25	-0.40
61	沣沛股票1期	-3.60	9.99	-0.36
62	朴石核心价值2号	-5.34	15.00	-0.36
63	禾永阳光回报2期	-4.07	11.74	-0.35
64	博颐精选	-7.21	21.28	-0.34
65	同犇1期	-5.21	15.91	-0.33
66	融临58号港股IPO	-6.33	20.53	-0.31
67	中信信托广金成长3期	-3.21	10.54	-0.30
68	高信百诺价值成长	-3.40	11.50	-0.30
69	新活力稳信1号	-4.13	14.03	-0.29
70	和聚华盛1号	-3.49	12.18	-0.29
71	中阅磐岩3号	-3.99	14.11	-0.28
72	和聚信享平台	-3.13	11.21	-0.28
73	榜样欧奈尔港股通	-2.35	8.60	-0.27
74	天弓2号	-4.90	18.04	-0.27
75	睿信4期	-3.11	11.52	-0.27
76	睿泉中港通高增长	-2.97	11.05	-0.27
77	和聚平台	-3.26	12.23	-0.27
78	汇谷舒心1号	-4.93	18.99	-0.26
79	枫池枫赢1期	-3.51	14.27	-0.25
80	磐沣价值G期	-2.63	10.95	-0.24
81	金蕴99期（谷寒长线回报）	-2.62	10.99	-0.24
	指标平均值	-9.17	14.21	-0.62

从表2-7可以看出，当年化超额收益率呈现负值时，年化索丁诺比率的变化趋势与超额收益率的变化趋势相同。进一步分析发现，导致这些基金年化索丁诺比率不佳的原因各不相同。例如，"鲲鹏214号"和"鲲鹏220号"基金的年化超额收益率分别低至-43.04%和-41.36%，这是它们索丁诺比率低下的原因之一；而另一些基金，如"光大金控泰石5号（光大）"和"平凡悟量"基金，尽管在年化

超额收益率为负的情况下保持了较低的风险水平，下行标准差分别为 4.28% 和 3.50%，但索丁诺比率的计算考虑了超额收益率与下行风险的综合关系，而非单独评估。因此，在承担同等下行风险的情况下，这些基金相比其他基金将面临更大的价值损失。

分析结果显示，在五年样本（2020~2024 年）中，当面临下行风险时，表现最佳（前 10%）的股票型私募基金，其索丁诺比率表现出色，能在与大盘指数同等的下行风险水平下，实现更高的超额收益；相反，表现最差（后 10%）的私募基金的超额收益通常远低于大盘指数。进一步地，表现最佳（前 10%）的股票型私募基金的平均超额收益比表现最差（后 10%）的私募基金高出约 23 个百分点，同时，表现最佳的私募基金的下行风险平均值比表现最差的私募基金低 8.88 个百分点。这表明，与表现最差的股票型私募基金相比，表现最佳的私募基金不仅能够获得更高的超额收益，还能将下行风险有效控制在较低水平。我们采用三年样本（2022~2024 年）进行分析，其结论与五年样本分析结果相同，故不再重复说明。

（三）收益—最大回撤比率

回撤是指在某一段时期内基金净值从高点开始回落到低点的幅度。最大回撤率是指在选定周期内的任一历史时点往后推，基金净值走到最低点时的收益率回撤幅度的最大值，用来衡量一段时期内基金净值的最大损失，是下行风险的最大值。对于私募基金而言，最大回撤率是一个重要的风险指标。由于我们对私募基金的研究是基于月度单位的，因此采用离散型公式。① 离散型最大回撤率的定义为，如果 $X(t)$ 是一个在 $[t_1, t_2, \cdots, t_n]$ 上基金净值的月度时间序列，那么在 t_n 时刻该基金的最大回撤率 $DR(t_n)$ 的公式为：

$$DR(t_n) = \max_{s>t; s,t \in t_1, t_2, \cdots, t_n} \left(\frac{X(s) - X(t)}{X(t)}, 0 \right) \qquad (2.5)$$

最大回撤率可以很好地揭示基金在历史上表现不好的时期净值回撤的最大幅度。通过计算最大回撤率，投资者可以了解基金过去一段时期内净值的最大跌幅，因此这一指标在近些年越来越受到私募基金投资者和基金经理们的重视。但仅考虑最大回撤率是不够的，当基金的收益率很低时，即使最大回撤率非常小，也难以被评价为优秀的基金。这一问题可以通过计算私募基金的收益率与最大回撤率的比率来解决，公式如下：

$$CR/DR_Y = \frac{Cumulative\ Return}{DR_Y} \qquad (2.6)$$

---

① 本研究以基金月度净值数据为基础，故而最大回撤的结果仅代表以月度为频率来考察的情况，如果用日度频率来分析，结果可能存在微小的差异。

其中，DR_Y 表示在计算一只基金累计收益率的时间段内，该基金净值的最大回撤率；CR 表示基金的累计收益率。收益—最大回撤比率包含对下行风险的衡量。在投资时，投资者往往担心资产出现大幅缩水，无法控制最大损失。收益—最大回撤比率指标越高，说明基金在承受较大下行风险的同时，可以获得较高的回报。以下我们所汇报的均为累计收益—最大回撤比率的分析结果。

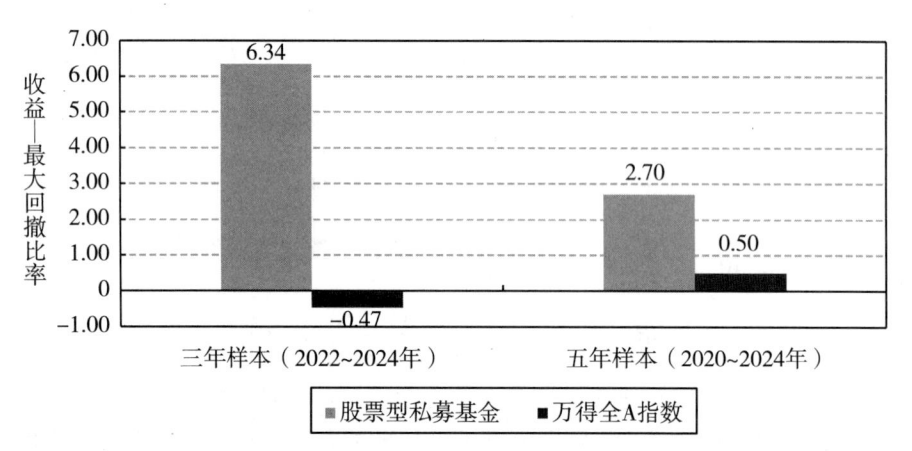

图 2-25 展示了近三年（2022~2024 年）和近五年（2020~2024 年）股票型私募基金与万得全 A 指数的收益—最大回撤比率的对比。从图 2-25 可以看出，近三年股票型私募基金的收益—最大回撤比率为 6.34，假设私募基金的平均最大回撤为 10%，则其累计年化收益率可达 63.4%。而同期万得全 A 指数的收益—最大回撤比率仅为-0.47。对比近三年的收益—最大回撤比率，股票型私募基金明显优于万得全 A 指数，说明在短期内，私募基金在面临较大下行风险时，能够实现更高的收益。进一步观察近五年的数据，股票型私募基金的收益—最大回撤比率为 2.70，是万得全 A 指数的收益—最大回撤比率（0.50）的 5.4 倍，这表明从中长期来看，私募基金的表现亦优于市场指数。因此，无论是过去三年还是过去五年，股票型私募基金在控制单位最大下行风险以获取收益的能力上，均显著超越了市场指数。

图 2-25 近三年（2022~2024 年）和近五年（2020~2024 年）股票型私募基金与万得全 A 指数的收益—最大回撤比率

我们进一步深入探讨股票型私募基金与大盘指数收益—最大回撤比率的对比。图 2-26 展示了 2020~2024 年股票型私募基金收益—最大回撤比率的分组分布情况，以直方图形式呈现。这些基金的收益—最大回撤比率被平均划分为 10 个区间。观察可知，私募基金的收益—最大回撤比率分布主要集中在 <0、[0，1.5）和 [1.5，3) 三个区间内。通过统计分析，股票型私募基金收益—最大回撤比率的最大值达到 129.32，最小值为-1.00，中位数为 1.06，平均值为 2.70。显然，股票

型私募基金在收益—最大回撤比率方面的两极分化相当明显。超过60%的私募基金在收益—最大回撤比率上超过了万得全A指数（0.50）。因此，从单位最大回撤风险的收益能力来看，大部分股票型私募基金的表现优于大盘指数。

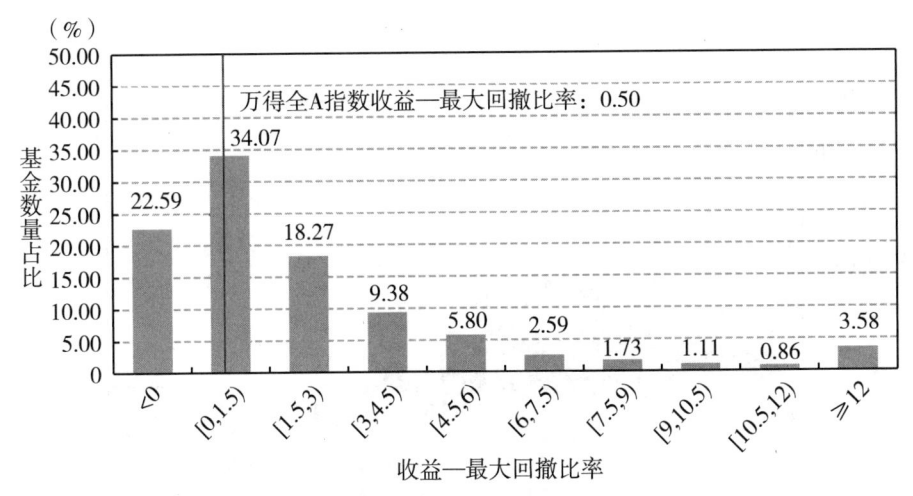

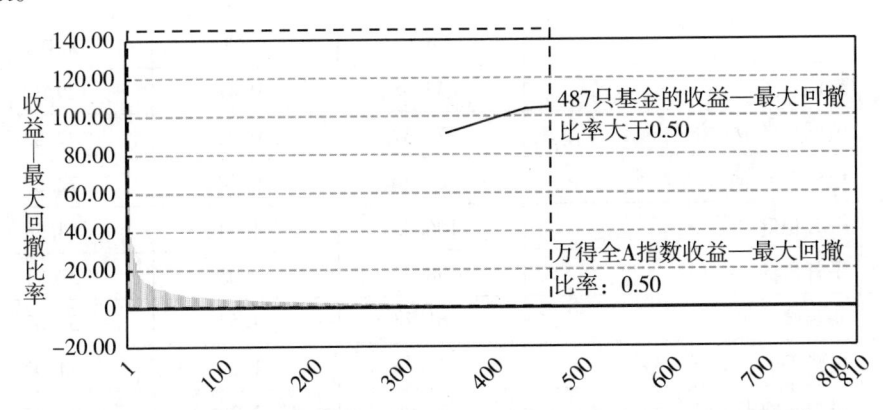

图 2-26　股票型私募基金近五年收益—最大回撤比率分布：2020~2024 年

图 2-27 展示了 2020~2024 年股票型私募基金收益—最大回撤比率从高到低的排列，其中水平线表示万得全 A 指数的收益—最大回撤比率（0.50）。数据显示，有 487 只（占比 60.12%）股票型私募基金的收益—最大回撤比率高于万得全 A 指数（0.50），这一比例低于先前夏普比率（62.59%）和索丁诺比率（62.10%）的对比数据。从收益—最大回撤比率来看，股票型私募基金的整体表现优于大盘指数。

图 2-27　股票型私募基金近五年收益—最大回撤比率排列：2020~2024 年

图 2-28 展示了 2020~2024 年股票型私募基金收益—最大回撤比率的散点分布情况，横坐标代表基金的最大回撤率，纵坐标代表私募基金的累计收益率。每只基

金的收益—最大回撤比率为从原点到坐标点的斜率，斜率越大，代表该基金的收益—最大回撤比率越大，最大斜率为192.32，最小斜率为-1.00。与夏普比率和索丁诺比率相比，私募基金间的累计收益率和最大回撤率差异较大，私募基金的收益—最大回撤比率的分布相对分散。

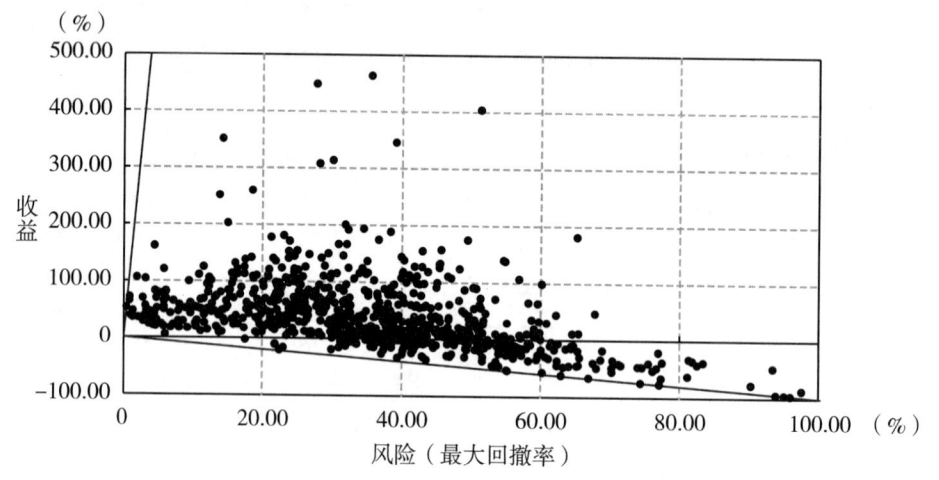

图 2-28　股票型私募基金近五年收益—最大回撤比率散点图：2020~2024 年

如表 2-8 和表 2-9 所示，我们将近五年（2020~2024 年）按照收益—最大回撤比率排列在前 10% 和后 10% 的基金单独挑出，并列出相应数据，以让读者更清晰地了解收益—最大回撤比率表现优秀的基金和表现不好的基金与大盘指数的差异。

表 2-8　近五年收益—最大回撤比率排名在前 10% 的股票型基金：2020~2024 年

编号	基金名称	累计收益率（%）	最大回撤率（%）	收益—最大回撤比率
1	致同宝盈	53.38	0.41	129.32
2	致同稳健成长1期	71.37	0.92	77.82
3	白鹭FOF演武场1号	65.22	0.90	72.89
4	融升稳健1号	106.03	1.94	54.58
5	平凡悟鑫	38.92	1.03	37.91
6	鹤骑鹰一粟	161.73	4.54	35.67
7	白鹭FoF演武场6号	47.25	1.39	34.02
8	量魁东海龙王2号	103.99	3.20	32.47
9	中邮永安金石	35.72	1.35	26.53
10	波粒二象趋势1	350.97	14.21	24.71

续表

编号	基金名称	累计收益率（%）	最大回撤率（%）	收益—最大回撤比率
11	鹿秀标准量化对冲1号	69.65	2.82	24.70
12	鹿秀驯鹿二号	120.64	5.88	20.54
13	泽元通宝1号	251.09	13.73	18.29
14	华炎晨星	82.47	4.64	17.78
15	赢仕创盈9号	55.93	3.24	17.29
16	中邮永安钱潮FOF3号	35.39	2.17	16.32
17	金时量化1号	448.14	27.63	16.22
18	华炎晨晖	79.77	5.02	15.89
19	钧富套利1号	48.70	3.32	14.68
20	华炎晨轩	69.53	4.81	14.45
21	大椿鲁班1号	259.73	18.55	14.00
22	龙旗紫微	78.56	5.63	13.96
23	纳斯特中昕中证500增强1号	202.57	14.95	13.55
24	宁泉悦享1号	82.25	6.17	13.33
25	世纪前沿量化对冲9号	81.68	6.21	13.16
26	盖德尔雪币2号	463.20	35.55	13.03
27	中信信托宽德对冲专享6期	39.28	3.11	12.62
28	宽德中性优选3号	44.28	3.57	12.39
29	金锝量化	46.40	3.84	12.09
30	新方程对冲精选N1号	68.61	6.23	11.02
31	路远睿泽稳增	308.20	28.12	10.96
32	盛泉恒元量化套利17号	64.42	5.90	10.91
33	龙旗巨星1号	125.37	11.52	10.89
34	宽德对冲专享1期	43.70	4.10	10.66
35	明汯红橡金麟专享1号	51.93	4.89	10.63
36	宏量优选1号	99.75	9.45	10.55
37	银万全盈7号	314.22	30.03	10.47
38	金锝中性量化优选1号	32.80	3.19	10.28
39	静实致远	110.94	10.85	10.23
40	国盛科新1期	29.08	2.85	10.21

续表

编号	基金名称	累计收益率（%）	最大回撤率（%）	收益—最大回撤比率
41	金锝6号	34.93	3.44	10.15
42	外贸-致远对冲3号	44.96	4.49	10.01
43	中信信托宽德对冲专享10期	37.38	3.76	9.95
44	致远对冲1号	42.26	4.51	9.37
45	涵德量化稳健	54.62	5.90	9.25
46	羲和平衡FOF思享1号	64.97	7.26	8.95
47	盈沣远航1号	345.88	39.15	8.84
48	全意通宝（进取）宏量1期	106.03	12.31	8.62
49	中金财富多元化FOF1号	50.07	5.87	8.53
50	复胜富盛1号	177.87	21.28	8.36
51	澎泰安全边际1期	131.91	16.08	8.20
52	新方程宏量1号	97.58	12.14	8.04
53	静实稳进1号	101.15	12.59	8.03
54	中信信托睿信稳健配置TOF	32.37	4.03	8.03
55	资瑞兴1号	94.56	12.00	7.88
56	仁桥泽源1期	138.27	17.55	7.88
57	锦桐成长2号	403.83	51.34	7.87
58	岁寒知松柏1号	180.69	23.06	7.84
59	量盈中证500指数增强	142.10	18.47	7.69
60	玖月天玺2号	122.19	16.41	7.45
61	新方程宏量2号	90.19	12.27	7.35
62	银万价值对冲1号	113.84	15.59	7.30
63	泾溪中国优质成长3号	125.26	17.43	7.19
64	世纪前沿指数增强2号	171.21	23.88	7.17
65	航长常春藤5号	58.09	8.12	7.15
66	仁桥泽源3期	112.98	16.43	6.88
67	盛泉恒元灵活配置8号	80.28	12.15	6.61
68	元涞潜龙1号	103.72	15.78	6.57
69	中金财富市场中性FOF3号	24.29	3.70	6.56
70	立本成长	140.83	21.56	6.53

续表

编号	基金名称	累计收益率（%）	最大回撤率（%）	收益—最大回撤比率
71	千朔量化 15 号	31.50	4.85	6.50
72	玖月天玺 1 号	113.29	17.45	6.49
73	东兴港湾 1 号	153.21	23.77	6.45
74	新方程大类配置	43.13	6.82	6.32
75	赫富对冲 1 号	61.18	9.68	6.32
76	盛天价值成长 1 号	200.64	31.84	6.30
77	东方港湾望远 2 号	136.27	21.92	6.22
78	龙旗红旭	154.35	24.97	6.18
79	建信深盈耀之	95.85	15.61	6.14
80	航长红棉 2 号 A	67.32	11.10	6.07
81	航长常春藤	68.79	11.51	5.98
指标平均值		**115.96**	**11.55**	**15.38**

表 2-9　近五年收益—最大回撤比率排名在后 10% 的股票型基金：2020~2024 年

编号	基金名称	累计收益率（%）	最大回撤率（%）	收益—最大回撤比率
1	鲲鹏 208 号	−95.70	95.93	−1.00
2	鲲鹏 228 号	−74.17	74.39	−1.00
3	鲲鹏 220 号	−94.70	95.03	−1.00
4	鲲鹏 214 号	−93.46	93.86	−1.00
5	鲲鹏 195 号	−76.44	77.12	−0.99
6	鲲鹏 221 号	−61.82	62.93	−0.98
7	鲲鹏 204 号	−65.64	66.95	−0.98
8	鲲鹏 165 号西湖 2-15 号	−53.85	55.22	−0.98
9	鲲鹏 202 号	−53.22	55.14	−0.97
10	工银量化恒盛精选	−56.51	60.25	−0.94
11	工银量化信诚精选	−20.78	22.44	−0.93
12	中阅被动管理 2 号	−86.42	97.57	−0.89
13	鲲鹏 222 号	−46.13	53.11	−0.87
14	大明投资宏泰	−45.96	53.04	−0.87

续表

编号	基金名称	累计收益率（%）	最大回撤率（%）	收益—最大回撤比率
15	归富长乐1号	-46.22	54.02	-0.86
16	融珲6号	-76.89	90.29	-0.85
17	大明投资凯盛	-65.87	77.38	-0.85
18	银帆10期	-33.03	39.38	-0.84
19	枫池建享1期	-36.34	43.53	-0.83
20	朴石3期	-54.90	70.28	-0.78
21	华瑞通深圳趋势9号	-62.12	81.17	-0.77
22	中阅被动管理1号	-47.23	63.23	-0.75
23	正源信毅资本周期	-32.08	43.11	-0.74
24	海淘港股通华赞A期	-37.66	51.62	-0.73
25	新方程清水源创新子基金3期	-38.38	53.59	-0.72
26	格雷尊享1号	-44.56	62.31	-0.72
27	朴石6期	-48.62	68.07	-0.71
28	融临58号港股IPO	-45.39	64.06	-0.71
29	和聚信享平台E	-16.28	23.00	-0.71
30	尚雅1期（深国投）	-30.30	42.95	-0.71
31	鲲鹏69号国盛西湖2-7号	-25.95	37.06	-0.70
32	趋势投资1号	-52.61	76.18	-0.69
33	朴石1期	-44.91	65.23	-0.69
34	尚雅3期	-48.10	70.25	-0.68
35	道和19号	-27.09	40.07	-0.68
36	宁聚量化精选2号	-44.02	65.41	-0.67
37	和聚12期汇智B期	-19.40	29.85	-0.65
38	臻创7号	-30.47	46.93	-0.65
39	双诚精选3号	-31.36	49.07	-0.64
40	和聚-钜派专享2号	-29.25	46.52	-0.63
41	深圳趋势10号	-48.19	76.69	-0.63
42	朴石2期	-36.57	58.26	-0.63
43	博颐精选	-46.78	74.60	-0.63

续表

编号	基金名称	累计收益率（%）	最大回撤率（%）	收益—最大回撤比率
44	水龙吟	-46.31	74.00	-0.63
45	臻合 7 号	-29.06	46.53	-0.62
46	乐桥 1 期	-46.07	74.51	-0.62
47	查理投资价值套利稳健型 21 号	-43.42	71.58	-0.61
48	朴石 8 期	-24.85	41.45	-0.60
49	铭深 1 号	-30.58	51.68	-0.59
50	尚雅 4 期	-39.70	67.53	-0.59
51	同犇 12 期	-36.15	62.38	-0.58
52	希瓦风行精选	-41.28	71.25	-0.58
53	格雷锡林稳健 1 号	-34.35	59.41	-0.58
54	尚雅 13 期	-31.93	56.10	-0.57
55	海淘港股通昭盈亮帆 A 期	-26.11	47.21	-0.55
56	虎踞尊享财富 1 号	-40.04	75.56	-0.53
57	和聚华盛 1 号	-19.66	37.36	-0.53
58	尚雅 5 期	-32.13	61.11	-0.53
59	集元-煜烽 1 号	-42.34	82.54	-0.51
60	信毅稳健 1 号	-20.61	40.18	-0.51
61	中阅产业主题 3 号	-47.40	93.41	-0.51
62	和聚信享平台	-15.65	30.92	-0.51
63	汇谷舒心 1 号	-35.29	70.39	-0.50
64	天弓 2 号	-33.95	68.67	-0.49
65	兆元多策略 1 期	-38.07	77.54	-0.49
66	中信信托柘弓 1 期	-27.01	55.05	-0.49
67	朴石核心价值 2 号	-27.16	55.69	-0.49
68	光大金控泰石 5 号（光大）	-10.47	21.79	-0.48
69	融通 3 号	-28.88	60.64	-0.48
70	和聚平台	-19.80	41.69	-0.47
71	榕树科技新能源 4 号	-26.77	57.23	-0.47
72	新活力稳信 1 号	-24.77	53.97	-0.46

续表

编号	基金名称	累计收益率（%）	最大回撤率（%）	收益—最大回撤比率
73	同犇1期	-30.09	65.62	-0.46
74	集元-祥瑞1号	-38.02	83.41	-0.46
75	中阅磐岩3号	-26.66	59.60	-0.45
76	君理双子座1号	-24.26	54.95	-0.44
77	名禹稳健增长	-23.57	54.42	-0.43
78	盈阳指数增强1号	-35.00	81.82	-0.43
79	和聚宗享-恒天1号	-17.63	41.51	-0.42
80	中信信托和聚1期	-14.91	35.98	-0.41
81	和聚国享1期	-13.13	31.90	-0.41
指标平均值		**-40.35**	**59.80**	**-0.66**

在近五年样本（2020~2024年）中，排名前10位的股票型私募基金在收益—最大回撤比率方面的表现与先前年化索丁诺比率的分析结果相似，这些基金能获得优秀的收益—最大回撤比率的原因各不相同。以"致同宝盈"基金为例，其凭借着0.41%的最大回撤率获得了较高的收益—最大回撤比率（129.32），但其年化收益率（53.38%）在前10名基金中并非最高的；相比之下，"波粒二象趋势1"基金则以350.97%的累计收益率，达到了24.71的收益—最大回撤比率，这表明在盈利能力上的卓越表现是其进入排行榜的关键。

排名在后10位的股票型私募基金收益—最大回撤比率的分布并不集中，它们排名靠后的共同原因在于低收益率的同时有较高的最大回撤。以"鲲鹏208号"基金为例，其收益—最大回撤比率为-1.00，最大回撤风险高达95.93%，累计收益率（-95.70%）同样不佳。那么，是什么导致了其收益—最大回撤比率如此之低呢？回顾索丁诺比率分析，当收益为负时，风险越大的基金，收益—最大回撤比率反而越高。因此，"鲲鹏208号"基金收益—最大回撤比率低的主要原因是其收益率低，这通常与高最大回撤率相关联，因为一旦基金净值大幅下跌超过90%，恢复到原有水平将极为困难。因此，收益率低且最大回撤率高的基金，其收益—最大回撤比率往往也较差。

当最大回撤率成为考虑的风险因素时，表现优异的私募基金与万得全A指数相比，谁更胜一筹？为了解答这一问题，表2-8展示了2020~2024年股票型私募基金收益—最大回撤比率排名前10%（共81只）的基金及其相关指标。数据显示，这些基金的累计收益率平均值为115.96%，最大回撤率平均值为11.55%，收益—最大回撤比率平均值为 15.38。若以万得全 A 指数为基准，其近五年收益—最大回撤比率为 0.50，那么在 11.55% 的下行风险水平下，其累计收益率应为 5.78%（11.55%×0.50）。显然，这 81 只基金的累计收益率平均值（115.96%）远超万得全 A 指数的预期收益（5.78%）。即便收益率最低的"中金财富市场中性 FOF3 号"基金，其累计收益率也有 24.29%，远高于指数的预期收益（5.78%）。总体而言，近五年收益—最大回撤比率表现最佳的股票型私募基金，在相同风险水平下，其收益表现超过了大盘指数。

收益—最大回撤比率这一指标综合了绝对收益率与最大回撤率两个因素，不同基金在这两个参数上的表现对收益—最大回撤比率的影响各不相同。在众多基金中，有的基金虽然收益率不高，但最大回撤率却很低，这使得它们的收益—最大回撤比率表现优异，如"中金财富市场中性 FOF3 号"基金收益率最低，为 24.29%，然而其最大回撤率仅为 3.7%；而另一些基金则因为收益率较高而脱颖而出，如"盖德尔雪币 2 号"基金，尽管其最大回撤率高达 35.5%，但累计收益率却达到了 463.2%，正是由于其卓越的盈利能力，使得其收益—最大回撤比率同样表现出色。

在风险水平一致的情况下（即最大回撤率相等），收益—最大回撤比率较低的私募基金与万得全 A 指数相比，是否存在差异？如果存在，差异有多大？为了解答这些疑问，我们选取了 2020~2024 年收益—最大回撤比率排名后 10% 的 81 只基金，并将其收益与万得全 A 指数进行了对比分析。表 2-9 展示了 2020~2024 年收益—最大回撤比率排名后 10% 的私募基金数据。数据显示，这些基金的累计收益率平均值为 -40.35%，最大回撤率平均值为 59.80%，收益—最大回撤比率平均值为 -0.66。以万得全 A 指数作为基准，近五年该指数的收益—最大回撤比率为 0.50，意味着在 59.80% 的最大回撤风险下，指数的预期收益率应为 29.90%（59.80%×0.50）。观察表 2-9 中的数据，可以发现这些基金中没有任何一只的收益率超过 0，其平均收益率为 -40.35%，远低于指数的预期收益水平（29.90%）。此外，这些股票型私募基金的收益—最大回撤比率平均值为 -0.66，也显著低于指数的收益—最大回撤比率（0.50）。因此，在相同的下行风险水平（最大回撤）下，收益—最大回撤比率表现不佳（排名后 10%）的股票型私募基金整体表现明显逊色于大盘指数。

分析表明，在五年样本（2020~2024 年）中，若风险因素呈现下行趋势，收益—最大回撤比率表现最佳（前 10%）的股票型私募基金，能在与大盘指数等同的下行风险条件下实现更高收益。相反，表现最差（后 10%）的股票型私募基金在相同风险水平下仅能获得较低收益。此外，表现最佳（前 10%）的股票型私募基金的累计收益均值比表现最差（后 10%）的股票型私募基金高出 156.31 个百分点，而其下行风险均值却比后者低 48.25 个百分点。这表明，与表现最差的股票型私募基金相比，表现最佳的基金不仅收益更高，还能有效控制最大回撤。采用

2022~2024年的三年样本进行分析，结果与五年样本分析一致，故不再重复说明。

三、四个收益指标的相关性分析

经过深入比较分析股票型私募基金与大盘指数在不同收益指标上的表现，我们面临一个关键问题：在评估私募基金表现时，哪个指标最为合适？本部分将探讨收益率、夏普比率、索丁诺比率和收益—最大回撤比率之间的联系，旨在挑选出一个既广泛反映各指标分析效果（具有较高的相关系数），又与股票型私募基金管理策略相契合的指标，作为衡量私募基金业绩的标准。我们将对2008~2024年间每五年的股票型私募基金的四个收益指标进行相关性分析，确保每只基金在每个样本期间都拥有完整的历史净值数据。

表2-10展示了2008~2024年间每五年股票型私募基金四个收益指标之间的相关性系数。研究发现，收益率与三个风险调整后的收益指标（夏普比率、索丁诺比率、收益—最大回撤比率）的相关性存在波动，不同时间段的指标间相关系数并不稳定。例如，在2010~2014年期间，收益率与夏普比率、索丁诺比率、收益—最大回撤比率的相关系数分别为91%、87%、78%，差异不大；然而，在2019~2023年期间，这三个相关系数（68%、28%、10%）差异显著；又如，在2016~2020年期间，收益率与索丁诺比率的相关系数为66%，而到了2018~2022年期间则降至31%，相邻两个时期的相关系数差异较大。总体而言，收益率与收益—最大回撤比率的相关性相对较低，而与索丁诺比率、夏普比率的相关性较高；在多数时期，收益率与夏普比率的相关性普遍高于与索丁诺比率的相关性。随后，我们将分析三个风险调整后收益指标之间的相关性，研究结果表明，夏普比率与收益—最大回撤比率的相关性最小，而索丁诺比率与收益—最大回撤比率的相关性相对较高。

表2-10 每五年中股票型基金的四个收益指标的相关性：2008~2024年   单位：%

年份	收益率与夏普比率	收益率与索丁诺比率	收益率与收益—最大回撤比率	夏普比率与索丁诺比率	夏普比率与收益—最大回撤比率	索丁诺比率与收益—最大回撤比率
2008~2012	91	91	78	99	84	87
2009~2013	96	92	75	96	83	90
2010~2014	91	87	78	96	84	91
2011~2015	89	86	72	96	87	92

续表

年份	收益率与夏普比率	收益率与索丁诺比率	收益率与收益—最大回撤比率	夏普比率与索丁诺比率	夏普比率与收益—最大回撤比率	索丁诺比率与收益—最大回撤比率
2012~2016	85	81	72	91	80	94
2013~2017	85	77	66	86	78	93
2014~2018	86	73	55	88	78	91
2015~2019	88	55	39	74	60	90
2016~2020	82	66	47	89	74	92
2017~2021	76	57	41	81	69	93
2018~2022	72	31	8	63	34	90
2019~2023	68	28	10	64	35	83
2020~2024	76	54	28	87	67	90

总体来看，一方面，尽管收益率与风险调整后收益指标之间的关联性较强，但仅依赖收益率指标无法全面评估私募基金的风险程度。风险调整后的收益指标则纳入了风险考量，能更准确地揭示私募基金的实际表现。基于此，我们认为采用风险调整后收益指标来评价基金表现更为恰当。另一方面，在挑选风险调整后收益指标时，尽管在不同时间段内三个指标的相关性有所波动，但索丁诺比率和收益—最大回撤比率得出的结果相当接近。鉴于收益—最大回撤比率在衡量下行风险方面更为直接和具有辨识度，并且相较于夏普比率考虑了总风险，它在实际操作中更符合私募基金投资者对"清盘线"关注的实际情况。因此，我们推荐将收益—最大回撤比率作为评估私募基金业绩时首选的风险调整后收益指标。

四、小结

对于那些寻求较高回报的私募基金投资者来说，应当如何评估私募基金的表现呢？通常，投资者会利用容易获取的大盘指数收益数据来衡量私募基金的表现。那么中国的私募基金是否能够战胜大盘指数？如果私募基金确实能够超越指数的业绩，它们是否也能超越公募基金的业绩？为了解答这些疑问，我们从收益率和风险调整后的收益两个维度，对股票型私募基金、万得全A指数和股票型公募基金进行了详尽的分析。

在收益率的比较分析中，我们对比了股票型私募基金、股票型公募基金及万得全 A 指数在不同年份和特定时期的收益率。分析发现，在 2008~2024 年的 17 年间，股票型私募基金在 11 个年份的收益超过了万得全 A 指数，这些年份包括 2008 年、2010 年、2011 年、2013 年、2016~2018 年、2020~2023 年。然而，与公募基金相比，私募基金的收益则呈现出胜负参半的局面。此外，私募基金在多数年份的波动率都低于大盘指数和公募基金，表明私募基金在风险控制方面表现得更为出色。在此期间，股票型私募基金和股票型公募基金的累计收益率分别达到了 198.81% 和 112.69%，而万得全 A 指数的累计收益率仅为 30.14%。这说明，在不考虑风险的情况下，长期投资私募基金相较于大盘指数能够带来更高的收益。进一步地，考虑到风险因素，我们对 2022~2024 年以及 2020~2024 年的股票型私募基金、股票型公募基金和万得全 A 指数进行了风险调整后收益的比较分析，以全面评价股票型私募基金的业绩表现。研究发现，夏普比率分析显示，在承担等量风险的前提下，无论是三年还是五年样本，私募基金的风险调整后收益均超过了公募基金和大盘指数。从只考虑下行风险的索丁诺比率的分析结果来看，在三年和五年的时间跨度内，股票型私募基金的收益明显优于公募基金和大盘指数。收益—最大回撤比率分析也表明，在相同的回撤水平下，私募基金的风险调整后收益远高于大盘指数。因此，私募基金在长期投资中展现出更强的盈利潜力。

最后，我们对比分析基金的收益率、夏普比率、索丁诺比率和收益—最大回撤比率间的关系。研究结果显示，收益—最大回撤比率与其他指标间的相关性都较高，能够普遍代表各指标的分析效果，符合股票型私募基金的管理风格，能够直观反映私募基金的业绩。因此，我们认为采用收益—最大回撤比率来评估私募基金的业绩较为恰当。

第三章

私募基金经理是否具有选股能力与择时能力

私募基金经理的选股能力和择时能力是他们能否实现超额收益的关键。一个值得关注的现象是，许多在公募基金表现出色的基金经理在转战私募基金后，其业绩未必延续辉煌。这一现象令人思考：私募基金经理的选股能力和择时能力是否受到更为复杂的市场环境、投资策略或其他因素的影响，导致他们在私募市场的表现差强人意。以王海雄为例，他曾经是一位明星级的公募基金经理，在华夏基金管理公司任职期间表现出色。仅4年多的时间内，他管理的基金规模从20亿元增长到280亿元，期间曾荣获金牛基金经理奖，这充分显示了他具有获取超额收益的能力。然而，当他离开公募行业转战私募基金后，其投资业绩却显得平平。2015年，他旗下7只私募基金中有6只净值跌至止损线提前清盘。其中，"百毅长青1号"基金在6个月的寿命中净值跌幅达13%，"百毅雄鹰1号A"基金在同样的时间内净值跌幅达33%。这并非个例，许多基金经理也有类似的表现。例如，曾经的"公募一哥"王亚伟在转战私募基金后，发行的首只私募基金"外贸信托-昀沣"，自2012年12月成立至2020年1月（此后业绩数据不再公开更新），7年任职期间累计回报率为78%。这与其曾管理华夏大盘基金7年创造近1200%的累计回报率存在显著的差异。同样地，2014年"公募一姐"王茹远离开宝盈基金，创立了宏流投资，当时募集资金规模超过50亿元。然而，在2015年的股灾中，她的投资遭受了重创，目前管理的基金规模在5亿元以下，已经逐渐淡出市场。这些案例表明，尽管这些基金经理在公募基金领域具有卓越的业绩表现，但在转战私募基金领域后，他们的投资策略、业绩和能力似乎受到更多挑战。这引发了我们对于这些基金经理是否具备稳定而持续的选股能力和择时能力的深思：他们所取得的优异业绩是源于个人能力，还是更多依赖运气？

随着私募基金种类的不断丰富和数量的激增，其业绩表现成为广大投资者最为关注的问题。如何有效评价私募基金的业绩表现，并评估私募基金经理的投资能力，已经变得尤为重要。尽管我国私募基金的类型和策略多样，但在众多基金中，最受关注的仍然是主动管理的股票型私募基金，因为这些基金的表现往往直接体现了基金经理的选股能力和择时能力。在评价私募基金的业绩时，选股能力和择时能力无疑占据了至关重要的地位。选股能力决定了基金经理能够识别被低估的股票并加以投资，而择时能力则体现了基金经理对市场趋势的判断和对不同市场环境下资产配置的调整。然而，在众多私募基金产品中，有一些基金的表现可能仅仅是凭借运气好，而非基金经理真正具备超越市场的选股或择时能力。换句话说，一些基金经理的业绩可能是偶然的，并非其投资策略和决策的真实反映。那么，中国有多少私募基金经理真正具有选股能力和择时能力呢？

本章旨在从选股能力和择时能力两个维度，深入探讨我国主动管理的股票型私募基金，力图揭示私募基金的业绩与基金经理的选股能力和择时能力之间的内在联系。通过对这一问题的研究，既可以为有意向投资于私募基金的机构投资者和高净值群体提供有价值的投资参考，也有助于进一步完善学术界对私募基金这一资本市场重要领域的理解和研究。

本章采用 Treynor-Mazuy 四因子模型，对我国非结构化的股票型私募基金从 2018 年 1 月至 2024 年 12 月的月度收益数据进行了选股能力和择时能力的实证研究。

本章内容分为以下三部分：第一部分，使用 Treynor-Mazuy 四因子模型来考察哪些基金经理具有显著的选股能力；第二部分，利用相同模型探讨哪些基金经理表现出择时能力；第三部分，在上述两部分回归结果的基础上，在不同样本区间内对股票型基金的选股和择时能力进行稳健性检验，通过自助法验证那些显示出显著选股或择时能力的基金经理，其优秀业绩是来自自身能力还是运气因素。

一、回归模型及样本

Carhart（1997）基于 Fama-French 三因子模型（1992），在其中加入一年期收益的动量因子，构建出了四因子模型。Carhart 四因子模型全面考虑了系统风险、账面市值比、市值规模和动量因素对投资组合业绩的影响。由于其强大的解释能力，Carhart 四因子模型得到了国内外基金业界的广泛认可，如 Cao、Simin 和 Wang（2013）等在分析相关问题时便使用了该模型。以下是 Carhart 四因子模型的表达式：

$$R_{i,t} - R_{f,t} = \alpha_i + \beta_{i,mkt} \times (R_{mkt,t} - R_{f,t}) + \beta_{i,smb} \times SMB_t + \beta_{i,hml} \times HML_t \\ + \beta_{i,mom} \times MOM_t + \varepsilon_{i,t} \tag{3.1}$$

其中，i 指第 i 只基金，$R_{i,t} - R_{f,t}$ 为 t 月基金 i 的超额收益率；$R_{mkt,t} - R_{f,t}$ 为 t 月大盘指数（万得全 A 指数）的超额收益率；$R_{f,t}$ 为 t 月无风险收益率；SMB_t 为规模因子，代表小盘股与大盘股之间的溢价，为 t 月小公司的收益率与大公司的收益率之差；HML_t 为价值因子，代表价值股与成长股之间的溢价，为 t 月价值股（高账面市值比公司）与成长股（低账面市值比公司）收益率之差；MOM_t 为动量因子，代表过去一年内收益率最高的股票与最低的股票之间的溢价，为过去一年（$t-1$ 个月到 $t-11$ 个月）收益率最高的 30% 的股票与过去一年（$t-1$ 个月到 $t-11$ 个月）收益率最低的 30% 的股票在 t 月的收益率之差。我们用 A 股所有上市公司的数据自行计算规模因子、价值因子和动量因子。α_i 代表基金经理 i 因具有选股能力而给投资者带来的超额收益，它可以表示为：

$$\alpha_i \approx (\overline{R}_{i,t}-\overline{R}_{f,t}) - \hat{\beta}_{i,mkt} \times (\overline{R}_{mkt,t}-\overline{R}_{f,t}) - \hat{\beta}_{i,smb} \times \overline{SMB_t} - \hat{\beta}_{i,hml} \times \overline{HML_t} - \hat{\beta}_{i,mom} \times \overline{MOM_t} \tag{3.2}$$

其中，当 α_i 显著大于零时，说明基金经理 i 为投资者带来了统计上显著的超额收益，表明该基金经理具有正确的选股能力；当 α_i 显著小于零时，说明基金经理 i 为投资者带来的是负的超额收益，表明该基金经理具有错误的选股能力；当 α_i 接近于零时，表明基金经理 i 没有明显的选股能力。

除了选股能力，基金经理的择时能力也可以为投资者带来超额收益。择时能力是指基金经理根据对市场的预测，主动调整基金对大盘指数的风险暴露以追求更高收益的能力。当基金经理预测市场将上涨时，他们会增加对高风险资产的投资比例；反之，如果他们预测市场将下跌，则会减少对高风险资产的投资比例。一些文献也对此问题进行了研究，如 Chen 和 Liang（2007）、Chen（2007）等。Treynor 和 Mazuy（1996）提出在传统的单因子 CAPM 模型中引入一个平方项，用来检验基金经理的择时能力。我们将 Treynor-Mazuy 模型里的平方项加入到 Carhart 四因子模型中，构建出一个基于四因子模型的 Treynor-Mazuy 模型：

$$R_{i,t}-R_{f,t} = \alpha_i + \beta_{i,mkt} \times (R_{mkt,t}-R_{f,t}) + \gamma_i \times (R_{mkt,t}-R_{f,t})^2 + \beta_{i,smb} \times SMB_t$$
$$+ \beta_{i,hml} \times HML_t + \beta_{i,mom} \times MOM_t + \varepsilon_{i,t} \tag{3.3}$$

其中，γ_i 代表基金经理 i 的择时能力，其他变量和式（3.1）中的定义一样。如果 γ_i 显著大于 0，说明基金经理 i 具有择时能力，具备择时能力的基金经理应当能随着市场的上涨（下跌）而提升（降低）其投资组合的系统风险。

我们使用基于 Carhart 四因子模型的 Treynor-Mazuy 四因子模型来评估基金经理的选股能力和择时能力。我们将全区间（2018~2024 年）划分为三个样本区间，分别为过去三年（2022~2024 年）、过去五年（2020~2024 年）和过去七年（2018~2024 年），并以万得全 A 指数作为基金业绩的比较基准。为避免基金运行时间不一致对研究结果造成影响，基金的历史业绩要足够长，故而我们要求每只基金在各样本区间（三年、五年、七年）内都要有完整的复权净值数据。[①]

[①] 在后续的研究中，我们可能会根据具体情况对样本进行修改。

我们将万得数据库中私募基金二级分类中的普通股票型、股票多空型、相对价值型和事件驱动型私募基金定义为股票型私募基金并进行研究，研究对象不包括主要投资标的为非 A 股上市公司的私募基金，如债券型、宏观对冲型、混合型、QDII 型、货币市场型等基金。由于分级基金在基金净值的统计上存在不统一的现象，我们将分级基金剔除在样本之外。如第二章所述，万得数据库在收集私募基金净值时，若某个月未能获取某只基金的净值数据，会自动填充该基金上一个月的净值数据，导致基金净值重复出现的情况。图 3-1 展示了 2003~2024 年股票型私募基金的净值重复率。可以看出，2003~2024 年，基金净值重复率小于 10% 的基金占比为 70.09%，其他区间内股票型私募基金占比都很小。基金净值重复率过高通常是由数据收集问题所致，若将此类基金纳入样本会使分析结果不准确。因此，我们在样本中删除了在分析期间内净值重复率大于 10% 的基金。①

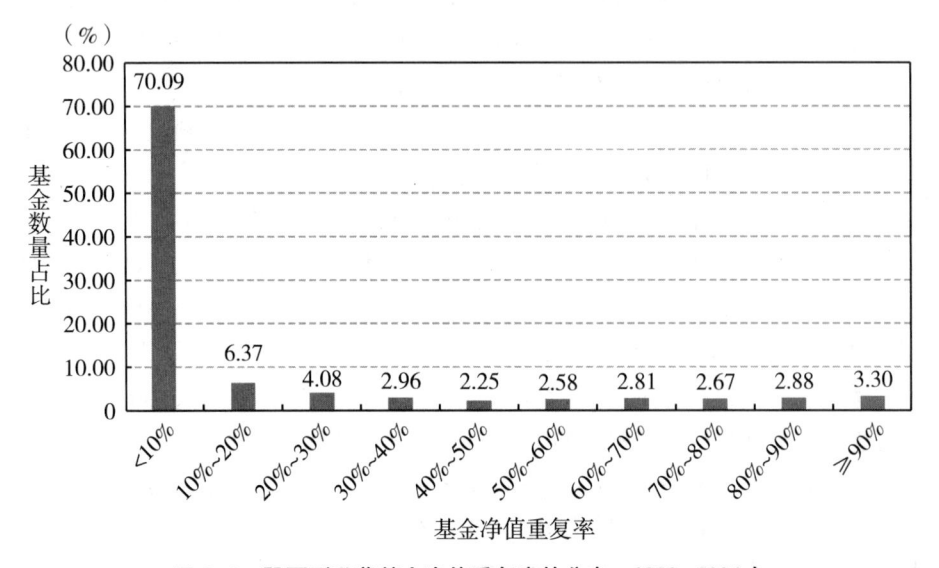

图 3-1　股票型私募基金净值重复率的分布：2003~2024 年

由于估计模型需要较长的时间序列数据，我们要求每只基金在分析的样本期间内都有完整的复权净值数据。我们主要使用基金近五年（2020~2024 年）的月度数据进行分析，在后面的分析中也会对比三年数据和七年数据的结果。表 3-1 展现了近三年、五年和七年的股票型私募基金的样本分布。从表 3-1 可见，近三年（2022~2024 年）、近五年（2020~2024 年）和近七年（2018~2024 年）的股票型私募基金的样本数分别为 2 063 只、810 只和 445 只。由于私募基金行业中的基金

---

① 我们在 2024 年 2 月下载数据时，有极小部分基金净值未更新完全，因此在本步骤被删除，没有进入本书研究样本。

经理轮换频率较低，我们将每只基金与其对应的基金经理视为同一实体，不考虑基金经理更替的情况。我们采用最小二乘法（OLS）来估计基金经理的选股能力，并以月为单位计算模型中的选股能力 α。为方便解释其经济含义，后面汇报的 α 都为年化 α。

表 3-1　不同分析区间内涵盖的样本数量　　　　　　　　　　　　单位：只

基金策略	过去三年（2022~2024 年）	过去五年（2020~2024 年）	过去七年（2018~2024 年）
普通股票型基金	51	29	15
股票多空型基金	1 913	742	416
相对价值型基金	4	1	1
事件驱动型基金	95	38	13
总计	2 063	810	445

注：股票型私募基金是指万得数据库私募基金二级分类中普通股票型、股票多空型、相对价值型和事件驱动型私募基金的总称。

二、选股能力分析

表 3-2 展示了过去五年（2020~2024 年）股票型私募基金选股能力 α 的显著性估计结果。图 3-2 给出了 810 只股票型基金 α 的 t 值（显著性）由大到小的排列。由于我们主要关注基金经理是否具备正确的选股能力，我们采用单边的假设检验，检验 α 是否为正且显著大于 0。据表 3-2 可知，在 5% 的显著性水平下，有 195 只基金的 α 呈正显著性，其 t 值大于 1.64，说明这 195 只基金（占比 24.0%）的基金经理表现出了显著的选股能力；有 595 只基金（占比为 73.5%）α 的 t 值是不显著的；同时我们还看到，有 20 只基金（占比 2.5%）的 α 为负显著，其 t 值小于 -1.64，说明这些基金的基金经理具有明显错误的选股能力。总体来看，在过去五年内，约有 1/4 的股票型私募基金的基金经理具备选股能力。

表 3-2　股票型私募基金的选股能力 α 显著性的估计结果：2020~2024 年

显著性	样本数量（只）	数量占比（%）
正显著	195	24.0
不显著	595	73.5
负显著	20	2.5
总计	810	100.0

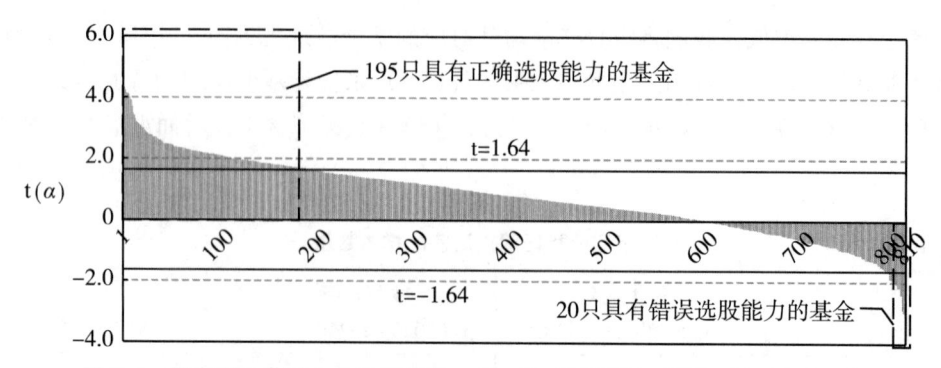

图 3-2　股票型私募基金的选股能力 α 的 t 值（显著性）排列：2020~2024 年

注：正确选股能力代表 t(α)>1.64，错误选股能力代表 t(α)<-1.64，未表现出选股能力代表-1.64≤t(α)≤1.64。基金具有选股能力是指基金表现出正确的选股能力，基金不具有选股能力代表基金表现出错误的或未表现出选股能力。

在分析选股能力时，我们不仅需要关注选股能力 α 的显著性，还需要观察 α 估计值的大小。我们采用 Treynor-Mazuy 四因子模型对拥有五年历史业绩的 810 只股票型私募基金的选股能力进行讨论。图 3-3 和表 3-3 展现了 Treynor-Mazuy 四因

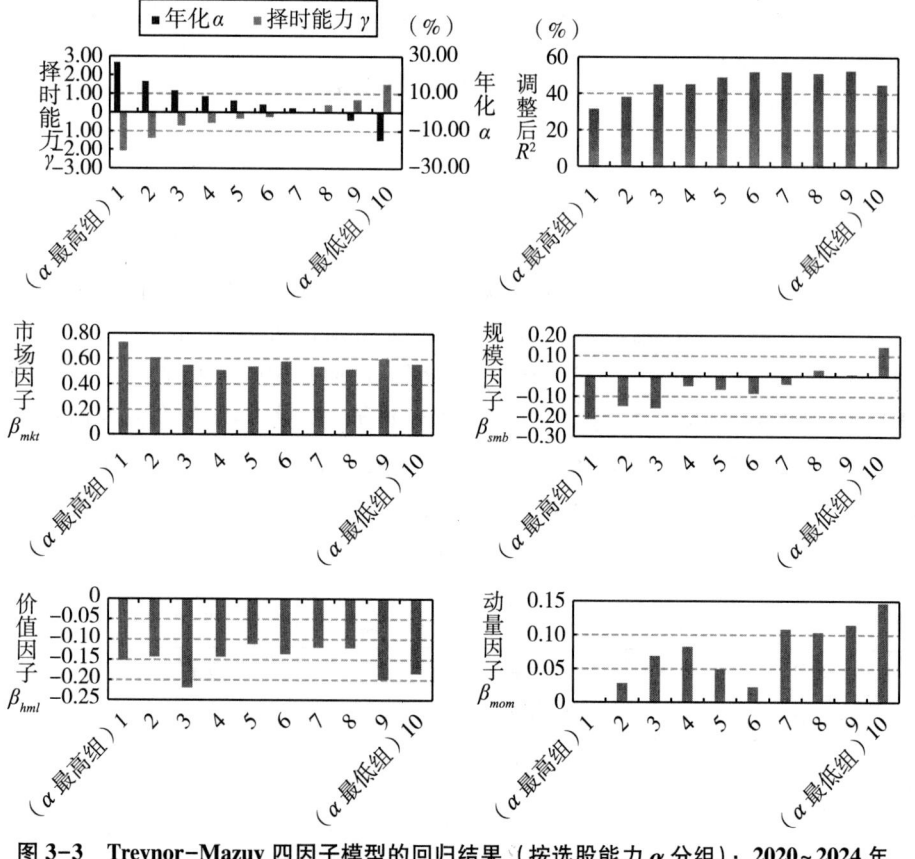

图 3-3　Treynor-Mazuy 四因子模型的回归结果（按选股能力 α 分组）：2020~2024 年

子模型的回归结果。我们按照选股能力 α 把基金等分为 10 组。第 1 组为 α 最高的组，第 10 组为 α 最低的组。表 3-3 汇报的是每组基金的选股能力（年化 α）、择时能力（γ）、市场因子（β_{mkt}）、规模因子（β_{smb}）、价值因子（β_{hml}）、动量因子（β_{mom}），以及反映模型拟合好坏的调整后 R^2 的平均值，按照每组基金选股能力（年化 α）由大到小排列展示。

表 3-3　　　　　　Treynor-Mazuy 四因子模型的回归结果
（按选股能力 α 分组）：2020~2024 年

组别	年化 α（%）	γ	β_{mkt}	β_{smb}	β_{hml}	β_{mom}	调整后 R^2（%）
1（α 最高组）	26.72	-2.09	0.73	-0.21	-0.15	0.00	32
2	16.60	-1.39	0.61	-0.15	-0.14	0.03	38
3	11.71	-0.72	0.55	-0.16	-0.22	0.07	45
4	8.56	-0.57	0.51	-0.05	-0.14	0.08	45
5	6.33	-0.34	0.54	-0.07	-0.11	0.05	49
6	4.31	-0.24	0.58	-0.08	-0.14	0.02	52
7	2.35	-0.01	0.54	-0.04	-0.12	0.11	52
8	-0.28	0.40	0.52	0.03	-0.12	0.10	51
9	-4.16	0.69	0.60	0.01	-0.20	0.11	53
10（α 最低组）	-15.18	1.52	0.56	0.15	-0.18	0.15	45

注：此表汇报每一组基金对应的 α、γ、β_{mkt}、β_{smb}、β_{hml}、β_{mom}，以及调整后 R^2 的平均值。

从图 3-3 和表 3-3 可以看出，Treynor-Mazuy 四因子模型的年化 α 在 -15%~27% 之间，其中，排在前面的 3 组基金的平均 α 值都在 10% 以上，最后 3 组基金的平均选股能力为负数。还可以看出，无论年化 α 是高还是低，β_{mkt} 都在 0.57 上下浮动。各组基金的规模因子对应的敏感系数 β_{smb} 在 -0.21~0.15 之间，并且随着每组基金经理选股能力的降低，规模因子的风险暴露（β_{smb}）从第 1 组到第 10 组有一定增大的趋势，说明基金经理所持小盘股或大盘股股票的仓位与其选股能力大致成反比例关系，那些具有较高年化 α 的基金偏好大盘股，而那些年化 α 较低的基金往往偏好小盘股。各组基金的价值因子对应的敏感系数 β_{hml} 的变化范围在 -0.22~-0.11 之间，不同组别的基金对价值因子 β_{hml} 的风险暴露与选股能力并没有明显规律，说明各基金经理所持价值股和成长股的仓位与选股能力并无明显关系。各组基金的动量因子对应的敏感系数 β_{mom} 的变化范围在 0~0.15 之间，从第 1 组到第 10 组有一定增大的趋势，说明表现较差的基金经理有一定追涨杀跌的倾向。最后，可以看到不同组别的基金用四因子模型的拟合优度在 46% 上下浮动，说明 Treynor-Mazuy 四因子模型可以解释私募基金超额收益率方差的 46%。

下面我们对过去五年中具有正显著选股能力的 195 只基金进行具体分析。表 3-4 展示了过去五年（2020~2024 年）在 Treynor-Mazuy 四因子模型中 α 为正显著的 195 只股票型基金的检验结果。同时，我们也给出了这些基金在过去三年（2022~2024 年）的年化 α 及显著性检验结果。这些基金的近五年年化 α 在 2.4%~59.7% 之间，其中有 72 只基金在过去三年和过去五年中都表现出显著的选股能力，占 810 只基金的 8.9%。在附录二中，我们提供了过去五年（2020~2024 年）每只基金的选股能力、择时能力的估计值及对各因子的风险暴露、年化收益、年化夏普比率和最大回撤率等相关计算结果，供读者参考。篇幅所限，附录二中仅呈现 α 为正显著的基金，完整数据可扫描前言中提供的二维码查阅。

表 3-4　在过去五年具有选股能力的股票型私募基金：2020~2024 年

编号	基金名称	过去五年（2020~2024 年） α（%）	t（α）	过去三年（2022~2024 年） α（%）	t（α）	过去三年、五年都具有选股能力
1	新方程对冲精选 N1 号	8.10	5.11	6.91	4.11	√
2	融升稳健 1 号	11.67	4.32	12.38	6.39	√
3	致同稳健成长 1 期	8.11	4.24	3.23	2.18	√
4	泽元通宝 1 号	37.15	4.17	43.71	4.02	√
5	明汯稳健增长 2 期	24.68	4.14	25.81	3.65	√
6	白鹭 FoF 演武场 6 号	4.87	4.13	3.88	2.45	√
7	白鹭 FOF 演武场 1 号	7.01	4.11	4.12	2.77	√
8	高毅新方程晓峰 2 号致信 10 号	26.14	4.02	19.78	2.23	√
9	元淶潜龙 1 号	32.12	3.93	35.30	3.08	√
10	高毅晓峰鸿远	23.86	3.91	17.47	2.09	√
11	致同宝盈	6.24	3.72	2.83	1.85	
12	高毅新方程晓峰 2 号致信 5 号	21.91	3.47	19.44	2.18	√
13	仁桥泽源 3 期	26.05	3.42	23.08	2.25	√
14	域秀长河复利 2 号	21.68	3.29	21.27	2.32	√
15	高毅晓峰尊享 L 期	19.85	3.20	19.99	2.31	√
16	中金财富多元化 FOF1 号	9.26	3.19	5.78	1.42	
17	明汯红橡金麟专享 1 号	8.01	3.16	9.64	3.51	√
18	华炎晨星	9.17	3.11	8.78	2.45	√
19	睿郡优选 1 期	14.27	3.10	14.09	2.42	√
20	航长红棉 3 号	17.40	3.07	9.46	1.74	

续表

编号	基金名称	过去五年（2020~2024年） α(%)	过去五年（2020~2024年） t(α)	过去三年（2022~2024年） α(%)	过去三年（2022~2024年） t(α)	过去三年、五年都具有选股能力
21	金锝量化	5.32	3.02	2.14	1.00	
22	黑翼风行3号	10.89	3.00	18.77	2.27	√
23	宽远价值成长2期	19.81	3.00	9.15	2.29	√
24	外贸信托重阳目标回报1期	21.82	2.94	28.78	2.52	√
25	中欧瑞博17期	13.32	2.88	0.89	0.18	
26	兴聚智投	14.52	2.84	17.15	2.57	√
27	宽远沪港深精选	19.17	2.83	17.30	2.19	√
28	金锝中性量化优选1号	4.18	2.79	2.07	1.17	
29	中欧瑞博成长智投	10.75	2.78	3.77	0.80	
30	博鸿聚义	26.47	2.78	12.06	1.03	
31	华炎晨晖	8.70	2.77	8.75	2.44	√
32	万利富达德盛1期	24.11	2.75	12.78	1.32	
33	金蕴28期（神农春生）	18.93	2.71	19.53	2.19	√
34	五行明石（星石1期）	12.48	2.71	7.35	1.32	
35	宽德中性优选3号	7.80	2.70	11.24	2.73	√
36	金锝6号	4.07	2.69	1.99	0.99	
37	世纪前沿指数增强2号	12.92	2.68	9.95	2.32	√
38	易同精选3期	19.01	2.64	17.33	1.56	
39	盛泉恒元量化套利17号	6.96	2.60	4.50	1.38	
40	黄金优选28期7号	17.61	2.60	19.33	2.19	√
41	金锝中证1000指数增强1号	9.18	2.59	6.86	1.37	
42	全意通宝(进取)-星石兴光1号	24.01	2.57	11.96	1.15	
43	华西神农繁荣	19.19	2.54	19.22	1.98	√
44	鹤骑鹰一粟	14.83	2.50	0.26	0.06	
45	赢仕创盈9号	6.34	2.48	4.02	2.10	√
46	中信信托中欧瑞博成长智投尊享A期	9.61	2.48	29.43	1.89	√
47	希瓦小牛7号	26.59	2.48	2.41	0.51	
48	投资精英（星石B）	12.26	2.47	6.63	1.13	
49	星石晋享1号	13.39	2.47	6.36	1.10	

续表

编号	基金名称	过去五年（2020~2024年） α（%）	t(α)	过去三年（2022~2024年） α（%）	t(α)	过去三年、五年都具有选股能力
50	鹿秀标准量化对冲1号	8.57	2.46	6.42	1.12	
51	黄金优选13期1号	12.02	2.46	12.73	2.78	√
52	华炎晨轩	7.50	2.45	6.97	2.05	√
53	龙旗御风	13.47	2.43	11.43	1.83	√
54	东方港湾马拉松全球	28.62	2.43	24.17	1.35	
55	宽远优势成长2号	13.61	2.39	11.61	1.71	√
56	立本成长	26.22	2.38	28.38	1.83	√
57	星石35期	22.62	2.38	10.71	1.02	
58	中信信托宽德对冲专享10期	5.50	2.37	6.72	1.91	√
59	宽德对冲专享1期	6.17	2.36	7.12	2.07	√
60	锦桐成长2号	59.67	2.36	9.81	0.89	
61	希瓦小牛精选	25.72	2.35	29.71	1.91	√
62	林园2期	28.39	2.35	1.83	0.14	
63	宁泉悦享1号	6.75	2.34	20.37	1.34	
64	东方港湾望远2号	24.55	2.34	4.31	1.31	
65	隆新2号	15.35	2.33	7.38	1.00	
66	鹤骑鹰列墨蔚蓝	27.83	2.32	43.45	2.65	√
67	星石31期	22.17	2.31	10.50	0.99	
68	兴聚财富3号好买精选1期	13.87	2.29	8.11	2.04	√
69	新方程量化中小盘精选	6.95	2.29	16.94	2.31	√
70	世纪前沿量化对冲9号	8.94	2.29	8.20	2.56	√
71	盛泉恒元灵活配置8号	6.73	2.28	2.04	0.58	
72	中信信托锐进41期	12.18	2.26	13.07	1.81	√
73	中信信托宽德对冲专享6期	5.43	2.25	6.88	1.93	√
74	中信信托兴聚智投尊享A期	10.71	2.24	4.22	1.28	
75	鹿秀驯鹿二号	17.51	2.24	14.10	2.13	√
76	寰宇精选收益之睿益1期	9.52	2.23	3.55	0.65	
77	复胜富盛1号	28.87	2.23	-2.08	-0.17	
78	星石银信宝2期	22.16	2.23	10.17	0.92	

续表

编号	基金名称	过去五年（2020~2024年） α（%）	过去五年（2020~2024年） t(α)	过去三年（2022~2024年） α（%）	过去三年（2022~2024年） t(α)	过去三年、五年都具有选股能力
79	量魁东海龙王2号	8.44	2.22	1.69	0.49	
80	中欧瑞博1期	16.38	2.22	1.75	0.19	
81	明河清源5号	16.45	2.21	11.20	1.07	
82	中信兴聚1期	11.73	2.20	15.57	2.15	√
83	澎泰安全边际1期	16.24	2.19	8.57	0.92	
84	仙童1期	19.44	2.19	22.05	2.12	√
85	中欧瑞博7期	17.04	2.18	28.46	1.82	√
86	希瓦大牛1号	23.47	2.18	13.56	1.04	
87	新方程大类配置	4.20	2.17	7.72	0.66	
88	星石1期	21.26	2.17	2.62	1.16	
89	上海黑极价值精选1号	18.31	2.17	31.62	3.53	√
90	仁桥泽源1期	11.60	2.15	24.90	1.73	√
91	睿璞投资-睿洪2号	14.87	2.15	15.86	1.99	√
92	中泰星河A期	13.49	2.15	2.48	0.38	
93	希瓦小牛FOF	21.29	2.15	24.44	1.45	
94	赫富1000指数增强1号	22.17	2.15	12.85	1.40	
95	西藏隆源对冲1号	16.32	2.14	12.91	1.42	
96	私募工场青侨	43.44	2.13	54.93	1.71	√
97	利得汉景1期	25.32	2.12	21.63	1.22	
98	银万价值对冲1号	15.70	2.11	1.00	0.16	
99	睿郡尊享A期	11.32	2.11	-5.49	-1.27	
100	纽富斯价值精选	10.56	2.11	13.26	1.28	
101	希瓦小牛12号	22.53	2.09	27.99	1.80	√
102	希瓦大牛2号	22.09	2.09	43.64	2.32	√
103	抱朴精选成长1号	36.52	2.09	28.55	1.83	√
104	New Thinking Global Fund	27.41	2.08	21.36	1.53	
105	睿璞投资-悠享1号	13.62	2.07	22.67	1.26	
106	祥程汉景港湾1号	25.13	2.07	11.59	1.32	
107	东方港湾5号	25.43	2.05	35.00	2.25	√

续表

编号	基金名称	过去五年（2020~2024年） α（%）	t（α）	过去三年（2022~2024年） α（%）	t（α）	过去三年、五年都具有选股能力
108	私募工场希瓦圣剑1号	23.45	2.05	25.13	1.30	
109	投资精英（朱雀B）	11.16	2.03	0.39	0.08	
110	兴聚财富7号	11.41	2.02	9.31	3.01	√
111	明汯中性1号	5.69	2.02	15.00	2.03	√
112	睿洪6号-专研1号	13.69	2.01	2.99	0.50	
113	远望角容远1号	13.26	2.01	12.52	1.34	
114	宏量优选1号	16.08	2.00	10.40	0.73	
115	银万全盈7号	38.64	2.00	0.66	0.14	
116	东方港湾价值投资15号	25.63	2.00	32.99	2.06	√
117	盛天阿尔法	23.31	2.00	2.04	0.27	
118	朱雀13期	13.68	2.00	20.17	1.00	
119	黄金优选4期1号（朱雀）	10.70	1.99	0.16	0.03	
120	归富长乐1号	13.05	1.99	14.73	1.83	√
121	东方港湾望远3号	23.11	1.98	19.68	1.04	
122	岁寒知松柏1号	21.59	1.97	7.74	0.67	
123	新方程星动力S7号	8.11	1.96	5.24	0.96	
124	喜世润聚源1号	14.54	1.96	13.63	1.05	
125	钧富套利1号	3.57	1.95	2.52	0.82	
126	金时量化1号	31.41	1.95	13.98	0.93	
127	东兴港湾1号	22.23	1.95	-12.13	-0.95	
128	盛天价值精选1号	32.96	1.95	15.39	0.93	
129	理成圣远1号B期	14.26	1.95	14.78	1.82	√
130	中欧瑞博4期	7.86	1.94	24.81	2.23	√
131	抱朴卓越成长1号	17.44	1.94	1.67	0.34	
132	中信信托睿信稳健配置TOF	2.39	1.92	7.01	0.58	
133	羲和平衡FOF思享1号	8.21	1.92	8.15	3.94	√
134	东方港湾安享1号	19.48	1.92	1.33	0.87	
135	宁聚量化稳盈1期	36.09	1.92	12.95	0.85	
136	明达3期	18.23	1.92	45.75	1.54	

续表

编号	基金名称	过去五年 (2020~2024年)		过去三年 (2022~2024年)		过去三年、 五年都具有 选股能力
		α (%)	t (α)	α (%)	t (α)	
137	黑翼中证500指数增强5号	7.67	1.91	4.67	1.15	
138	东方港湾马拉松16号	22.58	1.91	17.59	0.96	
139	阳川雅江FOF2号	28.04	1.90	46.48	2.03	√
140	纳斯特中昕中证500增强1号	27.67	1.89	24.46	1.01	
141	海浦量化对冲7号	7.29	1.89	10.63	1.92	√
142	路远睿泽稳增	33.56	1.87	56.66	2.67	√
143	银叶量化精选1期	8.06	1.86	2.62	0.55	
144	拾贝智投	9.69	1.86	7.38	1.03	
145	中邮永安金石	2.44	1.85	17.69	0.86	
146	赫富灵活对冲1号	7.05	1.85	7.56	1.42	
147	宽远价值成长	9.29	1.85	19.95	1.03	
148	宁聚自由港1号	10.91	1.85	3.36	0.54	
149	东方港湾价值投资12号	22.61	1.85	4.09	0.53	
150	东方港湾蓝天	22.62	1.85	1.72	1.20	
151	东方港湾马拉松1号	24.43	1.85	20.31	1.03	
152	东方港湾价值投资9号	22.23	1.84	13.07	1.81	√
153	兴聚尊享A期	13.08	1.84	23.33	1.18	
154	天恩马拉松2号	22.10	1.83	17.45	0.90	
155	奔倍虎鲸	8.39	1.82	4.86	0.79	
156	罗马大道鸢尾花1期	22.13	1.82	-0.77	-0.06	
157	东方港湾马拉松12号	22.29	1.82	16.98	0.90	
158	睿璞投资-睿泰-潜心1号	11.70	1.81	4.85	0.67	
159	寰宇精选收益之睿益10期	7.31	1.80	-0.53	-0.07	
160	新方程宏量1号	14.59	1.80	1.91	0.30	
161	外贸-致远对冲3号	4.43	1.80	1.24	0.24	
162	望岳投资小象1号	21.49	1.80	6.56	3.01	√
163	元葵宏观策略复利1号	7.91	1.80	-0.71	-0.06	
164	远望角容远1号A期	10.77	1.79	16.15	1.01	
165	与取华山1号	25.28	1.79	1.18	0.21	
166	从容内需医疗3期	23.76	1.78	-3.19	-0.24	

续表

编号	基金名称	过去五年 (2020~2024年) α(%)	t(α)	过去三年 (2022~2024年) α(%)	t(α)	过去三年、五年都具有选股能力
167	源乐晟13期	18.68	1.78	5.83	0.50	
168	神农尊享B期	16.34	1.77	15.16	1.16	
169	东方港湾九鲤荷塘	21.05	1.76	32.16	1.35	
170	百泉多策略2号	24.90	1.76	17.57	0.94	
171	悟空对冲量化11期	10.88	1.74	5.67	0.55	
172	东方港湾海涛1号	21.89	1.74	8.42	0.91	
173	银万全盈9号	36.12	1.74	19.22	0.96	
174	广天水晶南瓜	13.76	1.74	17.86	0.86	
175	百泉进取1号	23.04	1.74	31.20	1.39	
176	金田龙盛2号	22.50	1.73	10.57	1.34	
177	中信信托锐进35期	15.96	1.72	14.45	1.10	
178	东方港湾价值5号	21.22	1.72	25.71	1.82	√
179	钱塘希瓦小牛2号	18.31	1.72	19.48	0.99	
180	艾方博云全天候1号	6.57	1.72	3.36	0.70	
181	牧圜畅享壹号	6.19	1.72	4.33	0.86	
182	中邮永安钱潮FOF3号	2.89	1.71	18.09	0.95	
183	东方港湾价值8号	19.81	1.71	0.43	0.23	
184	东方港湾语犇	21.74	1.71	22.49	1.09	
185	新方程宏量2号	13.21	1.70	1.95	0.45	
186	涵德量化稳健	6.52	1.70	17.77	0.92	
187	东方港湾望远12号	21.04	1.70	14.88	0.76	
188	东方港湾倚天1号	20.84	1.70	-1.39	-0.18	
189	远望角投资1期	11.74	1.69	-0.82	-0.13	
190	尚雅8期	18.53	1.69	11.93	0.76	
191	全意通宝(进取)宏量1期	14.26	1.67	-0.83	-0.11	
192	高毅世宏1号赋余5号	11.27	1.67	5.24	0.71	
193	大禾合盈1号	15.63	1.66	32.93	2.49	√
194	航长常春藤	12.18	1.65	6.68	0.95	
195	赫富500指数增强1号	6.85	1.64	3.92	0.66	

注:表中√代表在过去三年和过去五年都具有选股能力的股票型私募基金。

我们选取"高毅新方程晓峰2号致信10号"基金作为研究对象，分析其基金经理在近五年中的选股能力（见表3-5和图3-4）。"高毅新方程晓峰2号致信10号"基金成立于2019年1月，由基金经理邓晓峰负责管理工作。邓晓峰是高毅资产合伙人、首席投资官、资深基金经理，拥有24年从业经验，曾担任博时基金权益投资总部董事总经理兼股票投资部总经理，秉持价值投资、逆向投资的投资理念，注重公司的基本面，投资基于对商业模式和盈利的判断。截至2024年12月31日，该基金近五年（2020~2024年）涨幅为231.1%，同期万得全A指数上涨123.8%，该基金显著跑赢市场，中长期业绩表现优异。邓晓峰以周期股投资见长，擅长在行业低点布局。例如，其对紫金矿业连续四个季度持续加仓的重仓操作体现了"底部买入、回调加仓"的策略，近年亦增配化工、互联网等高景气行业，如华峰化学、万华化学等。

表3-5　"高毅新方程晓峰2号致信10号"基金净值年度涨幅与阶段涨幅　　单位：%

名称	2020年度	2021年度	2022年度	2023年度	2024年度	近五年（2020~2024年）
高毅新方程晓峰2号致信10号	73.6	14.1	-5.2	-6.2	27.1	123.8
万得全A指数	25.6	9.2	-18.7	-5.2	10.0	16.3

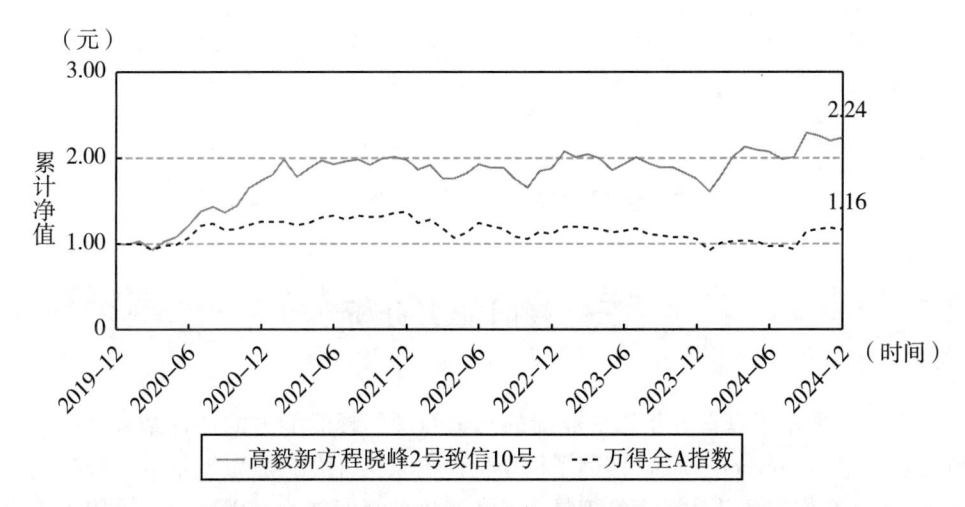

图3-4　"高毅新方程晓峰2号致信10号"基金的累计净值：2020~2024年

我们也选取了"仁桥泽源3期"基金作为研究对象，分析其基金经理在近五年中的选股能力（见表3-6和图3-5）。"仁桥泽源3期"基金成立于2019年7月，其基金管理人仁桥（北京）资产管理有限公司是一家百亿级私募基金，核心团队具备公募背景与长期逆向投资经验。公司奉行纯粹、系统的逆向投资策略，强调"在无人问津时布局"，注重基本面反转与市场情绪修复的共振。公司创始人、

"仁桥泽源 3 期"基金经理夏俊杰有 11 年公募基金从业经历，管理诺安灵活配置基金 7 年，年化回报 13.5%，显著跑赢沪深 300，并多次获得金牛奖等荣誉。夏俊杰坚持"安全边际"和"均值回归"逻辑，偏好被市场低估的周期行业（如海运、养殖、电力）和基本面反转板块。截至 2024 年 12 月 31 日，该基金近五年（2020~2024 年）涨幅为 113.0%，同期万得全 A 指数上涨 16.3%，显著跑赢市场。

表 3-6　"仁桥泽源 3 期"基金净值年度涨幅与阶段涨幅　单位：%

名称	2020 年度	2021 年度	2022 年度	2023 年度	2024 年度	近五年（2020~2024 年）
仁桥泽源 3 期	39.3	27.8	1.2	-0.9	19.4	113.0
万得全 A 指数	25.6	9.2	-18.7	-5.2	10.0	16.3

图 3-5　"仁桥泽源 3 期"基金的累计净值：2020~2024 年

三、择时能力分析

表 3-7 展示了具有五年历史业绩的基金经理们择时能力的估计结果。图 3-6 则展示了采用 Treynor-Mazuy 四因子模型估计出来的 810 只股票型基金的择时能力 γ 的 t 值。我们主要关注基金经理是否具备正确的择时能力，因此我们采用了单边假设检验。在 5% 的显著性水平下，有 68 只基金（占比 8.4%）的 γ 为正显著，其 t 值大于 1.64，说明这 68 只基金的基金经理表现出了显著的择时能力；有 639 只（占比 78.9%）的基金经理没有显著的择时能力。我们还看到，有 103 只基金（占比 12.7%）的 γ 为负显著，其 t 值小于 -1.64，说明这 103 只基金的基金经理具有明显错误的择时能力。总体来看，在过去五年（2020~2024 年），绝大部分（91.6%）的股票型私募基金的基金经理不具备择时能力。

表 3-7　　　股票型私募基金择时能力 γ 显著性的估计结果：2020~2024 年

显著性	样本数量	数量占比（%）
正显著	68	8.4
不显著	639	78.9
负显著	103	12.7
总计	810	100.0

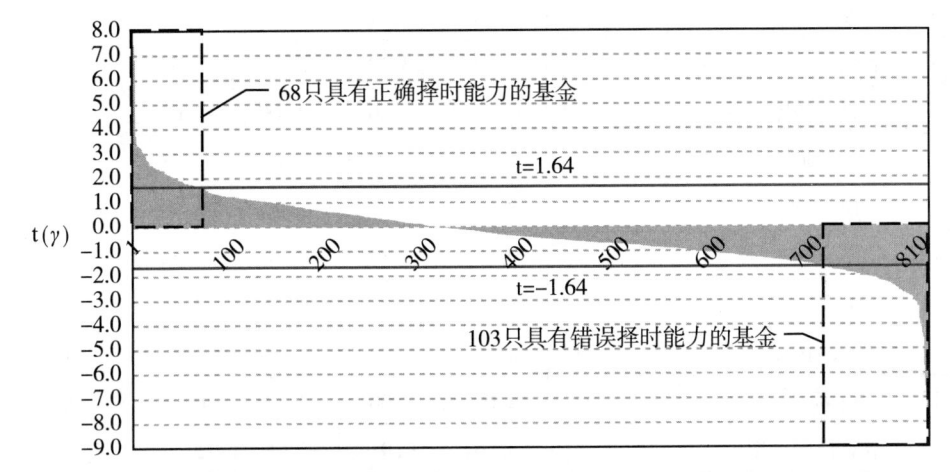

图 3-6　股票型私募基金择时能力 γ 的 t 值（显著性）排列：2020~2024 年

注：正确择时能力代表 t(γ)>1.64，错误择时能力代表 t(γ)<-1.64，未表现出择时能力代表 -1.64≤ t(γ)≤1.64。基金具有择时能力是指基金表现出正确的择时能力，基金不具有择时能力代表基金表现出错误的或未表现出择时能力。

我们主要关注那些具有正确择时能力的基金，即择时能力（γ）呈现正显著性的基金。在单边 T 检验中，如果基金 i 的择时能力指标 γ 所对应的 t 值大于 1.64，则代表该基金具有显著正确的择时能力。表 3-8 展示了过去五年（2020~2024 年）Treynor-Mazuy 四因子模型中 γ 为正显著（具有择时能力）的 68 只基金的检验结果。我们同时也给出了这些基金在过去三年（2022~2024 年）的择时能力及显著性检验结果。可以发现，仅有 49 只基金在过去三年和过去五年都表现出了显著的择时能力，占 810 只基金的 6%。

表 3-8　　　在过去五年具有择时能力的股票型私募基金：2020~2024 年

编号	基金名称	过去五年（2020~2024 年） γ	过去五年（2020~2024 年） t(γ)	过去三年（2022~2024 年） γ	过去三年（2022~2024 年） t(γ)	过去三年、五年都具有择时能力
1	宽桥名将 2 号	4.90	7.58	5.15	6.47	√
2	景千投资平衡型 FOF	7.71	7.45	8.23	6.03	√

续表

编号	基金名称	过去五年 (2020~2024年)		过去三年 (2022~2024年)		过去三年、 五年都具有 择时能力
		γ	$t(\gamma)$	γ	$t(\gamma)$	
3	融珲6号	24.15	6.83	25.53	5.60	√
4	波粒二象趋势1	7.36	3.72	10.03	4.09	√
5	龙旗巨星1号	2.43	3.41	2.18	2.63	√
6	睿信榜样对冲1号	2.47	3.32	2.45	3.04	√
7	榜样多策略对冲	2.40	3.30	2.43	3.05	√
8	航长紫荆6号A	2.40	3.28	2.12	2.73	√
9	衍航11号	3.33	3.23	2.95	6.80	√
10	钧富套利1号	0.69	3.19	0.81	2.55	√
11	衍航20号	3.19	3.07	3.04	5.92	√
12	榜样绩优	2.13	3.02	2.12	2.73	√
13	衍航12号	3.02	3.00	2.87	6.62	√
14	益宽稳增1期	3.26	2.91	2.61	2.22	√
15	鸿道3期	3.18	2.79	3.72	4.02	√
16	惠中国新时代优选1号	1.98	2.75	2.98	3.43	√
17	中阅被动管理2号	14.74	2.70	19.32	2.73	√
18	中信信托衍航1号	1.78	2.62	1.91	4.28	√
19	同创佳业沪港深精选	1.54	2.53	1.66	2.10	√
20	榜样红旗多策略	2.15	2.53	2.31	2.74	√
21	珺容九华增强5号	2.20	2.52	2.45	2.90	√
22	航长常春藤9号	1.83	2.47	2.02	2.25	√
23	平凡悟量	0.71	2.46	0.04	0.29	
24	外贸信托天井稳健	1.52	2.45	1.81	2.63	√
25	中阅被动管理5号	10.45	2.41	10.70	1.97	√
26	银帆7期	1.74	2.39	1.90	3.15	√
27	相聚芒格红利尊享A期	1.92	2.38	2.81	4.08	√
28	长阳似锦1期	1.66	2.37	1.08	1.61	
29	兆元多策略1期	4.01	2.34	4.29	2.26	√
30	盛世知己1期(原鼎锋8期)	2.60	2.33	3.83	3.48	√

续表

编号	基金名称	过去五年（2020~2024年） γ	过去五年（2020~2024年） t(γ)	过去三年（2022~2024年） γ	过去三年（2022~2024年） t(γ)	过去三年、五年都具有择时能力
31	景富优选2期（景富投资）	2.70	2.33	2.15	1.91	√
32	航长常春藤5号	1.35	2.33	1.91	3.00	√
33	银帆6期	1.79	2.32	2.03	3.41	√
34	中信信托重阳8期	1.48	2.22	1.06	1.45	
35	民晟恒益1期	1.81	2.21	2.03	3.35	√
36	景富2期	2.50	2.17	1.88	1.67	√
37	榜样欧奈尔港股通	1.53	2.15	0.90	1.22	
38	骐邦骐纵优选成长	1.51	2.14	1.38	2.29	√
39	展博专注B期	1.82	2.13	1.58	2.38	√
40	展博5期	1.80	2.11	1.54	2.30	√
41	宁泉悦享1号	0.71	2.09	0.63	1.86	
42	民晟锦泰3号	1.79	2.06	2.05	3.28	√
43	鲲鹏227号	1.15	2.06	1.18	1.45	
44	融临55号	3.48	2.04	2.28	1.73	√
45	银帆5期	1.41	2.04	1.97	3.40	√
46	宁波信本资产权益1号	2.74	1.99	1.51	1.21	
47	中邮永安金石	0.31	1.95	0.16	1.09	
48	华金1号	1.32	1.93	0.56	0.66	
49	慧明价值成长	2.37	1.91	1.66	1.33	
50	喜岳1号多策略	0.88	1.91	0.78	1.47	
51	静实致远	1.17	1.89	0.90	1.59	
52	泽泉景渤财富	2.03	1.87	1.79	2.09	√
53	仁桥泽源建享1期	1.11	1.82	1.00	1.83	√
54	盛信7期C	1.73	1.80	2.34	2.25	√
55	沣京价值增强1期	1.25	1.79	1.06	1.32	
56	玖月天玺1号	1.82	1.79	1.96	2.09	√
57	诚朴息壤2号	3.25	1.79	1.82	0.86	
58	沣京价值增强2期	1.22	1.77	1.02	1.35	

续表

编号	基金名称	过去五年（2020~2024年） γ	过去五年（2020~2024年） $t(\gamma)$	过去三年（2022~2024年） γ	过去三年（2022~2024年） $t(\gamma)$	过去三年、五年都具有择时能力
59	玖月寰宇1号	1.50	1.76	0.86	1.04	
60	和盈1号	0.36	1.76	0.36	1.51	
61	静实稳进1号	1.09	1.75	0.90	1.59	
62	华夏未来润时量化1号	1.21	1.75	1.33	1.95	√
63	珺锋量化2号	0.88	1.73	1.05	1.70	√
64	展博精选C号	1.70	1.72	1.66	2.45	√
65	仁桥泽源1期	1.07	1.68	0.92	1.38	
66	沃胜5期	1.64	1.68	2.53	2.31	√
67	赫富500指数增强1号	0.82	1.67	0.93	1.53	
68	盘京盛信9期A	1.61	1.66	2.30	2.09	√

注：表中√代表在过去三年和过去五年都具有择时能力的股票型基金。

四、选股能力与择时能力的稳健性检验

在之前关于基金经理选股能力和择时能力的研究中，我们所用的样本为2020~2024年的五年样本。那么，如果更改样本的时间范围，我们得到的结论是否会发生变化？样本时间的延长或缩短是否会影响我们对基金经理选股能力和择时能力的评估结果？如果有影响，这种影响是由于不同样本时间内基金之间的差异所带来的，还是由于相同基金所处的市场环境的差异造成的？为了解答上述问题，我们使用三年样本（2022~2024年）和七年样本（2018~2024年）来对基金经理的选股能力和择时能力进行稳健性检验，并将分析结果与之前五年样本（2020~2024年）的结果进行对比，从而判断样本时间选取的不同是否会影响基金经理的选股能力和择时能力。在三年和七年样本中，我们同样要求每只基金有完整的净值数据。各样本区间内包含的样本数量具体见表3-1。需要注意的是，时间跨度较长的样本区间内的基金与时间跨度较短的样本区间内的基金是部分重合的。例如，三年样本中的基金数量为2 063只，五年样本中的基金数量为810只，七年样本中基金数量为445只，七年样本中的445只基金都在三年和五年样本中，五年样本中的810只基

金也都在三年样本中。

图 3-7 展示了三年（2022~2024 年）、五年（2020~2024 年）和七年（2018~2024 年）这三个不同时间长度的样本区间内具有选股能力的股票型基金的数量占比，仍以 5% 的显著性水平进行分析。在三年样本（2022~2024 年）中，有 12% 的基金经理具有显著的选股能力；在五年样本（2020~2024 年）中，该比例与上一区间相比有所上升，为 24%；而在 2018~2024 年的七年样本中，该比例上升至 30%。这表明，在不同的样本区间内，具有显著选股能力的基金经理的比例存在一定的差异。

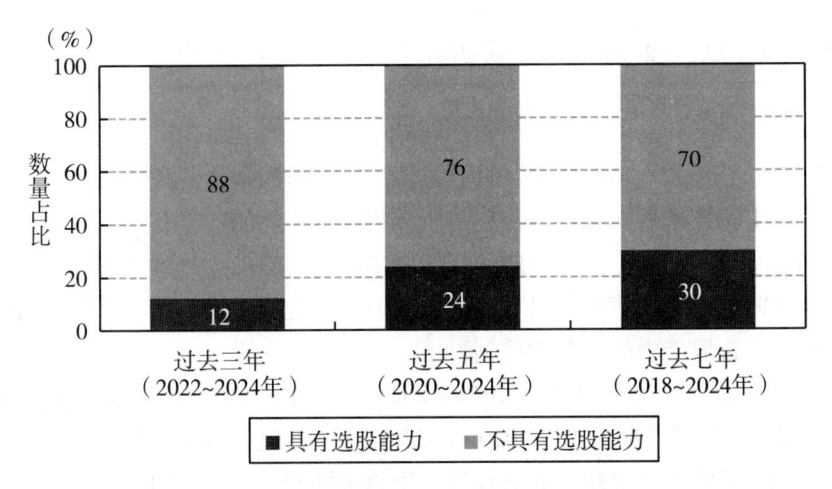

图 3-7 样本区间内具有选股能力的基金数量占比

表 3-9 详细展示了不同样本区间内选股能力 α 的显著性估计结果，提供了不同样本区间中选股能力分别为正显著、不显著和负显著的基金经理比例，以及同期万得全 A 指数的累计涨幅。尽管三个样本区间的终点皆为 2024 年底，但每个样本区间的起始点不同，因此所对应的市场环境不同。在过去三年（2022~2024 年），万得全 A 指数下跌了 15%；在过去五年（2020~2024 年），万得全 A 指数上涨了 16%；在过去七年（2018~2024 年），万得全 A 指数上涨了 11%。三个样本区间中，具有选股能力的基金经理数量占比依次为 12.1%、24.1% 和 29.9%。可以看出，股票市场在过去五年（2020~2024 年）涨幅较大。股票市场 2022 年遭遇大跌，2023 年市场继续下跌，整体波动较为剧烈。2024 年以政策驱动估值修复为主线，科技与内需成为结构性亮点，股票市场迎来反弹。2022 年和 2023 年欠佳的股票表现导致过去三年（2022~2024 年）万得全 A 指数下跌 15%，另两个区间内指数有所上涨。还可以看出，在三年、五年和七年样本中，具有选股能力的基金经理数量占比和股票市场涨幅并未呈现一定关系。但随着样本时间增长，具有选股能力的基金的比例有所增加。

表 3-9　　　　三年、五年、七年样本选股能力显著性的估计结果

样本区间	正显著（只）	不显著（只）	负显著（只）	基金数量（只）	万得全A涨幅（%）
过去三年（2022~2024年）	250（12.1%）	1 676（81.2%）	137（6.6%）	2 063	-15
过去五年（2020~2024年）	195（24.1%）	595（73.5%）	20（2.5%）	810	16
过去七年（2018~2024年）	133（29.9%）	306（68.8%）	6（1.3%）	445	11

注：括号中的数字为相应的基金数量占比，显著性水平为5%。

在三年、五年和七年样本中，具有显著选股能力的基金经理的比例除了受到不同样本所处市场环境的影响之外，还与所分析样本之间的差异有关。由于每年都有新成立和停止运营的基金，不同的分析样本中所包含的基金数量是不同的。为了消除这种样本间的差异，我们在以下的分析中控制了这种差异，重新对比不同样本区间内具有显著选股能力的基金的比例。

表 3-10 展现了七年样本（2018~2024年）中的 445 只基金，在三年样本（2022~2024年）和五年样本（2020~2024年）中通过 Treynor-Mazuy 四因子模型估计出来的选股能力的表现。如果我们考察这 445 只基金的三年期业绩，有 40 只（占比9.0%）基金的基金经理具有显著的选股能力，当考察期变为五年和七年后，分别有 98 只（占比22.0%）和 133 只（占比29.9%）基金的基金经理具有显著的选股能力。

表 3-10　　　具有七年样本的股票型私募基金在三年、五年样本中
选股能力 α 显著性的估计结果

样本区间	正显著（只）	不显著（只）	负显著（只）	基金数量（只）	万得全A涨幅（%）
过去三年（2022~2024年）	40（9.0%）	376（84.5%）	29（6.5%）	445	-15
过去五年（2020~2024年）	98（22.0%）	336（75.5%）	11（2.5%）	445	16
过去七年（2018~2024年）	133（29.9%）	306（68.8%）	6（1.3%）	445	11

注：括号中数字为相应的基金数量占比，显著性水平为5%。

第三章　私募基金经理是否具有选股能力与择时能力

我们同样分析了在三年样本和五年样本中都有数据的810只基金选股能力的差异，具体如表3-11所示。在三年样本中，有83只基金（占比10.2%）的基金经理具有显著的选股能力。在五年样本中，具有选股能力的基金上升至195只（占比24.1%）。我们发现，从近三年到近五年中，具有选股能力的基金数量有所上升。

表3-11　具有五年样本的股票型私募基金在三年、五年样本中选股能力 α 显著性的估计结果

样本区间	正显著（只）	不显著（只）	负显著（只）	基金数量（只）	万得全A涨幅（%）
过去三年（2022~2024年）	83（10.2%）	671（82.8%）	56（6.9%）	810	-15
过去五年（2020~2024年）	195（24.1%）	595（73.5%）	20（2.5%）	810	16

注：括号中数字为相应的基金数量占比，显著性水平为5%。

上述分析的结论同样和之前分别使用三年或五年全部样本的结论近似（见表3-9）。可见，并不是由于基金个体之间的不同导致在三年、五年、七年样本期间内具有选股能力的基金经理比例的差异。我们在选取相同的基金时，这个差异在三年、五年、七年样本期间内也是同样存在的。因此，我们认为是由于不同分析时间内我国股票市场环境的不同，导致使用最近三年、五年和七年样本的分析结果产生差异。

接下来，我们采用相同的方法来分析基金经理的择时能力。图3-8展示了在不同样本区间中具有显著择时能力的基金的比例，我们依然以5%的显著性水平进行讨论。在三年样本（2022~2024年）、五年样本（2020~2024年）和七年样本（2018~2024年）中，分别有8%、8%和6%的基金经理具有显著的择时能力，在不同的样本区间内，具有显著择时能力的基金经理的比例都非常低。

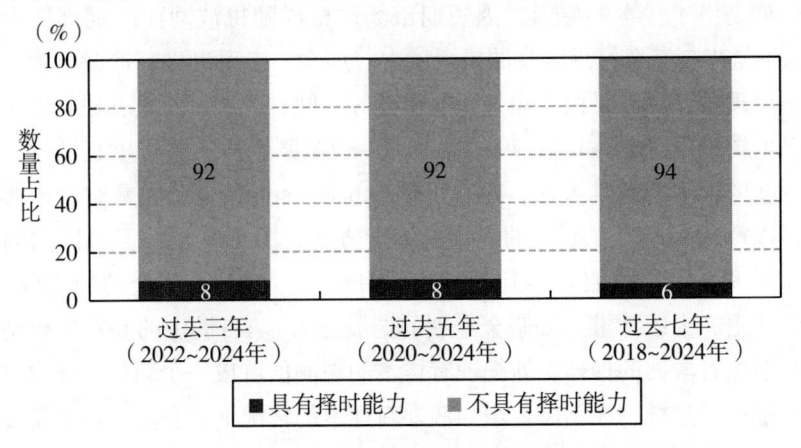

图3-8　样本区间内具有择时能力的股票型私募基金的数量占比

表 3-12 展示了不同样本区间中择时能力 γ 显著性检验更详细的结果。我们发现，无论是在三年、五年还是七年样本中，都有 91% 以上的基金经理不具备择时能力。由此可见，对股票市场未来涨跌的判断是一件非常困难的事情，具有择时能力的基金经理实属凤毛麟角。

表 3-12　三年、五年、七年样本择时能力显著性的估计结果

样本区间	正显著（只）	不显著（只）	负显著（只）	基金数量（只）	万得全 A 涨幅（%）
过去三年（2022~2024 年）	169（8.2%）	1 584（76.8%）	310（15.0%）	2 063	-15
过去五年（2020~2024 年）	68（8.4%）	639（78.9%）	103（12.7%）	810	16
过去七年（2018~2024 年）	28（6.3%）	319（71.7%）	98（22.0%）	445	11

注：括号中数字为相应的基金数量占比，显著性水平为 5%。

总体而言，在五年期内，我国有约 1/4 的股票型私募基金经理具有选股能力，绝大部分基金经理不具有判断市场走向的择时能力。

五、自助法检验

之前的回归分析结果表明，部分基金经理具备显著的选股能力或择时能力，然而，这些基金经理的成功是否因为运气？由于基金的收益率不是严格服从正态分布的，回归分析的结果虽然表明某些基金经理具有显著的选股能力或择时能力，但这些结果可能是由于样本的原因，因短期市场风格或随机波动而"偶然"获得高 α 或 γ，而不是来自基金经理自身的投资能力。那么，表现出显著选股能力或择时能力的基金经理中，哪些是由于运气而取得良好业绩，哪些真正具备投资能力？

著名的统计学家 Efron（1979）提出了一种对原始样本进行重复抽样，从而产生一系列新的样本的统计方法，即自助法（bootstrap）。自助法是对原始样本进行重复抽样以产生一系列"新"的样本的统计方法，图 3-9 展示了自助法的抽样原理。如图 3-9 所示，我们观察到的样本只有一个，如某只基金的历史收益数据，因此只能产生一个统计量（如基金经理的选股能力）。自助法的基本思想是对已有样本进行多次有放回的抽样，即把现有样本的观测值看成一个新的总体再进行有放回的随机抽样。这样，在不需要增加额外新样本的情况下，我们可以获得多个统计量，即获得基金经理选股能力的多个估计值，通过对比这些多个统计量所生成的统

计分布和实际样本产生的统计量，我们可以判断基金经理的能力是否来源于运气。在以下的检验中，我们对每只基金的样本进行1 000次抽样。我们也使用5 000次抽样来区分基金经理的能力和运气，由于这些结果与使用1 000次抽样的结果非常相似，因此不再赘述结论。

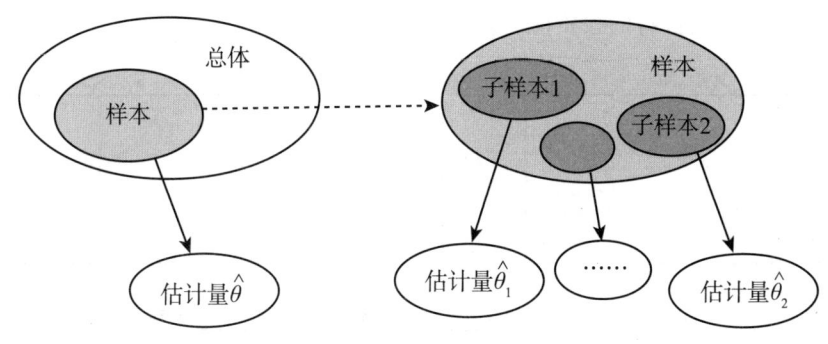

图3-9 自助法抽样示意

我们以基金 i 的选股能力 α 进行自助法检验为例。通过 Treynor-Mazuy 四因子模型对基金 i 的月度净收益的时间序列进行普通最小二乘法回归，估计模型的 $\hat{\alpha}$、风险系数（$\hat{\beta}_{mkt}$、$\hat{\beta}_{smb}$、$\hat{\beta}_{hml}$、$\hat{\beta}_{mom}$）、残差序列，具体模型见式（3.3）。接着，我们对获得的残差序列进行1 000次自助法抽样，根据每次抽样后的残差以及之前估计出来的风险系数（$\hat{\beta}_{mkt}$、$\hat{\beta}_{smb}$、$\hat{\beta}_{hml}$、$\hat{\beta}_{mom}$）构造出1 000组不具备选股能力（$\hat{\alpha}=0$）的基金的超额收益率，从而获得1 000个没有选股能力的基金的样本，每一个新生成的基金样本都与基金 i 具有相同的风险暴露。然后，我们对这1 000个样本再次进行 Treynor-Mazuy 四因子模型回归，以获得1 000个选股能力 α 的估计值。由于这1 000个 α 是出自我们构造的没有选股能力的基金的收益率，在5%的显著性水平下，如果这1 000个 α 中有多于5%比例的（该比例为自助法的P值）α 大于通过 Treynor-Mazuy 四因子模型回归所得到的基金 i 的 $\hat{\alpha}$（真实 α），则表明基金 i 的选股能力 α 并不是来自基金经理自身的能力，而是受到运气因素和统计误差的影响。反之，如果这1 000个 α 中只有少于5%的 α 大于基金 i 的 $\hat{\alpha}$，则表明基金 i 的选股能力 α 并不是来自运气因素，而是来自基金经理的真实能力。Kosowski、Timmermann、White 和 Wermers（2006），Fama 和 French（2010），Cao、Simin 和 Wang（2013），Cao、Chen、Liang 和 Lo（2013）等均利用该方法研究了美国基金经理所取得的业绩是来自其自身的能力还是运气因素。

在之前的分析中我们得到，在五年样本（2020~2024年）的810只样本基金中，有195只基金表现出正确的选股能力，为了进一步检验这195只基金是否具有真实的选股能力，我们对它们进行了自助法检验。图3-10展示了部分基金经理（10位）通过自助法估计出来的1 000个选股能力 α 的分布和实际 α 的对比，其中曲线表示的是通过自助法获得的选股能力 α 的结果，垂直线则代表运用 Treynor-

Mazuy 四因子模型估计出来的实际选股能力 α 的结果。例如，对于"锦桐成长 2 号"基金而言，通过自助法估计出的 1 000 个选股能力 α 的统计值中，有 10 个大于通过 Treynor-Mazuy 四因子模型估计出来的实际的 α（$\hat{\alpha}=59.67\%$），即自助法的 P 值为 0.01（P=1%），从统计检验的角度讲，我们有 95% 的信心确信该基金经理的选股能力来自其自身的投资能力。

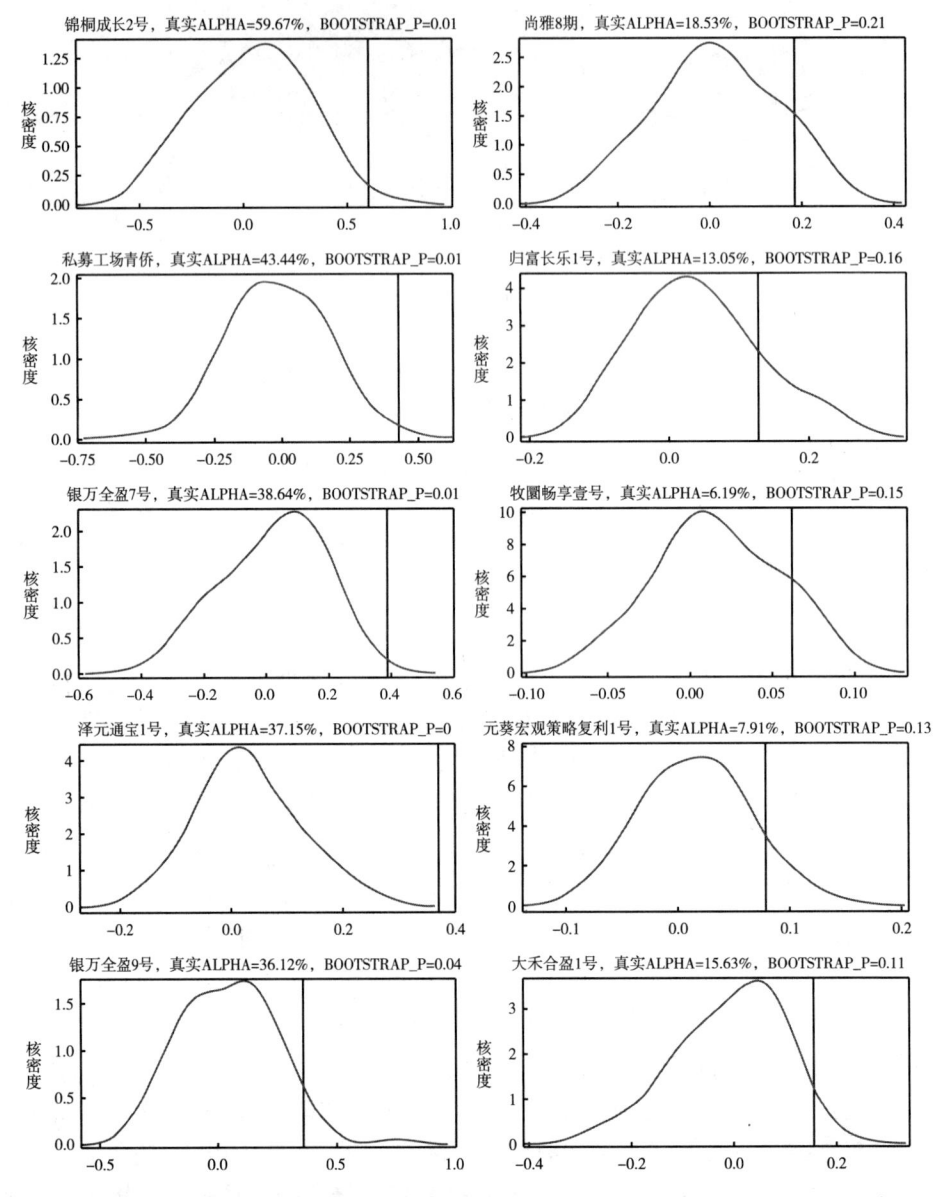

图 3-10　自助法估计的股票型私募基金选股能力 α 的分布（部分）：2020~2024 年

注：曲线表示通过自助法获得的选股能力 α 的分布，垂直线表示运用 Treynor-Mazuy 四因子模型估计出来的实际选股能力 α。

表 3-13 展示了通过 Treynor-Mazuy 四因子模型估计出来的具有显著选股能力的 195 只股票型私募基金的自助法结果。在这 195 只基金中，有 112 只基金自助法的 P 值小于 0.05，如"泽元通宝 1 号""林园 2 期"基金等，这些基金在表中已用 ＊标出；有 83 只基金自助法的 P 值大于 0.05，如"尚雅 8 期""大禾合盈 1 号"基金等。值得注意的是，表现出选股能力但未通过自助法检验的基金基本上有比较小的 t（α）。从统计学假设检验的角度讲，我们有 95% 的把握得出以下结论：这 112 只基金（占 810 只基金的 13.8%）的基金经理的选股能力来自自身能力，而另外 85 只基金的基金经理的选股能力来自运气和统计误差。

表 3-13　　具有选股能力的股票型私募基金的自助法检验结果：2020~2024 年

编号	基金名称	年化 α(%)	t(α)	自助法 P 值	编号	基金名称	年化 α(%)	t(α)	自助法 P 值
1	锦桐成长 2 号	59.67	2.36	0.010*	22	高毅新方程晓峰 2 号致信 10 号	26.14	4.02	0.000*
2	私募工场青侨	43.44	2.13	0.010*					
3	银万全盈 7 号	38.64	2.00	0.010*	23	仁桥泽源 3 期	26.05	3.42	0.010*
4	泽元通宝 1 号	37.15	4.17	0.000*	24	希瓦小牛精选	25.72	2.35	0.020*
5	抱朴精选成长 1 号	36.52	2.09	0.050	25	东方港湾价值投资 15 号	25.63	2.00	0.040*
6	银万全盈 9 号	36.12	1.74	0.040*	26	东方港湾 5 号	25.43	2.05	0.050
7	宁聚量化稳盈 1 期	36.09	1.92	0.070	27	利得汉景 1 期	25.32	2.12	0.040*
8	路远睿泽稳增	33.56	1.87	0.040*	28	与取华山 1 号	25.28	1.79	0.020*
9	盛天价值精选 1 号	32.96	1.95	0.050	29	祥程汉景港湾 1 号	25.13	2.07	0.000*
10	元淶潜龙 1 号	32.12	3.93	0.000*	30	百泉多策略 2 号	24.90	1.76	0.070
11	金时量化 1 号	31.41	1.95	0.000*	31	明泓稳健增长 2 期	24.68	4.14	0.000*
12	复胜富盛 1 号	28.87	2.23	0.060	32	东方港湾望远 2 号	24.55	2.34	0.020*
13	东方港湾马拉全球	28.62	2.43	0.010*	33	东方港湾马拉松 1 号	24.43	1.85	0.050
14	林园 2 期	28.39	2.35	0.010*	34	万利富达德盛 1 期	24.11	2.75	0.000*
15	阳川雅江 FOF2 号	28.04	1.90	0.080	35	全意通宝（进取）-星石兴光 1 号	24.01	2.57	0.010*
16	鹤骑鹰列墨蔚蓝	27.83	2.32	0.020*					
17	纳斯特中昕中证 500 增强 1 号	27.67	1.89	0.030*	36	高毅晓峰鸿远	23.86	3.91	0.000*
					37	从容内需医疗 3 期	23.76	1.78	0.070
18	New Thinking Global Fund	27.41	2.08	0.060	38	希瓦大牛 1 号	23.47	2.18	0.030*
19	希瓦小牛 7 号	26.59	2.48	0.030*	39	私募工场希瓦圣剑 1 号	23.45	2.05	0.040*
20	博鸿聚义	26.47	2.78	0.020*	40	盛天阿尔法	23.31	2.00	0.060
21	立本成长	26.22	2.38	0.020*	41	东方港湾望远 3 号	23.11	1.98	0.080

续表

编号	基金名称	年化α(%)	t(α)	自助法P值	编号	基金名称	年化α(%)	t(α)	自助法P值
42	百泉进取1号	23.04	1.74	0.100	71	高毅晓峰尊享L期	19.85	3.20	0.010*
43	星石35期	22.62	2.38	0.020*	72	东方港湾价值8号	19.81	1.71	0.090
44	东方港湾蓝天	22.62	1.85	0.100	73	宽远价值成长2期	19.81	3.00	0.000*
45	东方港湾价值投资12号	22.61	1.85	0.030*	74	东方港湾安享1号	19.48	1.92	0.070
46	东方港湾马拉松16号	22.58	1.91	0.030*	75	仙童1期	19.44	2.19	0.050
47	希瓦小牛12号	22.53	2.09	0.020*	76	华西神农繁荣	19.19	2.54	0.000*
48	金田龙盛2号	22.50	1.73	0.060	77	宽远沪港深精选	19.17	2.83	0.020*
49	东方港湾马拉松12号	22.29	1.82	0.070	78	易同精选3期	19.01	2.64	0.000*
50	东方港湾价值投资9号	22.23	1.84	0.020*	79	金蕴28期（神农春生）	18.93	2.71	0.010*
51	东兴港湾1号	22.23	1.95	0.070	80	源乐晟13期	18.68	1.78	0.090
52	赫富1000指数增强1号	22.17	2.15	0.020*	81	尚雅8期	18.53	1.69	0.210
53	星石31期	22.17	2.31	0.020*	82	上海黑极价值精选1号	18.31	2.17	0.010*
54	星石银信宝2期	22.16	2.23	0.000*	83	钱塘希瓦小牛2号	18.31	1.72	0.080
55	罗马大道鸢尾花1期	22.13	1.82	0.080	84	明达3期	18.23	1.92	0.020*
56	天恩马拉松2号	22.10	1.83	0.100	85	黄金优选28期7号	17.61	2.60	0.010*
57	希瓦大牛2号	22.09	2.09	0.070	86	鹿秀驯鹿二号	17.51	2.24	0.020*
58	高毅新方程晓峰2号致信5号	21.91	3.47	0.000*	87	抱朴卓越成长1号	17.44	1.94	0.070
					88	航长红棉3号	17.40	3.07	0.000*
59	东方港湾海涛1号	21.89	1.74	0.050	89	中欧瑞博7期	17.04	2.18	0.030*
60	外贸信托重阳目标回报1期	21.82	2.94	0.010*	90	明河清源5号	16.45	2.21	0.060
					91	中欧瑞博1期	16.38	2.22	0.060
61	东方港湾语龢	21.74	1.71	0.090	92	神农尊享B期	16.34	1.77	0.090
62	域秀长河复利2号	21.68	3.29	0.010*	93	西藏隆源对冲1号	16.32	2.14	0.050
63	岁寒知松柏1号	21.59	1.97	0.100	94	澎泰安全边际1期	16.24	2.19	0.030*
64	望岳投资小象1号	21.49	1.80	0.080	95	宏量优选1号	16.08	2.00	0.020*
65	希瓦小牛FOF	21.29	2.15	0.020*	96	中信信托锐进35期	15.96	1.72	0.020*
66	星石1期	21.26	2.17	0.050	97	银万价值对冲1号	15.70	2.11	0.050
67	东方港湾价值5号	21.22	1.72	0.060	98	大禾合盈1号	15.63	1.66	0.110
68	东方港湾九鲤荷塘	21.05	1.76	0.060	99	隆新2号	15.35	2.33	0.010*
69	东方港湾望远12号	21.04	1.70	0.050	100	睿璞投资-睿洪2号	14.87	2.15	0.050
70	东方港湾倚天1号	20.84	1.70	0.040*	101	鹤骑鹰一粟	14.83	2.50	0.000*

续表

编号	基金名称	年化α(%)	t(α)	自助法P值	编号	基金名称	年化α(%)	t(α)	自助法P值
102	新方程宏量1号	14.59	1.80	0.060	131	融升稳健1号	11.67	4.32	0.000*
103	喜世润聚源1号	14.54	1.96	0.070	132	仁桥泽源1期	11.60	2.15	0.060
104	兴聚智投	14.52	2.84	0.010*	133	兴聚财富7号	11.41	2.02	0.030*
105	睿郡优选1期	14.27	3.10	0.030*	134	睿郡尊享A期	11.32	2.11	0.070
106	全意通宝（进取）宏量1期	14.26	1.67	0.090	135	高毅世宏1号赋余5号	11.27	1.67	0.080
					136	投资精英（朱雀B)	11.16	2.03	0.070
107	理成圣远1号B期	14.26	1.95	0.080	137	宁聚自由港1号	10.91	1.85	0.100
108	兴聚财富3号好买精选1期	13.87	2.29	0.030*	138	黑翼风行3号	10.89	3.00	0.000*
					139	悟空对冲量化11期	10.88	1.74	0.030*
109	广天水晶南瓜	13.76	1.74	0.090	140	远望角容远1号A期	10.77	1.79	0.070
110	睿洪6号-专研1号	13.69	2.01	0.060	141	中欧瑞博成长智投	10.75	2.78	0.020*
111	朱雀13期	13.68	2.00	0.060	142	中信信托兴聚智投尊享A期	10.71	2.24	0.050
112	睿璞投资-悠享1号	13.62	2.07	0.060					
113	宽远优势成长2号	13.61	2.39	0.010*	143	黄金优选4期1号(朱雀)	10.70	1.99	0.070
114	中泰星河A期	13.49	2.15	0.020*	144	纽富斯价值精选	10.56	2.11	0.000*
115	龙旗御风	13.47	2.43	0.010*	145	拾贝智投	9.69	1.86	0.050
116	星石晋享1号	13.39	2.47	0.000*	146	中信信托中欧瑞博成长智投尊享A期	9.61	2.48	0.020*
117	中欧瑞博17期	13.32	2.88	0.000*					
118	远望角容远1号	13.26	2.01	0.050	147	寰宇精选收益之睿益1期	9.52	2.23	0.010*
119	新方程宏量2号	13.21	1.70	0.040*	148	宽远价值成长	9.29	1.85	0.080
120	兴聚尊享A期	13.08	1.84	0.080	149	中金财富多元化FOF1号	9.26	3.19	0.000*
121	归富长乐1号	13.05	1.99	0.160	150	金锝中证1000指数增强1号	9.18	2.59	0.010*
122	世纪前沿指数增强2号	12.92	2.68	0.000*					
123	五行明石（星石1期）	12.48	2.71	0.010*	151	华炎晨星	9.17	3.11	0.000*
124	投资精英（星石B)	12.26	2.47	0.010*	152	世纪前沿量化对冲9号	8.94	2.29	0.050
125	航长常春藤	12.18	1.65	0.050	153	华炎晨晖	8.70	2.77	0.010*
126	中信信托锐进41期	12.18	2.26	0.020*	154	鹿秀标准量化对冲1号	8.57	2.46	0.010*
127	黄金优选13期1号	12.02	2.46	0.010*	155	量魁东海龙王2号	8.44	2.22	0.030*
128	远望角投资1期	11.74	1.69	0.060	156	弈倍虎鲸	8.39	1.82	0.050
129	中信兴聚1期	11.73	2.20	0.070	157	羲和平衡FOF思享1号	8.21	1.92	0.010*
130	睿璞投资-睿泰-潜心1号	11.70	1.81	0.060	158	新方程星动力S7号	8.11	1.96	0.060

续表

编号	基金名称	年化 α(%)	t(α)	自助法 P 值	编号	基金名称	年化 α(%)	t(α)	自助法 P 值
159	致同稳健成长 1 期	8.11	4.24	0.000*	178	涵德量化稳健	6.52	1.70	0.060
160	新方程对冲精选 N1 号	8.10	5.11	0.000*	179	赢仕创盈 9 号	6.34	2.48	0.020*
161	银叶量化精选 1 期	8.06	1.86	0.020*	180	致同宝盈	6.24	3.72	0.000*
162	明汯红橡麒麟专享 1 号	8.01	3.16	0.000*	181	牧圜畅享壹号	6.19	1.72	0.150
163	元葵宏观策略复利 1 号	7.91	1.80	0.130	182	宽德对冲专享 1 期	6.17	2.36	0.020*
164	中欧瑞博 4 期	7.86	1.94	0.040*	183	明汯中性 1 号	5.69	2.02	0.030*
165	宽德中性优选 3 号	7.80	2.70	0.000*	184	中信信托宽德对冲专享 10 期	5.50	2.37	0.050
166	黑翼中证 500 指数增强 5 号	7.67	1.91	0.070	185	中信信托宽德对冲专享 6 期	5.43	2.25	0.010*
167	华炎晨轩	7.50	2.45	0.020*	186	金锝量化	5.32	3.02	0.020*
168	寰宇精选收益之睿益 10 期	7.31	1.80	0.040*	187	白鹭 FoF 演武场 6 号	4.87	4.13	0.000*
169	海浦量化对冲 7 号	7.29	1.89	0.070	188	外贸-致远对冲 3 号	4.43	1.80	0.090
170	赫富灵活对冲 1 号	7.05	1.85	0.070	189	新方程大类配置	4.20	2.17	0.020*
171	白鹭 FOF 演武场 1 号	7.01	4.11	0.000*	190	金锝中性量化优选 1 号	4.18	2.79	0.020*
172	盛泉恒元量化套利 17 号	6.96	2.60	0.030*	191	金锝 6 号	4.07	2.69	0.020*
173	新方程量化中小盘精选	6.95	2.29	0.020*	192	钧富套利 1 号	3.57	1.95	0.100
174	赫富 500 指数增强 1 号	6.85	1.64	0.090	193	中邮永安钱潮 FOF3 号	2.89	1.71	0.110
175	宁泉悦享 1 号	6.75	2.34	0.030*	194	中邮永安金石	2.44	1.85	0.080
176	盛泉恒元灵活配置 8 号	6.73	2.28	0.020*	195	中信信托睿信稳健配置 TOF	2.39	1.92	0.040*
177	艾方博云全天候 1 号	6.57	1.72	0.080					

注：*表示自助法 P 值小于 5%，即基金经理的选股能力不是源于运气和统计误差。

同样地，我们对基金经理的择时能力进行了自助法检验，仍采用 5%的显著性水平。我们要回答的问题是：在那些择时能力系数 γ 具有正显著性的基金中，哪些基金经理是因为运气而显示出择时能力？哪些基金经理是真正具有择时能力，而不是依靠运气？根据之前的 Treynor-Mazuy 四因子模型的估计结果，有 68 只（占 810 只基金的 8.4%）基金的基金经理具有显著的择时能力，我们对这些基金的择时能力进行自助法检验。

图 3-11 展示了部分基金经理（10 位）通过自助法估计出来的择时能力 γ 的分布和运用 Treynor-Mazuy 四因子模型估计出来的实际 γ 的对比，其中曲线表示通过自助法获得的择时能力 γ 的结果，垂直线为运用 Treynor-Mazuy 四因子模型估计出来的实际择时能力 γ 的结果。例如，"融玙 6 号"基金通过 Treynor-Mazuy 四因子

模型估计出来的择时能力为 24.15，通过自助法估计的 1 000 个择时能力 γ 的统计值中，没有一个大于 24.15，即自助法 P 值为 0（P＝0%），从统计检验的角度讲，我们有 95% 的信心确信该基金经理的择时能力并不是由运气所带来的，而是来自基金经理自身的投资才能。

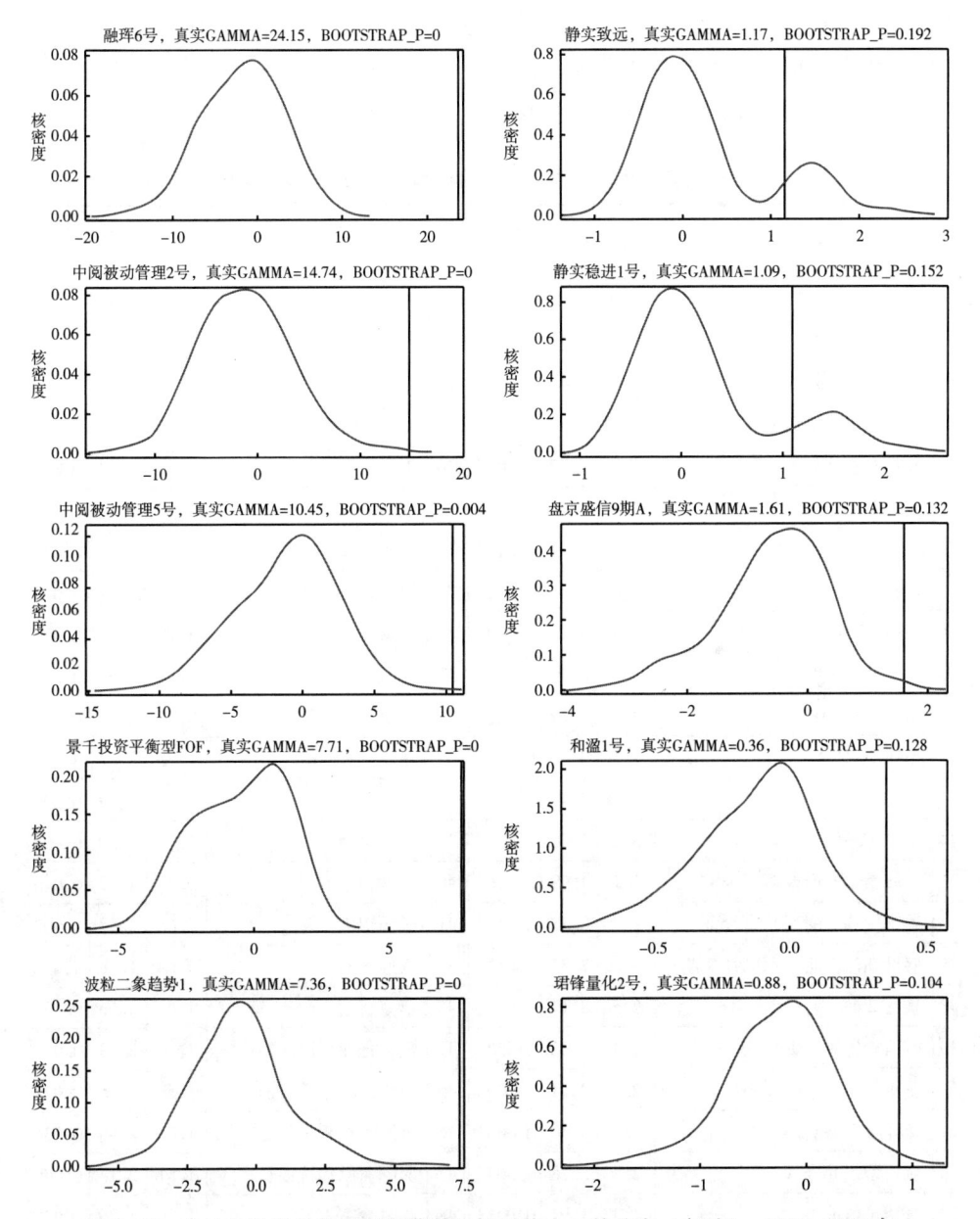

图 3-11　自助法估计的股票型私募基金择时能力 γ 的分布（部分）：2020~2024 年

注：曲线表示通过自助法获得的择时能力 γ 的分布，垂直线表示运用 Treynor-Mazuy 四因子模型估计出来的实际择时能力 γ。

表 3-14 展示了通过 Treynor-Mazuy 四因子模型估计出来的 68 只具有正确择时能力的股票型私募基金的自助法检验结果。据表 3-14 可知，有 56 只基金的自助法 P 值小于 5%，占五年样本总数（810 只）的 6.9%，这些基金在表中已用 * 标出，说明这 56 位基金经理的择时能力源于自身的投资才能。从统计学假设检验的角度而言，我们有 95% 的把握得出以下结论：这 56 位（占 810 只基金的 6.9%）基金经理的优秀业绩来自他们真实的投资能力，最近五年（2020~2024 年），我国绝大部分股票型私募基金经理不具备择时能力。

表 3-14　具有择时能力的股票型私募基金的自助法检验结果：2020~2024 年

编号	基金名称	γ	t(γ)	自助法 P 值	编号	基金名称	γ	t(γ)	自助法 P 值
1	融珲 6 号	24.15	6.83	0.000*	26	榜样绩优	2.13	3.02	0.004*
2	中阅被动管理 2 号	14.74	2.70	0.000*	27	泽泉景渤财富	2.03	1.87	0.024*
3	中阅被动管理 5 号	10.45	2.41	0.004*	28	惠理中国新时代优选 1 号	1.98	2.75	0.032*
4	景千投资平衡型 FOF	7.71	7.45	0.000*	29	相聚芒格红利尊享 A 期	1.92	2.38	0.004*
5	波粒二象趋势 1	7.36	3.72	0.000*	30	航长常春藤 9 号	1.83	2.47	0.004*
6	宽桥名将 2 号	4.90	7.58	0.000*	31	展博专注 B 期	1.82	2.13	0.012*
7	兆元多策略 1 期	4.01	2.34	0.012*	32	玖月天玺 1 号	1.82	1.79	0.024*
8	融临 55 号	3.48	2.04	0.012*	33	民晟恒益 1 期	1.81	2.21	0.000*
9	衍航 11 号	3.33	3.23	0.000*	34	展博 5 期	1.80	2.11	0.020*
10	益宽稳增 1 期	3.26	2.91	0.000*	35	银帆 6 号	1.79	2.32	0.012*
11	诚朴息壤 2 号	3.25	1.79	0.036*	36	民晟锦泰 3 号	1.79	2.06	0.016*
12	衍航 20 号	3.19	3.07	0.000*	37	中信信托衍航 1 号	1.78	2.62	0.004*
13	鸿道 3 期	3.18	2.79	0.000*	38	银帆 7 期	1.74	2.39	0.004*
14	衍航 12 号	3.02	3.00	0.000*	39	盛信 7 期 C	1.73	1.80	0.064
15	宁波信本资产权益 1 号	2.74	1.99	0.016*	40	展博精选 C 号	1.70	1.72	0.040*
16	景富优选 2 期（景富投资）	2.70	2.33	0.012*	41	长阳似锦 1 期	1.66	2.37	0.000*
17	盛世知己 1 期（原鼎锋 8 期）	2.60	2.33	0.012*	42	沃胜 5 期	1.64	1.68	0.052
18	景富 2 期	2.50	2.17	0.012*	43	盘京盛信 9 期 A	1.61	1.66	0.132
19	睿信榜样对冲 1 号	2.47	3.32	0.000*	44	同创佳业沪港深精选	1.54	2.53	0.028*
20	龙旗巨星 1 号	2.43	3.41	0.000*	45	榜样欧奈尔港股通	1.53	2.15	0.028*
21	榜样多策略对冲	2.40	3.30	0.000*	46	外贸信托天井稳健	1.52	2.45	0.036*
22	航长紫荆 6 号 A	2.40	3.28	0.000*	47	骐骅骐纵优选成长	1.51	2.14	0.000*
23	慧明价值成长	2.37	1.91	0.008*	48	玖月寰宇 1 号	1.50	1.76	0.036*
24	珺容九华增强 5 号	2.20	2.52	0.012*	49	中信信托重阳 8 期	1.48	2.22	0.020*
25	榜样红旗多策略	2.15	2.53	0.000*	50	银帆 5 期	1.41	2.04	0.008*

续表

编号	基金名称	γ	t(γ)	自助法P值	编号	基金名称	γ	t(γ)	自助法P值
51	航长常春藤5号	1.35	2.33	0.012*	60	仁桥泽源1期	1.07	1.68	0.040*
52	华金1号	1.32	1.93	0.060	61	喜岳1号多策略	0.88	1.91	0.032*
53	沣京价值增强1期	1.25	1.79	0.056	62	珺锋量化2号	0.88	1.73	0.104
54	沣京价值增强2期	1.22	1.77	0.040*	63	赫富500指数增强1号	0.82	1.67	0.076
55	华夏未来润时量化1号	1.21	1.75	0.068	64	宁泉悦享1号	0.71	2.09	0.048*
56	静实致远	1.17	1.89	0.192	65	平凡悟量	0.71	2.46	0.000*
57	鲲鹏227号	1.15	2.06	0.068	66	钧富套利1号	0.69	3.19	0.020*
58	仁桥泽源建享1期	1.11	1.82	0.024*	67	和盈1号	0.36	1.76	0.128
59	静实稳进1号	1.09	1.75	0.152	68	中邮永安金石	0.31	1.95	0.020*

注：*表示自助法P值小于5%，即基金经理的择时能力不是源于运气和统计误差。

六、小结

投资者在私募基金市场中面临着如何从众多基金中挑选出表现优秀的基金或基金经理的难题。为了解答这一问题，本章从三个维度深入探讨了私募基金经理获取超额收益的来源：首先，分析了基金经理的选股能力和择时能力；其次，研究了样本时间范围对选股能力和择时能力分析结论的影响；最后，讨论区分了基金经理展现出的选股能力和择时能力究竟是源于自身能力还是偶然的运气。

在具体研究中，我们以2020~2024年五年间的股票型私募基金为样本，对810只基金的投资能力进行了系统性分析。研究结果显示，在810只样本基金中，有195只基金（占比24.0%）表现出显著的选股能力，有68只基金（占比8.4%）表现出显著的择时能力。考虑到基金业绩可能受到市场随机波动的影响，我们进一步采用自助法对上述结果进行了检验。检验结果表明，有112只基金（占比13.8%）的选股能力源于基金经理自身的投资能力；有56只基金（占比6.9%）的择时能力源于基金经理自身的投资能力，而非运气。相对而言，择时能力更难获得。

本章的研究结果表明，基金经理的选股能力相对较容易通过有效策略得到验证，而择时能力则更为复杂，需要更高的能力或经验来实现超额收益。这些研究结果为投资者在私募基金选择中提供了重要的参考依据，有助于识别出具备持续超额收益能力的基金经理。

最后需要特别说明的是，在本书中，近五年存续股票型私募基金样本数量较往年出现显著变化。相较于《2024 年中国私募基金研究报告》中采用的 3 230 只样本量，本书中可获取的有效样本规模缩减至 810 只。导致样本数量下降的原因是，按照监管部门的最新规定，自 2024 年起万得数据库只能披露该公司代销的基金公司的数据。因此，本书中近五年股票型私募基金的样本数量下降至 810 只。

第四章

私募基金业绩的持续性

与公募基金追求相对收益不同，私募基金以追求绝对收益为核心目标，且信息披露要求相对较低，在投资策略和仓位控制方面更加灵活。从产品结构上看，私募基金除了收取管理费外，通常还会计提业绩报酬，这种报酬机制激励基金经理努力实现更高的投资收益以获取更多业绩分成。此外，私募基金通常会设置净值预警线和平仓线，这对基金经理的仓位控制和趋势判断能力提出了极高的要求。一旦所持资产连续下跌，可能导致净值跌破预警线或平仓线，从而缩小操作空间，增加投资难度。因此，私募基金在追求绝对收益方面更具动力，同时也对风险控制提出了更高的要求。

随着居民财富的持续积累，我国高净值人群规模不断扩大，私募证券投资基金凭借其主要面向合格投资者的特点，逐渐受到更多投资者的关注。对于投资者而言，长期获取超额收益是其核心目标，他们通常期望所投资的基金能够持续创造优异回报，并且特别关注基金的历史业绩表现。近年来，"中国私募金牛奖""中国私募基金风云榜""私募基金英华奖"等评选榜单已经持续多年，这些评选主要以定量评估为主，辅以定性分析，常见的考察指标包括基金收益率、风险调整后收益等。一般来说，过去表现优异的基金往往更受投资者青睐，因为投资者普遍认为这些基金在未来能够延续良好的表现。然而，在对基金的长期跟踪中我们发现，许多前一年表现突出的私募基金，在随后一年的业绩却并不理想，甚至可能跌至同类基金的后50%。那么，过去的私募基金冠军为何不再领先？私募基金的业绩是否具有持续性？解答这些问题，对于投资者正确评估市场上的私募基金具有重要意义。

基金业绩的持续性这一话题不仅仅是业界在研究基金时所关注的问题，学术界围绕基金的业绩能否持续也进行了广泛的研究。Malkiel（1995）、Brown 和 Getzmann（1995）、Carhart（1997）、Agarwal 和 Naik（2000），以及 Cao、Farnsworth 和 Zhang（2021）等对基金业绩的持续性进行了研究。众多研究表明，过往表现优异的基金往往难以持续保持良好表现，而过往业绩不佳的基金在未来继续表现较差的情况则更为常见。虽然这些研究无法直接帮助投资者筛选出未来能够带来高收益的基金，但能在一定程度上帮助投资者避开那些可能表现不佳的基金。在我国，也有不少学者对私募基金业绩的持续性进行了研究。赵骄和闫光华（2011）指出，在市场单边下跌的行情中，私募基金的收益表现出较强的持续性，即表现好的基金能够维持优势，而表现差的基金很难扭转局面；而在单边上涨行情中，私募基金的收益持续性并不明显；在震荡行情下，私募基金的收益则表现出一定的持续性。赵羲和刘文宇（2018）以股票多头策略的私募基金为研究对象，发现基金的收益指标持续性较弱，而风险指标（如波动率）的整体持续性较强。此外，风险调整后收益指标（如信息比率、夏普比率）的持续性介于收益指标和风险指标之间，表现出比收益指标更强但比风险指标更弱的持续性。

在本章中，我们运用多种检验方法，对股票型私募基金的业绩排名稳定性展开研究，旨在为投资者在参考基金过往业绩时提供科学依据。与前文所述一致，本章所涉及的股票型私募基金涵盖万得私募基金二级分类中的普通股票型、股票多空型、相对价值型和事件驱动型基金。研究中，我们将时间划分为排序期（formation period）和检验期（holding period），通过对比基金在排序期与检验期的业绩表现，判断其业绩是否具有持续性。这种检验方式是每年滚动进行的。具体而言，排序期分别设定为一年和三年，检验期则为一年（即排序期之后的一年）。例如，当排序期为一年（或三年）时，我们将检验过去一年（或三年）的基金业绩排名与次年的排名之间的相关性。为确保研究的有效性，所选基金样本需在排序期和检验期均有完整的复权净值数据。

我们分别通过四种方法来验证股票型私募基金业绩是否具有持续性。第一部分，采用绩效二分法对股票型私募基金收益率的持续性进行检验；第二部分，利用Spearman相关性检验对股票型私募基金收益率排名的相关性作出分析；第三部分，将股票型私募基金的收益率按高低分为四组，通过描述统计的方法对股票型私募基金收益率的持续性进行检验；第四部分，我们以考虑风险调整后收益的指标，即夏普比率作为业绩衡量指标，再次以描述统计检验的方式进行基金业绩持续性的检验。

一、收益率持续性的绩效二分法检验

1995年，美国著名学者，分别来自纽约大学和耶鲁大学的Brown教授和Goetzmann教授提出了检验基金业绩持续性的绩效二分法，其原理是通过考察基金业绩在排序期和检验期的排名变动情况来检验基金整体业绩的持续性。在本部分，我们将绩效二分法应用到我国的基金市场，分析股票型私募基金收益率的排名能否持续。根据绩效二分法，我们在排序期和检验期将样本基金按照收益率从高到低排序，排名前50%的基金定义为赢组（Winner），排名后50%的基金定义为输组（Loser）。若基金在排序期和检验期均位于赢组，记为赢赢组（WW）。以此类推，根据基金在排序期和检验期的排名表现，可以把基金分成赢赢组（WW）、赢输组（WL）、输赢组（LW）和输输组（LL）4个组，具体的分组方式如表4-1所示。

表4-1　　　　　　　　　绩效二分法检验中的基金分组

排序期	检验期	
	赢组（Winner）	输组（Loser）
赢组（Winner）	WW	WL
输组（Loser）	LW	LL

在完成基金分组后，我们通过交叉积比率指标（cross-product ratio，CPR）来检验基金收益率的持续性。具体而言，如果基金业绩具有持续性，那么其排名应当相对稳定。例如，排序期属于赢组的基金，在检验期继续留在赢组的概率应高于转入输组的概率；同样，排序期属于输组的基金，在检验期继续留在输组的概率应高于转变为赢组的概率。因此，如果基金业绩存在持续性，样本中4个分组的占比分布将不会是均匀的；相反，如果基金收益率不存在持续性，那么检验期的业绩排序将是随机的。在这种情况下，排序期属于赢组或输组的基金，在次年仍处于赢组或输组的概率应是相等的。也就是说，在检验期内，4种分组情况（WW、WL、LW、LL）在全部样本基金中的占比应均为25%。通过CPR这一综合反映4个分组基金占比的指标，我们可以有效检验基金业绩的持续性。CPR指标的计算方法如下：

$$\widetilde{CPR} = \frac{N_{WW} \times N_{LL}}{N_{WL} \times N_{LW}} \tag{4.1}$$

其中，N_{WW}、N_{LL}、N_{WL}、N_{LW}分别代表属于每组基金的样本数量。当基金的业绩不存在持续性时，CPR的值应该为1，即$\ln(\widetilde{CPR}) = 0$。我们利用假设检验的方法来判断基金业绩是否具有持续性。假设检验的原假设为：基金业绩不具有持续性，即$\ln(\widetilde{CPR}) = 0$。我们通过构造Z统计量来检验$\ln(\widetilde{CPR})$是否等于0。当观测值相互独立时，Z统计量服从标准正态分布，即：

$$\tilde{Z} = \frac{\ln(\widetilde{CPR})}{\sigma_{\ln(\widetilde{CPR})}} \to Norm(0,1) \tag{4.2}$$

其中，$\sigma_{\ln(\widetilde{CPR})}$为$\ln(\widetilde{CPR})$的标准差，当$\ln(\widetilde{CPR})$服从正态分布时，标准差为：

$$\sigma_{\ln(\widetilde{CPR})} = \sqrt{1/N_{WW} + 1/N_{WL} + 1/N_{LW} + 1/N_{LL}} \tag{4.3}$$

如果 Z 统计量显著大于 0，则对应的 *CPR* 指标显著大于 1，表明基金的收益率具有持续性；反之，如果 Z 统计量显著小于 0，则对应的 *CPR* 指标显著小于 1，表明基金的收益排名在检验期出现了反转；若 Z 统计量和 0 相差不大，那么对应的 *CPR* 指标接近于 1，此时可以推断，检验期中 4 组基金数量大致相等，也就是说，这段时期基金收益率排名是随机的，和排序期的排名没有显著的联系，业绩不具有持续性。通过上述方法，我们能够对私募基金的业绩持续性作出判断。

图 4-1 和表 4-2 展示了排序期为一年、检验期也为一年的绩效二分法检验结果。在这里，我们关心的问题是：过去一年收益率排名在前 50% 的基金，下一年能否继续获得较高的收益，能否继续排在前 50%？过去一年收益率排名在后 50% 的基金，下一年的收益率是否仍旧较低，依然排在后 50%？如果这两个问题的答案是肯定的，那么我们认为基金在过去一年的业绩对于投资者来说具有参考价值；如果答案是否定的，则意味着私募基金的收益率没有持续性。由于我们重点关注基金在排序期和检验期能否维持同样水平的业绩，下面赢赢组（WW）和输输组（LL）的结果是主要的讨论对象。如果一只基金在检验期的业绩没有规律，那么它属于 4 个组别任意一组的概率为 25%。

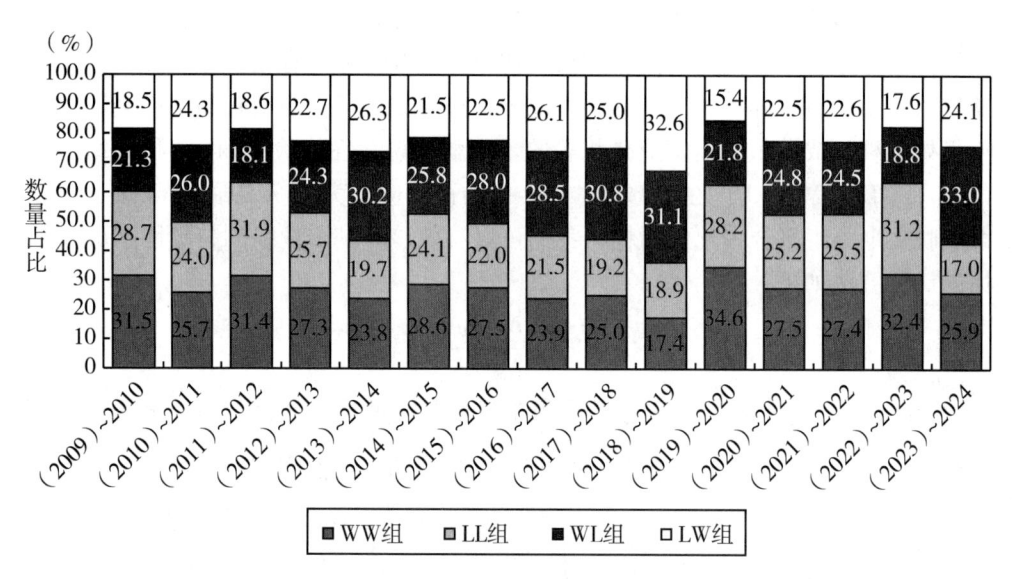

图 4-1 股票型私募基金业绩持续性的绩效二分法检验各组比例
（排序期为一年）：2009~2024 年

注：横坐标括号内的年份表示排序期，括号外的年份表示检验期。

图 4-1 显示了每组检验中属于赢赢组（WW）、赢输组（WL）、输赢组（LW）和输输组（LL）4 组基金的比例分布。在 15 组结果中，有 WW 组基金占比明显低于 25% 的时间段，如（2018）~2019 年期间只有 17.4% 的基金属于 WW 组；也有基

金占比明显高于25%的时期，如（2019）~2020年有34.6%的基金属于WW组；同时，部分时期各组基金占比与25%区别不大。整体来看，基金在检验期的组别分布较为随机。为了检验这些比例是否显著高于或低于随机分布下对应的概率（25%），我们对不同时间区间内私募基金所属组别分布的显著性进行了检验。

表4-2展示了私募基金在排序期和检验期的组别分布，以及CPR等统计指标的具体信息。在5%的显著性水平下，在16次检验中，有8组结果的CPR值是显著大于1的，表明在大多数样本期中，私募基金的业绩并没有表现出明显的持续性。此外，我们还注意到，（2018）~2019年期间Z检验P值小于0.05，CPR指标为0.33，显著小于1。这一结果表明私募基金的收益率在2018~2019年出现了反转，在2018年处于赢组的基金只有17.4%能够在2019年继续属于赢组，且在2018年处于输组的基金有19.0%在2019年继续属于输组。2018年，在中美贸易摩擦、金融"去杠杆"的大背景下，我国股票市场自开年起震荡下跌，上证综指全年累计跌幅达24.6%，创近十年来年度最大跌幅。进入2019年，股票市场开始回暖，电子、食品饮料、家用电器等行业板块的涨幅超过50%，以此类股票为重仓股的基金，业绩能够在2019年实现扭转。类似地，在（2008）~2009年、（2013）~2014年、（2016）~2017年、（2017）~2018年和（2018）~2019年，私募基金业绩同样表现出反转。

表4-2　　　　股票型私募基金业绩持续性的绩效二分法检验
（排序期为一年）：2008~2024年

（排序期）~检验期	CPR	Z统计量	P值	WW组比例（%）	LL组比例（%）	WL组比例（%）	LW组比例（%）
（2008）~2009	0.18	-3.72	0.000	13.6	15.9	34.1	36.4
（2009）~2010	2.25*	2.63	0.009	31.4	28.6	21.1	18.9
（2010）~2011	0.92	-0.35	0.729	25.3	23.7	26.3	24.7
（2011）~2012	2.83*	5.90	<0.001	31.1	31.6	18.4	18.9
（2012）~2013	1.28*	1.73	0.084	27.3	25.8	24.2	22.7
（2013）~2014	0.60	-3.61	<0.001	23.8	19.8	30.2	26.2
（2014）~2015	1.29*	1.93	0.054	28.8	24.4	25.6	21.2
（2015）~2016	0.88	-1.14	0.255	26.9	21.6	28.4	23.1
（2016）~2017	0.69	-5.48	<0.001	23.9	21.5	28.5	26.1
（2017）~2018	0.62	-7.75	<0.001	25.0	19.2	30.8	25.0
（2018）~2019	0.33	-19.79	<0.001	17.4	19.0	31.0	32.6

续表

（排序期）~检验期	CPR	Z 统计量	P 值	WW 组比例(%)	LL 组比例(%)	WL 组比例(%)	LW 组比例(%)
（2019）~2020	2.89*	18.33	<0.001	34.7	28.1	21.9	15.3
（2020）~2021	1.23*	4.34	<0.001	27.5	25.1	24.9	22.5
（2021）~2022	1.23*	4.98	<0.001	27.3	25.3	24.7	22.7
（2022）~2023	3.08*	29.37	<0.001	32.6	31.1	18.9	17.4
（2023）~2024	0.55	-8.72	<0.001	25.9	17.0	33.0	24.1

注：*表示在排序期和检验期，基金的业绩在5%的显著性水平下具有持续性。

（2019）~2020年期间，在2019年收益率属于赢组的私募基金中，34.7%的基金在2020年收益率依旧排名前50%。2019年，股票市场结构性行情明显，消费、科技板块涨幅靠前，核心蓝筹股受到投资者欢迎，周期板块整体较弱。2020年，大量白酒股、啤酒股涨幅接近翻倍，消费、医药、科技板块也大幅上涨。在新冠疫情席卷全球之时，我国A股成为全球资产的避风港，大量境外资金涌入，集中投资于数量有限的核心资产、龙头企业。在一定程度上，这些基金拉动了这类股票价格的进一步上涨。在这样的市场行情下，以食品饮料、消费、医药、科技股为核心投资标的的基金能够在2019~2020年延续其优秀的业绩表现。在样本期（2022）~2023年，CPR指标为3.08，显著大于1，有32.6%在2022年排名前50%的基金继续在2023年排名前50%，高于25%。而在最新一个样本期（2023）~2024年，CPR指标为0.55，显著小于1，有25.9%在2023年排名前50%的基金继续在2024年排名前50%。究其原因，2022~2023年政策主导的行业β红利显著，基金通过押注赛道即可实现高持续性。2023~2024年经济复苏速度放缓，政策效果边际递减，对基金经理的α挖掘能力（如个股定价、风险控制）提出更高要求，导致持续性指标回落。综合多个样本期的检验结果我们判断，当排序期为一年、检验期为一年时，股票型私募基金收益排名随机性强，基金的收益率并没有很强的持续性。

由于以一年为排序期时间相对较短，且基金一年的业绩波动性相对较高，我们又以三年作为排序期、一年作为检验期，考察股票型私募基金在前三年的总收益率排名是否与下一年的收益率排名显著相关，结果展示在图4-2和表4-3中。结合图4-2和表4-3，我们发现，在14个样本期中，5个样本期的检验结果不显著，3个样本期CPR指标显著小于1，5个样本期CPR指标显著大于1，能够看出大多数样本期内私募基金的业绩并不能在下一年持续下去。

第四章 私募基金业绩的持续性

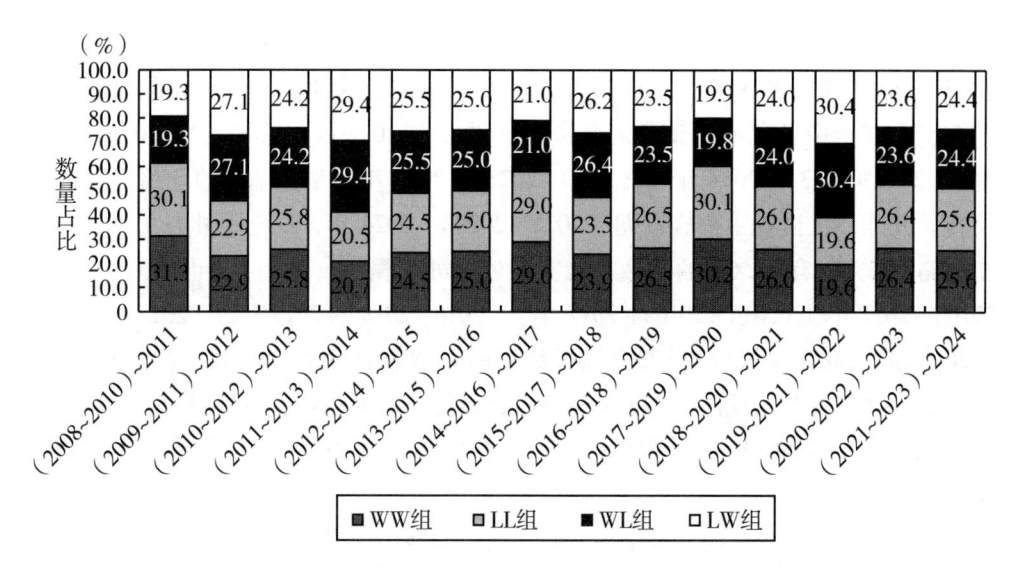

图 4-2 股票型私募基金业绩持续性的绩效二分法检验各组比例
（排序期为三年）：2008~2024 年

注：横坐标所示时间周期中括号内的年份表示排序期，括号外的年份表示检验期。

表 4-3 股票型私募基金业绩持续性的绩效二分法检验（排序期为三年）：2008~2024 年

（排序期）~检验期	CPR	Z 统计量	P 值	WW 组 比例(%)	LL 组 比例(%)	WL 组 比例(%)	LW 组 比例(%)
（2008~2010）~2011	2.54*	2.07	0.039	31.3	30.1	19.3	19.3
（2009~2011）~2012	0.71	-1.01	0.311	22.9	22.9	27.1	27.1
（2010~2012）~2013	1.14	0.51	0.609	25.8	25.8	24.2	24.2
（2011~2013）~2014	0.49	-3.74	0.000	20.7	20.5	29.4	29.4
（2012~2014）~2015	0.92	-0.51	0.610	24.5	24.5	25.5	25.5
（2013~2015）~2016	0.99	0.01	0.999	25.0	25.0	25.0	25.0
（2014~2016）~2017	1.91*	3.87	0.0001	29.0	29.0	21.0	21.0
（2015~2017）~2018	0.81	-1.53	0.1252	23.9	23.5	26.4	26.2
（2016~2018）~2019	1.28*	2.80	0.005	26.5	26.5	23.5	23.5
（2017~2019）~2020	2.31*	9.92	<0.0001	30.2	30.1	19.8	19.9
（2018~2020）~2021	1.17	2.21	0.027	26.0	26.0	24.0	24.0
（2019~2021）~2022	0.42	-13.81	<0.0001	19.6	19.6	30.4	30.4
（2020~2022）~2023	1.26*	4.00	<0.0001	26.4	26.4	23.6	23.6
（2021~2023）~2024	1.10	0.83	0.4044	25.6	25.6	24.4	24.4

注：*表示在排序期和检验期，基金的业绩在 5% 的显著性水平下具有持续性。

在业绩出现反转的期间，如（2019~2021）~2022年，CPR指标为0.42，显著小于1，属于WW组和LL组的基金占比均为19.6%，说明2019~2021年收益排名前50%的基金中只有不到20%的基金能够继续在2022年继续排名前50%。类似地，（2011~2013）~2014年和（2019~2021）~2022年，私募基金的业绩同样出现反转。此外，在最新一个样本期（2021~2023）~2024年，Z统计量为0.83，CPR指标略大于1，有25.6%的基金在检验期依旧处于赢组（输组）。同时，（2008~2010）~2011年、（2014~2016）~2017年、（2016~2018）~2019年、（2017~2019）~2020年和（2020~2022）~2023年检验结果的CPR指标显著大于1，在此期间私募基金的收益率具有持续性。基于上述分析，当排序期为三年、检验期为一年时，股票型私募基金的业绩具有持续性。因此，在检验期较长时，更容易用收益指标找到优秀的基金。

根据对绩效二分法的检验结果分析，我们发现，选择一年作为排序期，股票型私募基金在下一年的业绩并不具有显著的持续性。换言之，在过去一年里投资收益率排名靠前的基金，在下一年里的收益率排名并不一定靠前，投资者根据过往一年的业绩排名选择基金，无法保证在未来获得同水平的收益。当选择三年为排序期时，我们发现基金业绩的持续性有所提高。

二、收益率持续性的Spearman相关性检验

接下来，我们采用Spearman相关系数检验继续对股票型私募基金排序期和检验期的业绩持续性进行检验。Spearman相关系数检验是最早用于检验基金业绩表现持续性的方法之一，在检验中，Spearman相关系数对原始变量的分布不作要求，是衡量两个变量的相互关联性的非参数指标，它利用单调方程评价两个统计变量的相关性。当样本的分布不服从正态分布、总体分布类型未知或为有序数据时，使用Spearman相关系数较为有效。Spearman相关系数的绝对值越大，说明两个变量间的相关性越强。当两个变量完全相关时，Spearman相关系数的数值则为1或-1。Spearman相关系数的取值范围为-1~1。

Spearman相关性检验包括以下四步。

第一步：定义排序期为一年或三年，计算排序期内样本基金的收益率排名。

第二步：定义检验期为排序期的下一年，追踪检验期内样本基金的收益率排名。

第三步：计算基金在排序期的排名与检验期的排名之间的Spearman相关系数。以排序期和检验期都为一年为例，Spearman相关性检验统计量为：

$$\rho_t = 1 - \frac{6\sum_{i=1}^{n_t} d_{i,t}^2}{n_t(n_t^2 - 1)} \tag{4.4}$$

其中，$d_{i,t}=r_{i,t-1}-r_{i,t}$，$r_{i,t-1}$ 和 $r_{i,t}$ 分别为基金 i 在第 $t-1$ 年和第 t 年的收益率排序，n_t 为第 t 年中基金的数量。如果 Spearman 相关系数显著大于 0，表明基金的排名具有持续性；反之，表明基金的排名出现反转；如果相关系数接近于 0，则表明基金收益率的排名在排序期和检验期并没有显著的相关性。

第四步：逐年滚动检验基金排序期与检验期收益率排名的 Spearman 相关系数。

在这里，投资者最关心的问题是，如果投资于过去收益率较高的基金，是否会在未来获得较高的收益？因此，我们检验股票型私募基金收益率在排序期的排名和检验期的排名是否相关。如果相关性显著，则表明排序期排名较高的基金在检验期同样会获得较高的排名。投资者只要投资过去收益率较高的基金，在未来就会同样获得较高的收益。

当排序期和检验期都为一年时，2008~2024 年股票型私募基金业绩持续性的 Spearman 相关系数检验结果如表 4-4 所示。结果显示，在 5% 的显著性水平下，16 次检验中，有 7 个样本期中的 Spearman 相关系数为正且显著，但在大部分检验中，私募基金的收益率没有持续性。这 7 个私募基金业绩具有持续性的样本期分别为（2009）~2010 年、（2011）~2012 年、（2019）~2020 年、（2020）~2021 年、（2021）~2022 年、（2022）~2023 年和（2023）~2024 年。2011 年，沪深 300 指数下挫 19%，不少机构投资者和个人投资者在惨淡的行情下损失惨重。进入 2012 年，我国股票市场一路震荡，一年来上涨和下跌的行情此起彼伏。相比较而言，2012 年，地产、金融板块表现抢眼，而家用电器、医药生物等消费板块则相对低迷。检验结果显示，2011 年收益率较高的私募基金在 2012 年收益率也仍然较高，这是因为 2010 年股指期货和融资融券推出后，采用对冲策略的私募基金能够通过对冲工具减小股票市场的波动，以持续性地获得正收益；2011 年收益率偏低的私募基金在 2012 年业绩仍然不佳，原因则在于 A 股市场在 2011 年表现疲软，且在 2012 年间也存在阴跌行情，如果没能把握好股票买卖的时机，则会造成净值接连下跌。在样本期（2022）~2023 年，T 检验 P 值小于 0.05，Spearman 相关系数为 29.9%。在最新一个样本期（2023）~2024 年，T 检验 P 值小于 0.05，Spearman 相关系数为 7.0%。2022~2023 年，市场整体波动较大，美联储加息也导致大宗商品价格波动。2023 年私募基金新备案管理人数量大幅减少，但基金数量和规模有所提升。这表明市场对私募基金的监管加强，导致部分小型或高风险策略的基金退出市场，留存的基金在策略选择和操作上更加谨慎，可能影响了整体收益率的持续性。2023 年，政府强调防范化解地方债务风险，推动城投债安全系数提高，信用债市场表现稳定。然而，这种政策导向可能使私募基金在资产配置上更加保守，减少了对高风险资产的配置，从而影响了收益率的持续性。

表4-4　　股票型私募基金业绩持续性的Spearman相关性检验
（排序期为一年）：2008~2024年

（排序期）~检验期	Spearman 相关系数	T检验P值
（2008）~2009	-0.484	<0.0001
（2009）~2010	0.217*	0.004
（2010）~2011	-0.074	0.197
（2011）~2012	0.338*	<0.0001
（2012）~2013	0.017	0.628
（2013）~2014	-0.116	0.001
（2014）~2015	-0.034	0.307
（2015）~2016	-0.011	0.670
（2016）~2017	-0.003	0.838
（2017）~2018	-0.071	<0.0001
（2018）~2019	-0.266	<0.0001
（2019）~2020	0.315*	<0.0001
（2020）~2021	0.061*	<0.0001
（2021）~2022	0.034*	0.001
（2022）~2023	0.299*	<0.0001
（2023）~2024	0.070*	<0.0001

注：*表示在排序期和检验期，基金的业绩在5%的显著性水平下具有持续性。

同时，我们也发现一些样本期内基金的业绩出现了反转现象，即Spearman相关系数为负显著，如（2008）~2009年、（2013）~2014年、（2017）~2018年和（2018）~2019年，表明在这4个时间段内排序期排名较高（或较低）的基金在下一年的检验期排名反而较低（或较高）。2018~2019年，股票市场从熊市转为牛市，持有电子、食品饮料等涨幅较大行业板块股票的私募基金业绩能够实现大幅扭转，在2019年获得高额收益。除此之外，还有4个样本期的检验结果不显著。结合多个样本期检验结果，我们可以得出结论：以一年为排序期、一年为检验期时，大多数情况下我国股票型私募基金的收益率不具有持续性。

接下来，我们将排序期延长为三年、检验期仍为一年，考察股票型私募基金在前三年的总收益率排名是否与下一年的收益率排名显著相关,结果如表 4-5 所示。我们发现,在 14 次检验中,有 5 次检验显示,基金前三年的收益与下一年的收益没有显著的正相关关系,即基金业绩不具有持续性。在 5% 的显著性水平下,有 8 次检验的 Spearman 相关系数是正显著的,样本期为(2008~2010)~2011 年、(2010~2012)~2013 年、(2014~2016)~2017 年、(2016~2018)~2019 年、(2017~2019)~2020 年、(2018~2020)~2021 年、(2020~2022)~2023 年和(2021~2023)~2024 年,相关系数分别为 23.7%、7.2%、10.6%、5.5%、23.6%、4.3%、9.3% 和 9.0%。整体来看,在大多数样本期,基金排序期和检验期的收益率是显著正相关的,由此,我们认为以三年为排序期,股票型私募基金的业绩具有持续性。这一结论与绩效二分法检验的结果保持一致。

表 4-5　　股票型私募基金业绩持续性的 Spearman 相关性检验
（排序期为三年）：2008~2024 年

（排序期）~检验期	Spearman 相关系数	T 检验 P 值
(2008~2010)~2011	0.237*	0.031
(2009~2011)~2012	-0.104	0.222
(2010~2012)~2013	0.072*	0.262
(2011~2013)~2014	-0.148	0.001
(2012~2014)~2015	0.004	0.918
(2013~2015)~2016	-0.041	0.359
(2014~2016)~2017	0.106*	0.010
(2015~2017)~2018	-0.059	0.086
(2016~2018)~2019	0.055*	0.012
(2017~2019)~2020	0.236*	<0.0001
(2018~2020)~2021	0.043*	0.016
(2019~2021)~2022	-0.246	<0.0001
(2020~2022)~2023	0.093*	<0.0001
(2021~2023)~2024	0.090*	0.002

注：* 表示在排序期和检验期,基金的业绩在 5% 的显著性水平下具有持续性。

上述检验显示,当排序期是一年时,无法表明股票型私募基金的收益率在下一年具有确定的持续性。虽然在个别年份中基金的业绩表现出持续的特征,但持续性的相关系数都较低。这意味着私募基金过去的短期收益不能帮助我们预测基金在下一年的业绩。投资者如果投资过去一年收益排名较高的基金,并不能保证在下一年里会继续获得较高的收益。然而，当检验期为三年时，我们发现，有超过50%的检验展示出了基金业绩的可持续性。

三、收益率持续性的描述统计检验

至此，我们分别采用绩效二分法和Spearman相关系数两种方法对股票型私募基金收益率的持续性进行了检验，接下来，我们将采用更加直观的描述统计方法，分别从收益率和夏普比率两个方面分析私募基金的业绩可否持续。

与前两节一样，我们选取一年和三年作为排序期，检验期设置为一年。首先，在排序期，根据收益率进行排序，从高至低将基金分为4组，将第1组定义为收益率最高的组（收益率排名在前25%），以此类推，将第4组定义为收益率最低的组（收益率排名在后25%）。其次，我们观察每组基金在检验期的分组情况。如果基金的收益率具有持续性，那么在排序期属于第1组的基金，在检验期应该也有很高比例的基金属于第1组；反之，如果基金的收益率不具有持续性，则无论基金在排序期中处于什么组别，在检验期中的排名应该是随机分布的，也就是说，排序期处于第1组的基金，检验期处于各组的比例应为25%。由于本章讨论的重点是私募基金的收益率是否具有持续性，在这里我们主要关注基金在排序期和检验期所属组别的延续情况。

在2008~2024年期间，通过计算，我们得出16个在排序期收益率属于第1组的基金在检验期也属于第1组的比例，再计算这16个比例的平均值，可以获得2008~2024年收益率在排序期和检验期均属于第1组比例的均值。图4-3展示了一年排序期内属于第1组、第2组、第3组和第4组的基金在下一年检验期所属各组的比例。从图4-3可见，排序期属于收益率最高的第1组的基金在检验期有30.3%的基金仍属于第1组，高于随机分布下对应的25%；排序期属于收益率最低的第4组的基金在检验期有26.2%的基金仍属于第4组，略高于25%。接下来，我们采用T检验，进一步检查这两个比例是否在统计上显著区别于25%。

表4-6展示了排序期为一年、检验期为一年时，股票型私募基金收益率在检验期组别变化的T检验结果。结果显示，在5%的显著性水平下，只有排序期处于第3组的基金在检验期仍处于第3组的占比结果通过了T检验，P值为0.014。而我们特别关注的排序期和检验期都处于收益率最高的第1组或是收益率最低的第4组的基金占比，其T检验的P值分别为0.075和0.651，均大于0.05，未能通过显著性检验。这说明，尽管在排序期属于最好的第1组的基金有30.3%在检验期仍然属于第1组，但这一概率与随机分布下对应的概率（25%）没有显著区别。也就是

说，无论基金在排序期属于什么组别，其在检验期组别的分布都是随机的。通过分析我们认为，过去一年私募基金在排序期的组别分布与其在检验期的组别分布并没有直接的联系，私募基金在检验期中基本上随机分布于4个组别，即股票型私募基金的收益率不具有持续性。

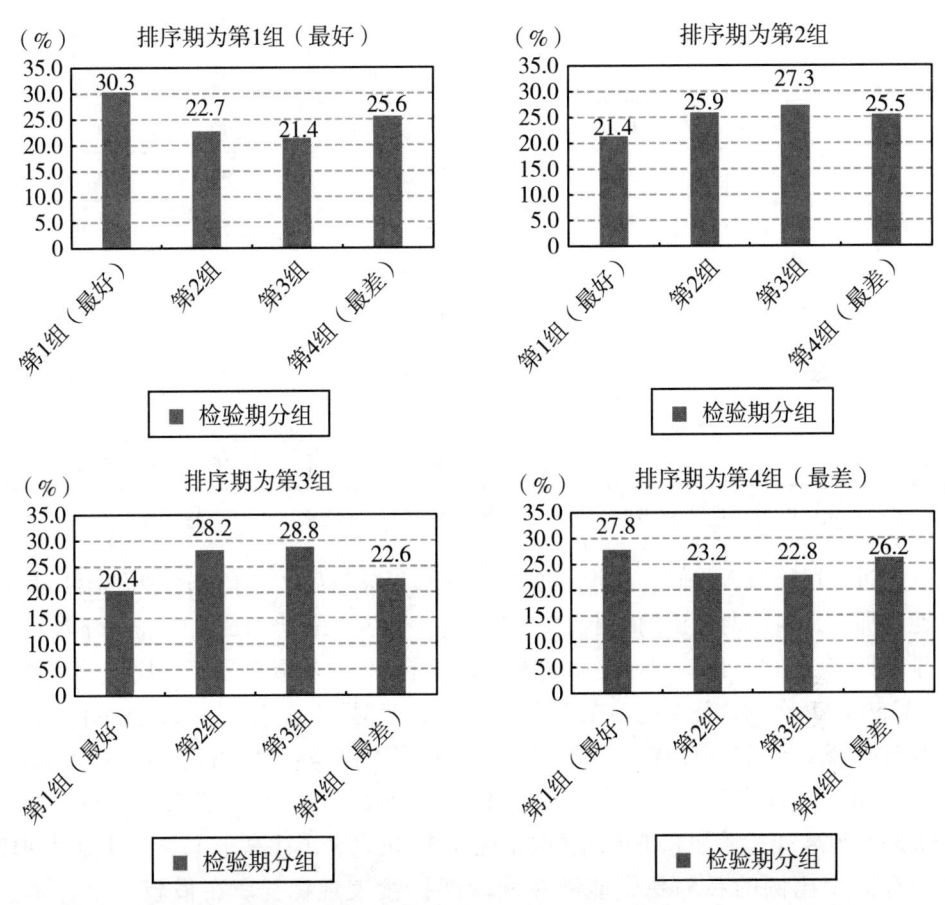

图 4-3 股票型私募基金业绩在检验期组别变化的分布（排序期为一年）：2008~2024 年

表 4-6　　股票型私募基金业绩在检验期组别变化的 T 检验
（排序期为一年）：2008~2024 年

排序期组别	检验期组别	平均百分比（%）	t 值	T 检验 P 值
1 （最好基金组）	1	30.3	1.91	0.075
	2	22.7	-1.18	0.255
	3	21.4	-1.89	0.079
	4	25.6	0.24	0.812

续表

排序期组别	检验期组别	平均百分比（%）	t 值	T 检验 P 值
2	1	21.4	-3.59	0.003
2	2	25.9	0.70	0.493
2	3	27.3	2.03	0.060
2	4	25.5	0.27	0.794
3	1	20.4	-3.40	0.004
3	2	28.2	1.94	0.071
3	3	28.8*	2.80	0.014
3	4	22.6	-1.42	0.177
4（最差基金组）	1	27.8	1.16	0.264
4（最差基金组）	2	23.2	-1.02	0.322
4（最差基金组）	3	22.8	-1.65	0.119
4（最差基金组）	4	26.2	0.46	0.651

注：*表示在排序期和检验期，基金的业绩在5%的显著性水平下具有持续性。

通过上述检验，我们发现收益率排名在前25%与后25%的基金业绩不具有持续性，那么，当这两个比例缩小至5%时，这个结论是否仍旧成立？表4-7展示了在排序期属于前5%的基金在检验期排名仍在前5%的基金数量及占比统计，平均有11.5%的基金的收益率能够在排序期和检验期都排名前5%。换言之，在过去一年收益率最高的基金中，在下一年有89%的概率不再是最优秀的基金。具体来看，只有（2014）~2015年、（2019）~2020年、（2020）~2021年、（2022）~2023年和（2023）~2024年检验期和排序期排名都在前5%的基金占比高于15%，其他时间段内只有很少比例的私募基金能够在检验期持续表现优异。在最新一个样本期（2023）~2024年中，排序期184只排名前5%的基金中，在检验期有81只仍然排名前5%，占比为44.0%。综合多个样本期的检验结果来看，2008~2024年每年最优秀的私募基金在检验期的收益和排名变动都很大，对投资者而言没有参考价值。

表4-7　　　　收益率前5%的股票型私募基金在检验期仍属于
前5%的数量占比（排序期为一年）：2008~2024年

排序期	检验期	排序期中前5%的基金数量（只）	检验期中仍处于前5%的基金数量（只）	检验期中仍处于前5%的基金占比（%）
2008	2009	4	0	0.0
2009	2010	8	0	0.0

续表

排序期	检验期	排序期中前5%的基金数量（只）	检验期中仍处于前5%的基金数量（只）	检验期中仍处于前5%的基金占比（%）
2010	2011	15	1	6.7
2011	2012	27	3	11.1
2012	2013	38	1	2.6
2013	2014	40	5	12.5
2014	2015	46	7	15.2
2015	2016	69	8	11.6
2016	2017	179	18	10.1
2017	2018	221	11	5.0
2018	2019	278	20	7.2
2019	2020	271	46	17.0
2020	2021	353	58	16.4
2021	2022	473	41	8.7
2022	2023	613	99	16.2
2023	2024	184	81	44.0
平均值	—	—	—	**11.5**

在附录三中，我们具体汇报了2021~2024年，排序期为一年时，收益率在排序期排名前30位的基金在检验期的排名，并用★标记出检验期中仍排名前30位的基金。此外，在附录四中我们展示了当排序期为一年时，在排序期和检验期分别排名前30位的基金名单及收益率，同样用★标注出排序期和检验期都排名前30位的基金，以便读者参考。

接下来，我们对收益率排名后5%的基金在下一年的业绩排名进行检验，结果展示在表4-8中。我们发现，和收益率排名前5%的基金相比，每年收益率保持排名后5%的基金的比例有所提高，平均为13.6%，但整体占比仍不高。其中，5个样本期内检验期仍属于后5%的基金占比小于10%，同时有6个样本期基金仍排在后5%的基金占比超过了20%，相对较高。在最新一个样本期（2023）~2024年，有21.7%在排序期排名后5%的基金在检验期依旧排名在后5%。整体来看，当检验范围缩小至5%后，收益率排名垫底的基金收益依旧不具有持续性。

表 4-8　　　　收益率后 5% 的股票型私募基金在检验期仍属于
后 5% 的数量占比（排序期为一年）：2009~2024 年

排序期	检验期	排序期中后 5% 的基金数量（只）	检验期中仍处于后 5% 的基金数量（只）	检验期中仍处于后 5% 的基金占比（%）
2009	2010	8	0	0.0
2010	2011	15	1	6.7
2011	2012	27	6	22.2
2012	2013	38	1	2.6
2013	2014	40	3	7.5
2014	2015	46	0	0.0
2015	2016	69	7	10.1
2016	2017	179	29	16.2
2017	2018	221	48	21.7
2018	2019	278	58	20.9
2019	2020	271	62	22.9
2020	2021	353	43	12.2
2021	2022	473	75	15.9
2022	2023	613	147	24.0
2023	2024	184	40	21.7
平均值		—	—	13.6

我们将排序期延长至三年，继续检验股票型私募基金业绩的持续性。通过滚动计算，能够得出 14 个在排序期属于第 1 组的基金在检验期也属于第 1 组的比例，再计算这 14 个比例的平均值，可以获得 2009~2024 年排序期和检验期内基金收益率都属于第 1 组比例的均值。图 4-4 展示了在三年的排序期中属于第 1 组、第 2 组、第 3 组和第 4 组的基金在下一年所属各组的比例。其中，排序期属于收益率最高的第一组的基金中，有 30.1% 的基金在检验期仍然属于第 1 组，高于随机分布下对应的 25%；排序期属于收益最差的第 4 组的基金中，有 24.1% 的基金在检验期中仍然属于第 4 组，略低于随机分布下对应的 25%，但十分接近 25%。

为了检验基金分布的占比是否在统计意义上显著不等于 25%，我们同样对 2009~2024 年私募基金收益率在检验期组别的变化情况进行了 T 检验。表 4-9 的结果显示，我们关注的排序期收益率属于第 1 组的基金在检验期有 30.1% 的基金继续留在第 1 组，T 检验 P 值为 0.030，小于 0.05，显著大于 25%；同时，排序期和检验期都属于第 4 组的基金占比的 T 检验 P 值大于 0.05，在 95% 的置信条件下，

第四章 私募基金业绩的持续性

并不显著区别于25%。因此，我们可以得出结论：排序期为三年时，收益率排名靠前的私募基金在下一年有较大概率延续其排名水平，投资者在购买基金时，能够以此为依据去选择特定的基金。

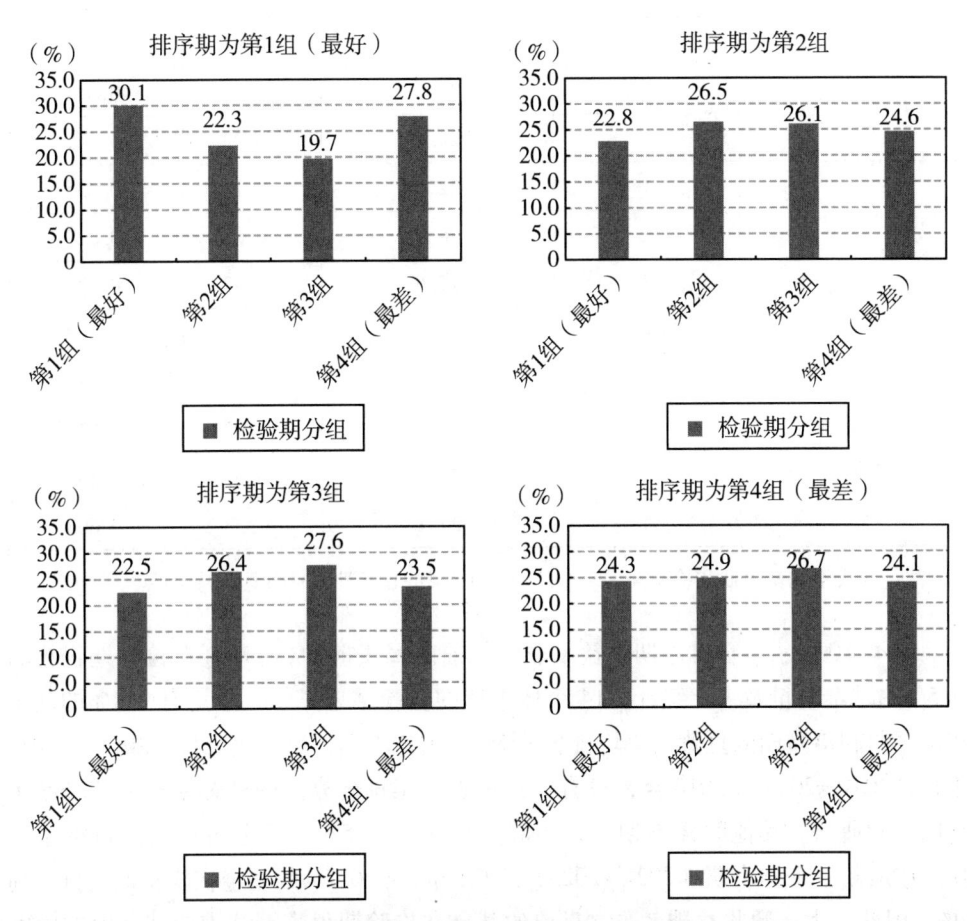

排序期为第1组（最好）

组别	百分比(%)
第1组（最好）	30.1
第2组	22.3
第3组	19.7
第4组（最差）	27.8

排序期为第2组

组别	百分比(%)
第1组（最好）	22.8
第2组	26.5
第3组	26.1
第4组（最差）	24.6

排序期为第3组

组别	百分比(%)
第1组（最好）	22.5
第2组	26.4
第3组	27.6
第4组（最差）	23.5

排序期为第4组（最差）

组别	百分比(%)
第1组（最好）	24.3
第2组	24.9
第3组	26.7
第4组（最差）	24.1

图 4-4　股票型私募基金业绩在检验期组别变化的分布
（排序期为三年）：2009~2024 年

表 4-9　　股票型私募基金业绩在检验期组别变化的 T 检验
（排序期为三年）：2009~2024 年

排序期组别	检验期组别	平均百分比（%）	t 值	T 检验 P 值
1 （最好基金组）	1	30.1*	2.44	0.030
	2	22.3	-1.91	0.078
	3	19.7	-5.40	0.000
	4	27.8	1.32	0.210

续表

排序期组别	检验期组别	平均百分比（%）	t 值	T 检验 P 值
2	1	22.8	-1.29	0.220
2	2	26.5	0.81	0.435
2	3	26.1	0.57	0.581
2	4	24.6	-0.23	0.822
3	1	22.5	-2.11	0.055
3	2	26.4	0.65	0.527
3	3	27.6	1.97	0.070
3	4	23.5	-1.07	0.303
4（最差基金组）	1	24.3	-0.41	0.685
4（最差基金组）	2	24.9	-0.07	0.944
4（最差基金组）	3	26.7	0.97	0.351
4（最差基金组）	4	24.1	-0.53	0.603

注：*表示在排序期和检验期，基金的业绩在5%的显著性水平下具有持续性。

表4-10展示了在排序期收益率非常靠前的属于前5%的基金在检验期仍排名前5%的基金数量及占比统计。14个样本期的检验结果显示，平均有9.4%的基金在排序期和检验期的夏普比率均排名前5%，占比不高，且在（2009~2011）~2012年和（2010~2012）~2013年，没有一只过去三年排名靠前的基金在下一年延续了其优秀的业绩。其他样本期中，检验期仍排名前5%的基金占比的随机性也较强。在最新一个样本期（2021~2023）~2024年，有6.7%的基金在检验期仍排名前5%。因此，大多数收益排名非常靠前的基金在检验期很难继续维持其之前的收益水平，收益率排名非常靠前的基金的业绩不具有持续性。

表4-10　收益率前5%的股票型私募基金在检验期仍属于前5%的数量占比（排序期为三年）：2008~2024年

排序期	检验期	排序期中前5%的基金数量（只）	检验期中仍处于前5%的基金数量（只）	检验期中仍处于前5%的基金占比（%）
2008~2010	2011	4	1	25.0
2009~2011	2012	7	0	0.0
2010~2012	2013	12	0	0.0
2011~2013	2014	23	3	13.0

续表

排序期	检验期	排序期中前5%的基金数量（只）	检验期中仍处于前5%的基金数量（只）	检验期中仍处于前5%的基金占比（%）
2012~2014	2015	27	6	22.2
2013~2015	2016	25	3	12.0
2014~2016	2017	29	1	3.4
2015~2017	2018	42	1	2.4
2016~2018	2019	105	8	7.6
2017~2019	2020	117	16	13.7
2018~2020	2021	159	19	11.9
2019~2021	2022	208	10	4.8
2020~2022	2023	247	22	8.9
2021~2023	2024	60	4	6.7
平均值		—	—	**9.4**

收益排名领先的基金业绩没有持续性，那么，收益垫底的基金业绩是否能够持续呢？从表4-11可以看出，平均有15.4%的基金在排序期和检验期都排在后5%。具体来看，仅有3个样本期中的基金占比超过了20%，分别为（2008~2010）~2011年、（2017~2019）~2020年和（2021~2023）~2024年。总体而言，在2008~2024年期间，基金业绩持续排名最差（后5%）的基金中，能够在检验期延续其业绩的基金占比仍旧较低，因此收益率排名处于末位的股票型私募基金的业绩同样不具有持续性。

表4-11　　收益率后5%的股票型私募基金在检验期仍属于后5%的数量占比（排序期为三年）：2008~2024年

排序期	检验期	排序期中后5%的基金数量（只）	检验期中仍处于后5%的基金数量（只）	检验期中仍处于后5%的基金占比（%）
2008~2010	2011	4	1	25.0
2009~2011	2012	7	1	14.3
2010~2012	2013	12	1	8.3
2011~2013	2014	23	1	4.3
2012~2014	2015	27	1	3.7
2013~2015	2016	25	2	8.0

续表

排序期	检验期	排序期中后5%的基金数量（只）	检验期中仍处于后5%的基金数量（只）	检验期中仍处于后5%的基金占比（%）
2014~2016	2017	29	3	10.3
2015~2017	2018	42	7	16.7
2016~2018	2019	105	17	16.2
2017~2019	2020	117	40	34.2
2018~2020	2021	159	19	11.9
2019~2021	2022	208	21	10.1
2020~2022	2023	247	49	19.8
2021~2023	2024	60	20	33.3
平均值		—	—	15.4

四、夏普比率持续性的描述统计检验

由于收益率是反映基金历史业绩最为直观的指标，在前文中，我们分别采用了绩效二分法、Spearman相关性检验以及描述统计检验方法，对股票型私募基金的收益率是否具有持续性进行了检验。但是，投资者在进行基金投资时，除了关注基金能够赚取的收益以外，投资基金所承担的风险也十分重要。接下来，我们选取基金的夏普比率这一反映基金风险调整后收益的指标作为衡量基金业绩持续性的指标，采用描述统计检验方法对其是否具有持续性进行检验。

对于夏普比率持续性的描述统计检验，我们同样选取一年和三年作为排序期、一年为检验期。当排序期为一年时，可以计算得出16个在排序期夏普比率属于第1组的基金在检验期也属于第1组的比例，再计算这16个比例的平均值，可以获得2008~2024年排序期和检验期夏普比率均属于第1组比例的均值。表4-12展示了排序期夏普比率属于第1组、第2组、第3组和第4组的基金在检验期所属各组的比例及T检验P值。在这里，我们重点关注的是基金在检验期是否能够延续其在排序期的组别。结果显示，排序期夏普比率属于第1组的基金在检验期有31.2%的基金继续留在第1组，大于随机分布下对应的25%，且T检验P值为0.004，表明过去一年夏普比率排名前25%的基金在未来一年有31.2%的概率依旧排名靠前。同时，排序期夏普比率属于第4组的基金在检验期有33.9%的基金继续留在第4组，该比例显著大于25%，其T检验P值为0.004，说明过去一年夏普比率排在后

25%的基金在未来一年有33.9%的概率仍然排名靠后。因此，我们可以得出结论：过去一年夏普比率较高或较低的基金，在未来一年也有很大概率延续其过往优秀或不佳的业绩，投资者在筛选基金时可以参考基金在过去一年的夏普比率。

表4-12 　　　股票型私募基金夏普比率在检验期组别变化的T检验
（排序期为一年）：2008~2024年

排序期组别	检验期组别	平均百分比（%）	t值	T检验P值
1 （最好基金组）	1	31.2*	3.38	0.004
	2	27.7	2.26	0.039
	3	22.6	-1.91	0.075
	4	19.7	-3.01	0.009
2	1	25.2	0.20	0.843
	2	26.7	0.97	0.347
	3	26.5	1.33	0.204
	4	21.7	-1.59	0.134
3	1	25.0	0.03	0.980
	2	25.4	0.33	0.744
	3	26.0	0.77	0.456
	4	23.5	-0.93	0.366
4 （最差基金组）	1	19.6	-2.93	0.010
	2	21.2	-2.71	0.016
	3	25.3	0.18	0.857
	4	33.9*	3.45	0.004

注：*表示在排序期和检验期，基金的业绩在5%的显著性水平下具有持续性。

接下来，我们分别选出2008~2024年期间排序期夏普比率位于前5%和后5%的基金与它们在检验期的排名进行对比，进一步分析夏普比率排名非常靠前与靠后的基金的业绩能否持续。表4-13展示了排序期为一年时，夏普比率排名前5%的基金在下一年仍然排名前5%的基金数量和占比，平均有16.3%的基金能够在检验期继续排到前5%的位置。其中，在（2008）~2009年、（2009）~2010年、（2010）~2011年和（2012）~2013年期间，没有一只基金的夏普比率能够在检验期继续保留在前5%的位置。其他12个样本期内，有5个样本期的基金占比超过了20%，集中在近几年间。在最新一个样本期（2023）~2024年，有52.7%的基金在检验期继续排名靠前，占比较高，这段时间夏普比率非常靠前的私募基金业绩持续性较强。

2023~2024年，私募基金行业监管趋严，行业进入"扶优限劣"的新常态。这种监管环境促使私募基金管理人更加注重合规运营和风险管理，从而提升了整个行业的质量。规模较大、投研能力较强的私募基金在这一过程中更具优势，其业绩表现也更为稳定。2024年，宏观策略表现尤为突出，其不受单一资产限制，能够在股票、债券、外汇和大宗商品等多个资产类别之间灵活配置，展现出强大的适应性和盈利能力。这种策略的灵活性使得部分私募基金能够在复杂的市场环境中保持较高的夏普比率。总体而言，当检验范围缩小至前5%时，夏普比率排名领先的私募基金不一定能在下一年持续稳定获得高夏普比率。附录五具体展示了以一年为排序期时，2021~2024年夏普比率排名前30位的私募基金在检验期的排名，并用★标记出在检验期夏普比率仍排名前30位的基金，供读者参阅。

表 4-13　　　　夏普比率前5%的股票型私募基金在检验期仍属于
　　　　　　　　前5%的数量占比（排序期为一年）：2008~2024年

排序期	检验期	排序期中前5%的基金数量（只）	检验期中仍处于前5%的基金数量（只）	检验期中仍处于前5%的基金占比（%）
2008	2009	4	0	0.0
2009	2010	8	0	0.0
2010	2011	15	0	0.0
2011	2012	27	4	14.8
2012	2013	38	0	0.0
2013	2014	40	4	10.0
2014	2015	46	6	13.0
2015	2016	69	9	13.0
2016	2017	179	23	12.8
2017	2018	221	17	7.7
2018	2019	278	69	24.8
2019	2020	271	66	24.4
2020	2021	353	56	15.9
2021	2022	473	131	27.7
2022	2023	613	268	43.7
2023	2024	184	97	52.7
平均值		—	—	**16.3**

类似地，我们对排序期夏普比率排名在后5%的私募基金是否在检验期还排名后5%进行了检验，结果如表4-14所示。16次检验中，平均有13.5%的基金在排序期和检验期都排名后5%，这一比例并不高。不同的样本区间内，夏普比率持续处于后5%的占比各不相同，有3个样本期的基金占比超过了20%。最新一个样本期（2023）~2024年，有19.6%的基金的夏普比率继续在检验期排名垫底。综合多个样本期的检验结果，我们认为，当以25%为区间对私募基金的夏普比率进行划分时，夏普比率属于最低的第4组的基金展现出了业绩的持续性，但是，当对基金划分区间的范围缩小至后5%时，这一持续性并不明显。

表4-14　　　　　夏普比率后5%的股票型私募基金在检验期仍属于后5%的数量占比（排序期为一年）：2008~2024年

排序期	检验期	排序期中后5%的基金数量（只）	检验期中仍处于后5%的基金数量（只）	检验期中仍处于后5%的基金占比（%）
2008	2009	4	0	0.0
2009	2010	8	1	12.5
2010	2011	15	1	6.7
2011	2012	27	4	14.8
2012	2013	38	8	21.1
2013	2014	40	4	10.0
2014	2015	50	3	6.0
2015	2016	69	7	10.1
2016	2017	179	23	12.8
2017	2018	221	34	15.4
2018	2019	278	59	21.2
2019	2020	271	63	23.2
2020	2021	353	54	15.3
2021	2022	473	63	13.3
2022	2023	613	90	14.7
2023	2024	184	36	19.6
平均值		—	—	13.5

在接下来的分析中，我们将排序期延长至三年、检验期仍为一年，继续对股票

型私募基金夏普比率的持续性进行检验。表4-15展示了排序期为三年时基金在检验期属于第1组、第2组、第3组和第4组的情况及T检验结果。在这里，我们同样重点关注基金排序期组别在检验期的延续情况。可以发现，排序期属于夏普比率最高的第1组的基金，在检验期有32.6%的比例仍然属于第1组，T检验P值为0.001，在5%的显著性水平下显著高于随机分布下的25%，表明过去三年夏普比率属于第1组的基金在未来一年有32.6%的基金仍能够进入排名最高的第1组。观察排序期和检验期夏普比率都属于第4组的基金，平均有28.4%的基金在检验期还属于第4组，但其T检验P值为0.153，大于5%，未能通过显著性检验。这一结果表明，过去三年夏普比率较低的基金在未来一年的夏普比率不一定仍然偏低。

表4-15 股票型私募基金夏普比率在检验期组别变化的T检验
（排序期为三年）：2008~2024年

排序期组别	检验期组别	平均百分比（%）	t值	T检验P值
1 （最好基金组）	1	32.6*	4.55	0.001
	2	24.8	-0.25	0.807
	3	22.1	-2.09	0.057
	4	20.5	-2.48	0.028
2	1	23.7	-1.00	0.336
	2	27.9	1.89	0.081
	3	24.7	-0.14	0.888
	4	23.7	-0.75	0.467
3	1	21.7	-2.56	0.024
	2	24.7	-0.24	0.816
	3	26.1	0.78	0.451
	4	27.4	1.37	0.193
4 （最差基金组）	1	21.7	-2.25	0.042
	2	22.8	-1.50	0.158
	3	27.2	2.09	0.057
	4	28.4	1.52	0.153

注：*表示在排序期和检验期，基金的业绩在5%的显著性水平下具有持续性。

当排序期为三年时，夏普比率排名前25%的基金业绩具有一定的持续性，那么，夏普比率排名前5%的基金的业绩是否也能够持续呢？表4-16显示，14个样本期中，平均只有16.3%的基金能够在检验期继续排到前5%的位置，其中，

8个样本期内检验期仍处于前5%的基金占比都不超过20%，随机性较强。最新一个样本期（2021~2023）~2024年，有30.0%的基金延续了其排序期优秀的业绩表现，这段时期夏普比率排名在前5%的基金业绩持续性较强。但是，综合来看，前三年夏普比率排名非常靠前的基金中仅有很少一部分能够在检验期仍然排名在前5%，据此，我们认为夏普比率排名最前列的股票型私募基金的业绩不具有持续性。

表4-16　　夏普比率前5%的股票型私募基金在检验期仍属于前5%的数量占比（排序期为三年）：2008~2024年

排序期	检验期	排序期中前5%的基金数量（只）	检验期中仍处于前5%的基金数量（只）	检验期中仍处于前5%的基金占比（%）
2008~2010	2011	4	0	0.0
2009~2011	2012	7	0	0.0
2010~2012	2013	12	0	0.0
2011~2013	2014	23	4	17.4
2012~2014	2015	27	8	29.6
2013~2015	2016	25	4	16.0
2014~2016	2017	29	0	0.0
2015~2017	2018	43	9	20.9
2016~2018	2019	105	23	21.9
2017~2019	2020	117	16	13.7
2018~2020	2021	159	37	23.3
2019~2021	2022	208	38	18.3
2020~2022	2023	247	90	36.4
2021~2023	2024	60	18	30.0
平均值	—	—	—	16.3

表4-17展示了排序期为三年时，夏普比率排名后5%的基金在下一年仍然排名后5%的基金数量和占比。从中可见，在2008~2024年期间，当排序期为三年时，平均有19.6%的基金的夏普比率在检验期和排序期均处于后5%，与排名位于前5%的基金相比略有提高。但是，可以观察到，检验期中仍处于后5%的基金占比的随机性较强，最高占比达到50.0%，最低仅为7.1%。因此，我们认为，夏普比率排名后5%的基金的业绩持续性具有很大的随机性。

表 4-17　夏普比率后 5% 的股票型私募基金在检验期仍属于后 5% 的数量占比（排序期为三年）：2008~2024 年

排序期	检验期	排序期中后 5% 的基金数量（只）	检验期中仍处于后 5% 的基金数量（只）	检验期中仍处于后 5% 的基金占比（%）
2008~2010	2011	4	2	50.0
2009~2011	2012	7	1	14.3
2010~2012	2013	12	3	25.0
2011~2013	2014	23	3	13.0
2012~2014	2015	27	2	7.4
2013~2015	2016	25	6	24.0
2014~2016	2017	29	4	13.8
2015~2017	2018	42	3	7.1
2016~2018	2019	105	42	40.0
2017~2019	2020	117	25	21.4
2018~2020	2021	159	18	11.3
2019~2021	2022	208	17	8.2
2020~2022	2023	247	29	11.7
2021~2023	2024	60	16	26.7
平均值		—	—	19.6

五、小结

每年年底，财经媒体和第三方财富管理公司等机构都会发布私募基金的业绩排名，许多投资者也常以此作为投资参考，期望过去表现优异的基金在未来能延续良好表现。本章以此现象为切入点，探讨私募基金过往业绩是否对投资者具有参考价值。在研究过程中，我们以一年（或三年）作为业绩排序期，以排序期之后的一年作为检验期，通过四种方法——绩效二分法检验、Spearman 相关性检验、基金收益率描述统计检验和基金夏普比率描述统计检验，来分析私募基金过往业绩与未来业绩之间的关系。

在对私募基金收益率的检验中，我们观察基金收益率在排序期和检验期的关系，发现当排序期为一年时，2008~2024 年期间股票型私募基金的收益只在少部分年间表现出一定的持续性，且在部分年间出现了反转的现象；当排序期为三年时，收益率排名靠前（属于收益率排名在前25%的第1组）的私募基金在下一年有较大概率延续其排名水平。

在基金夏普比率的描述统计检验中，我们加入了对基金风险的考量，选取风险调整后的收益指标——夏普比率，作为衡量基金业绩的指标。结果显示，当排序期为一年时，过去一年夏普比率排名靠前（属于夏普比率排名在前25%的第1组）或靠后（属于夏普比率排名在最后25%的第4组）的基金在未来一年有较大概率仍然排名靠前或靠后；当排序期为三年时，过去三年夏普比率排名靠前的基金在未来一年有较大概率仍然排名靠前。由此看来，私募基金过去一段时间的夏普比率对投资者而言具有重要的参考价值，投资者在选取基金时，可以以此为依据选取或规避特定的私募基金。

第五章

道口私募基金指数

相较于公募基金,私募基金在信息披露方面受到的监管较少,其净值、持仓和管理规模等关键信息的透明度和可获取性较低。2016年2月实施的《私募投资基金信息披露管理办法》规定私募基金管理公司需在每季度结束后10个工作日内向投资者公布基金净值等信息,若管理规模超过5 000万元,则需在每月结束后5个工作日内披露。此规定使得投资者可以及时获取私募基金净值的信息,但私募基金的策略和持仓信息对投资者和监管机构依然不够透明。在美国等金融市场成熟的国家,这一问题同样存在。

随着我国私募基金行业的快速发展,投资者迫切需要一个完善且规范的私募基金指数来反映整个行业的业绩表现,追踪不同投资策略私募基金的收益和风险。建立和编制具有代表性的私募基金指数,对投资者、私募基金管理者和政府监管机构都具有重大意义。

对投资者而言,私募基金指数有助于他们根据不同的投资策略来构建资产组合。通过参考这些指数,投资者能够更全面地掌握私募基金的投资策略、风险和历史业绩,从而更准确地评估各基金的投资能力,并优化投资组合。私募基金管理者可以将私募基金指数作为业绩的比较基准,通过与指数对比,了解自己的投资策略是否能够战胜同行指数,以及投资组合是否能达到预期的收益和风险水平。这有助于他们评估和改进投资策略,提升业绩。政府监管机构则可以利用私募基金指数评估行业发展趋势,对潜在问题采取监管措施。通过分析指数变化,监管机构能够及时发现市场异常,采取政策调整和市场监管措施,保障市场稳定和健康发展。

因此,建立一套科学、客观、具有代表性的私募基金指数体系,具有重要的现实意义和理论价值。我们编制的道口私募基金系列指数,旨在展现中国私募证券投资基金的整体发展状况,依据投资策略分类,包括普通股票型私募基金指数、股票多空型私募基金指数、相对价值型私募基金指数、事件驱动型私募基金指数、债券型私募基金指数和CTA型私募基金指数,分别反映投资于股票、债券和期货等资产的私募基金的整体收益和风险情况。我们期望通过这一系列指数的建立,为投资者、私募基金管理者和政府监管机构提供有效的信息和决策参考。

一、道口私募基金指数编制方法

(一) 样本空间

在道口私募基金指数编制的样本选择规则方面，入选道口私募证券投资基金系列指数的基金需要同时满足三个条件。

第一，私募基金成立时间须超过6个月。以确保所选基金已度过建仓期，能够反映其真实的收益和风险情况。

第二，非分级基金（也称非结构化基金）。这是因为分级私募基金在汇报基金净值的时候可能存在口径不统一的现象（如只汇报母基金或子基金的情况）。

第三，非FOF、TOT、MOM等组合基金。以避免基金净值被重复纳入指数中，因为组合基金是投资于私募基金的基金，其净值反映的是其他私募基金的情况。

(二) 指数类别

我们以基金策略作为建立私募基金指数的分类依据。在选取分类依据时，我们参考了万得数据库中的私募证券投资基金策略分类。相应地，我们选取普通股票型基金构建普通股票型私募基金指数，选取股票多空型基金构建股票多空型私募基金指数，选取相对价值型基金构建相对价值型私募基金指数，选取事件驱动型基金构建事件驱动型私募基金指数，选取债券型基金构建债券型私募基金指数，选取商品型基金和宏观对冲型基金中的以商品期货为主要标的的私募基金构建CTA型私募基金指数。

(三) 样本选入

我们定义基金的成立日为万得数据中基金存在第1个净值的时间，该成立日6个月之后的第1个月末点开始将基金纳入指数中。也就是说，在私募基金成立后的第7个月，才能被纳入道口私募证券投资基金系列指数中。时隔6个月的原因是考虑到私募基金成立时需要一定时间的建仓期。

(四) 样本退出

当基金产品或基金公司有特殊事件发生时，我们需要对样本基金作必要的调整,这些事件包括但不限于以下几种。

基金清盘:当样本基金发生清盘时,则在其清盘日之后将其从相应的指数中剔除。

基金暂停公布净值:若样本基金因故暂停公布净值,则在其暂停公布净值期间将该基金从相应指数中剔除,当其正常公布净值后,再纳入指数。

合同的变更:当样本基金合同发生变更时,将该基金从相应的指数中剔除,并将变更后的基金视为一只新发行的基金,当满足相应条件时,再纳入相应的指数。

基金公司发生重大违规违法事件:对存在违规违法事件的基金公司所管理的私募基金,我们给予一定的考察期。在考察期内,相应基金从指数中剔除。当相关部门调查并处分之后,如果基金公司在一定时间内正常运营,则相应基金重新纳入指数。

(五)道口私募指数计算准则

1. 指数的基点与基日

道口私募证券投资基金系列指数以"点"为单位,精确到小数点后3位。

道口私募证券投资基金系列指数的基点统一设为1 000点,基日如表5-1所示。

表5-1　　　　　　　不同策略类型的私募基金指数的基日

指数分类	基日
普通股票型	2005-12-31
相对价值型	2010-12-31
股票多空型	2008-12-31
事件驱动型	2011-12-31
债券型	2010-12-31
CTA型	2012-12-31

2. 指数计算公式

道口私募证券投资基金系列指数的计算方法为等权平均法,具体计算方法如下:

$$AVGRET_t = \frac{1}{N_t} \sum_{i=1}^{N_t} \left(\frac{ADJNAV_{i,t}}{ADJNAV_{i,t-1}} - 1 \right) \tag{5.1}$$

$$INDEX_t = (1 + AVGRET_t) \times INDEX_{t-1} \tag{5.2}$$

其中，$INDEX_t$ 代表第 t 个月的私募基金指数；$AVGRET_t$ 代表第 t 个月私募基金的平均收益率；$ADJNAV_{i,t}$ 代表私募基金 i 在第 t 个月的复权净值；N_t 代表第 t 个月私募基金的样本数量。我们使用等权平均法，是因为在万得数据中没有私募基金的资产管理规模信息。

3. 所选基金净值

道口私募证券投资基金系列指数所采用的基金净值的数据为复权净值。基金复权净值是在考虑了基金的分红或拆分等因素对基金的影响后，对基金的单位净值进行了复权计算。复权净值将基金的分红加回单位净值，并作为再投资进行复利计算。同时，基金的复权净值为剔除相关管理费用后的净值。

4. 指数修正

我们每 3 个月会通过公开信息重新计算私募证券投资基金系列指数，来修正由于万得数据修正历史数据而带来的累计净值信息的变化。若基金修改过历史净值信息，修正后的指数点位将重新发布。若指数大幅变动，我们会通过公告进行披露并予以特别的说明。[①]

二、道口私募基金指数覆盖的基金数量

私募基金的种类繁多，各类基金的投资标的和业绩特征存在本质差异。普通股票型私募基金主要将资金投向股票市场，业绩表现与股市整体趋势紧密相连。而债券型私募基金则主要投资于债券市场，收益较为稳定，风险也较低，通常被称为固定收益型基金。相对价值型私募基金通过购买被价值低估的证券和卖空价值被高估的证券，利用价格差异获利。股票多空型私募基金在持有的股票中，既有做多的仓位，也有做空的仓位，这样即便在市场下跌时也能获得收益。CTA 型私募基金则依赖商品交易顾问（CTA）进行期货或期权的交易。事件驱动型私募基金则专注于分析影响公司估值的重大事件，如并购、增发、回购等，以此作为投资决策的依据。

表 5-2 展示了各类私募基金指数所涵盖的基金数量与相应策略私募基金总量的百分比。据表 5-2 可知，私募基金指数所包含的基金数量占市场上同类基金的百分比均超过 70%。其中，相对价值型基金的比例最高（88%），其次为 CTA 型基金（81%）和股票多空型基金（80%）。需要说明的是，若基金处于成立不足 6 个

---

① 详见道口私募指数网站：http://index.pbcsf.tsinghua.edu.cn/indexweb/web/index.html。

月的建仓期内,则不被纳入指数。另外,鉴于大多数 CTA 型私募基金缺乏明确的策略说明,本书仅选取那些明确标示 CTA 策略且主要投资于商品期货的基金纳入指数。

表 5-2　　　　　　　　私募基金指数样本的分布情况

指数分类	指数中包含的基金数量（只）	有净值的基金总数（只）	数量占比（%）
普通股票型	74 820	106 152	77
债券型	8 588	11 482	75
相对价值型	2 842	3 230	88
股票多空型	2 600	3 254	80
CTA 型	5 536	6 804	81
事件驱动型	358	507	71

下面我们对不同策略私募基金指数的样本情况作具体分析。图 5-1 展示了 2005~2024 年普通股票型私募基金指数覆盖的样本数量。表 5-3 则展示了 2005~2024 年每年年底普通股票型私募基金指数中包含的样本数量。从图 5-1 和表 5-3 可以看出,每年都有新的普通股票型基金进入指数,同时也有基金从指数中退出。自 2008 年起,普通股票型私募基金指数中的基金数量稳步上升,2015 年起增幅扩大,每年新进入或退出指数的基金数量显著增加,每年均有上千只基金进入或退出指数。2018 年,从指数中退出的基金数量激增至 4 657 只,这可能与当年市场行情低迷有关。2020 年 1 月,指数覆盖的基金数量出现断崖式下跌,这可能是因为 2020 年前 5 个月全球各类资产都遭受了较大的震荡,导致私募基金的产品发行变得困难。2020 年下半年新冠疫情有所缓解,私募基金规模和数量增幅皆有所上升,2020 年和 2021 年从指数中退出的基金数量趋于稳定。到了 2021 年,我国私募行业迎来了爆发式增长,普通股票型基金整体数量大幅增加,新进入指数的基金数量增加至 9 649 只。2022 年下半年,私募基金的整体规模扩增迅猛。进入 2023 年,股票市场持续低迷,经济增长乏力,市场缺乏信心,从指数中退出的基金数量高达 8 187 只。2024 年 8 月,《私募证券投资基金运作指引》正式实施,私募基金管理人不得向不存在私募证券投资基金销售委托关系的机构或者个人提供基金净值等业绩相关信息,因此普通股票型私募基金指数中所包含的样本数量受到影响（其他类型的私募基金亦受影响,后续不再赘述）,2024 年从指数中退出的基金数量达到 22 408 只。

第五章 道口私募基金指数

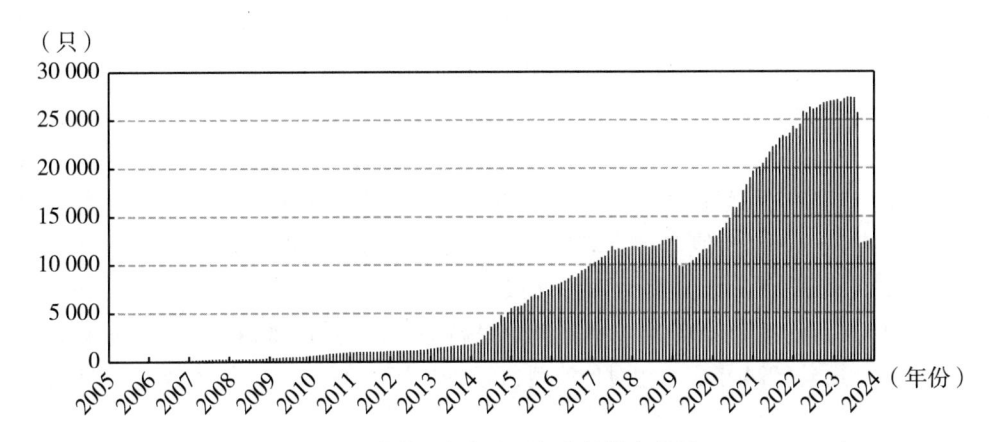

图 5-1　普通股票型私募基金指数中所包含的样本数量：2005~2024 年

表 5-3　普通股票型私募基金指数中每年年底包含的
样本数量统计：2005~2024 年　　　　　　　　　单位：只

年份	新进入指数的基金数量	从指数中退出的基金数量	指数中的基金数量
2005	2	1	6
2006	12	1	17
2007	92	22	87
2008	213	86	214
2009	182	54	342
2010	284	62	564
2011	469	80	953
2012	285	176	1 062
2013	469	203	1 328
2014	975	485	1 818
2015	6 577	2 859	5 536
2016	5 353	2 812	8 077
2017	5 672	3 324	10 425
2018	6 618	4 657	12 386
2019	4 454	3 574	13 266
2020	4 872	4 223	13 915
2021	9 649	3 087	20 477
2022	10 679	5 810	25 346
2023	11 587	8 187	28 746
2024	6 369	22 408	12 707

图 5-2 展示了 2010~2024 年相对价值型私募基金指数所覆盖的基金数量发展情况。表 5-4 展示了同时期该指数每年年底所包含的样本数量情况。我们可以看到，2014 年 2 月，相对价值型私募基金指数所涵盖的基金数量突破了 100 只，此后进入相对价值型私募基金指数的基金数量开始增加，这一数字开始稳步上升，这与当时股指期货交易活跃相关。2015~2016 年，每年都有超过 250 只基金进入指数。2016 年底，相对价值型私募基金指数中包含的基金数量达到 523 只，创历史新高，至 2017 年开始平稳下降。然而，在 2018 年末至 2023 年期间，这一数字出现了再次上升的趋势，并在 2023 年 7 月达到了最高 1 304 只。自 2024 年 8 月监管新规开始执行后，截至 2024 年底，相对价值型私募基金指数中所包含的样本数量为 443 只。

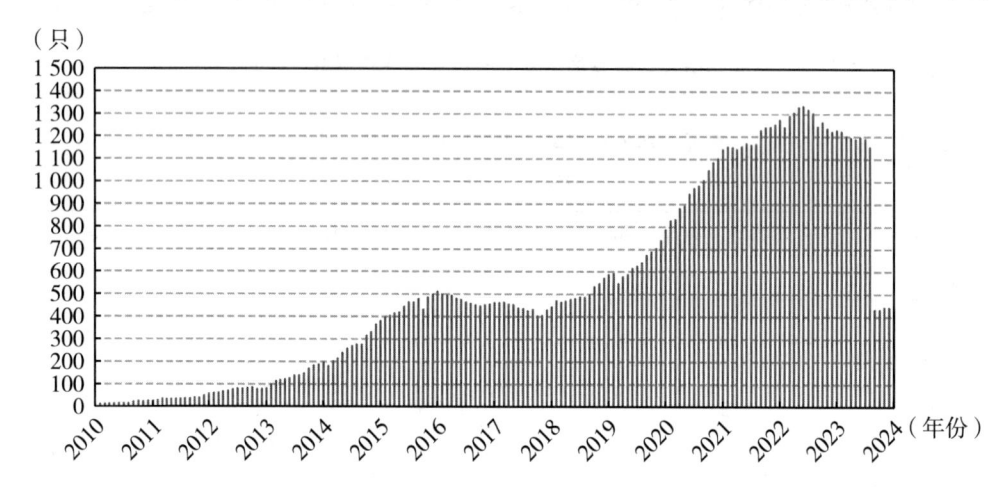

图 5-2　相对价值型私募基金指数中所包含的样本数量：2010~2024 年

表 5-4　　　　相对价值型私募基金指数中每年年底包含的
　　　　　　　样本数量统计：2010~2024 年　　　　　　　单位：只

年份	新进入指数的基金数量	从指数中退出的基金数量	指数中的基金数量
2010	8	1	12
2011	14	0	26
2012	37	5	58
2013	51	27	82
2014	144	29	197
2015	249	63	383
2016	271	131	523
2017	101	140	484
2018	145	172	457
2019	241	104	594

续表

年份	新进入指数的基金数量	从指数中退出的基金数量	指数中的基金数量
2020	335	108	821
2021	405	70	1 156
2022	372	217	1 311
2023	318	371	1 258
2024	138	953	443

图 5-3 展示了 2008~2024 年股票多空型私募基金指数所包含的基金数量变化趋势。表 5-5 展示了同时期该指数每年年底所涵盖的样本基金数量。自 2008 年底起，股票多空型私募基金指数初始纳入了 18 只基金。随着市场的快速发展，该指数所包含的基金数量呈现出稳定的增长态势。至 2014 年 3 月，纳入的基金数量已突破 100 只。自 2014 年起，基金数量的增长速度加快，至 2017 年 6 月达到顶峰，覆盖基金数量达到 720 只。此后，指数中的基金数量略有减少。在 2021 年中至 2024 年上半年期间，覆盖的基金数量有所回升，至 2024 年 5 月达到最大值，覆盖了 742 只基金，随后出现回落。截至 2024 年底，基金覆盖数量为 296 只。

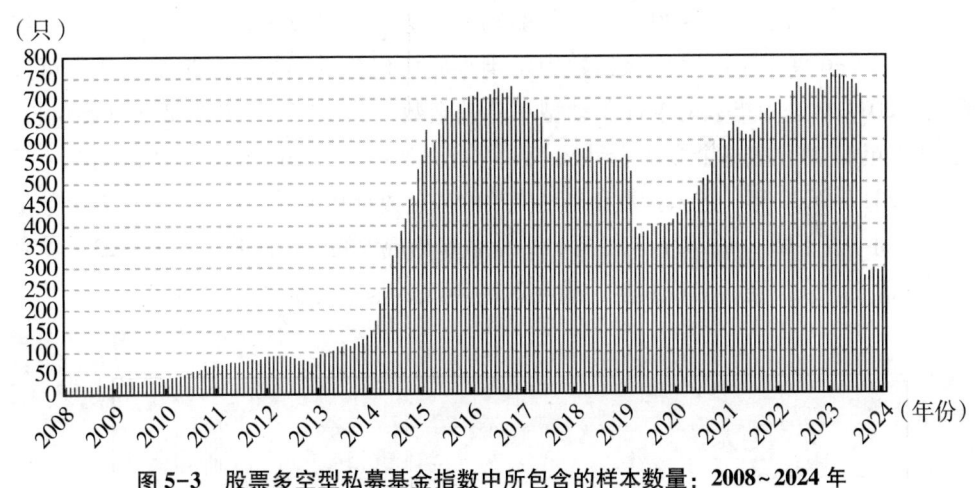

图 5-3 股票多空型私募基金指数中所包含的样本数量：2008~2024 年

表 5-5　　股票多空型私募基金指数中每年年底包含的样本数量统计：2008~2024 年　　单位：只

年份	新进入指数的基金数量	从指数中退出的基金数量	指数中的基金数量
2008	18	0	19
2009	14	2	31
2010	10	2	39
2011	37	1	75

续表

年份	新进入指数的基金数量	从指数中退出的基金数量	指数中的基金数量
2012	24	6	93
2013	46	41	98
2014	88	32	154
2015	509	90	573
2016	378	228	723
2017	197	184	736
2018	125	265	596
2019	166	183	579
2020	132	231	480
2021	258	84	654
2022	222	155	721
2023	248	191	778
2024	127	609	296

图 5-4 展示了 2011~2024 年事件驱动型私募基金指数包含的基金数量的发展情况。表 5-6 展示了同时期该指数中每年年底所包含的样本数量情况。从中可以看出，2011 年进入指数的事件驱动型私募基金数量为 19 只，自 2012 年开始增长，至 2013 年 11 月覆盖基金数量达到 60 只，自此开始回落，2014 年从指数中退出 51 只基金。2017~2020 年，进入指数和退出指数的基金数量都较低，指数覆盖的基金数量在此期间一直下降。而 2021 年底至 2023 年数量出现大幅度的回升，并于 2023 年 5 月达到峰值 127 只，随后出现回落。截至 2024 年底，基金覆盖数量为 10 只。

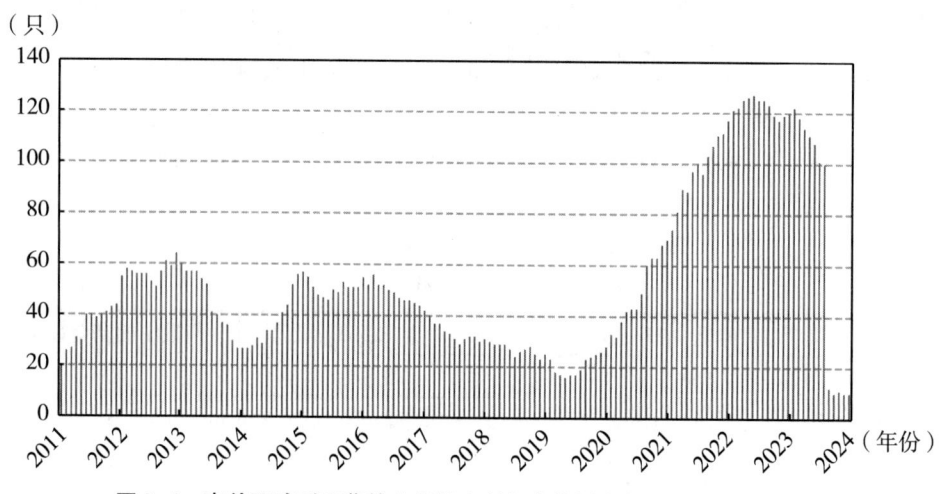

图 5-4 事件驱动型私募基金指数中所包含的样本数量：2011~2024 年

表 5-6　　　　　事件驱动型私募基金指数中每年年底包含的
样本数量统计：2011~2024 年　　　　　　　　　单位：只

年份	新进入指数的基金数量	从指数中退出的基金数量	指数中的基金数量
2011	19	2	20
2012	44	8	56
2013	29	25	60
2014	18	51	27
2015	58	27	58
2016	32	35	55
2017	8	20	43
2018	5	16	32
2019	4	8	28
2020	13	8	33
2021	39	1	71
2022	60	10	121
2023	20	18	123
2024	3	116	10

图 5-5 展示了 2010~2024 年债券型私募基金指数所覆盖的基金数量的增长趋势。表 5-7 展示了同时期该指数每年年底所包含的样本数量。经过观察可以发现，自 2011 年起，债券型私募基金指数所覆盖的基金数量便开始呈现增长态势，并且这一态势一直保持着稳定的上升。至 2021 年，加入指数的基金数量和退出指数的基金数量均显著增加，分别达到 1 644 只和 628 只。至 2023 年，加入指数的基金数量和退出指数的基金数量分别达到 1 746 只和 1 043 只，退出指数的基金数量达到历史新高。截至 2024 年底，指数所覆盖的基金数量已增至 2 420 只。

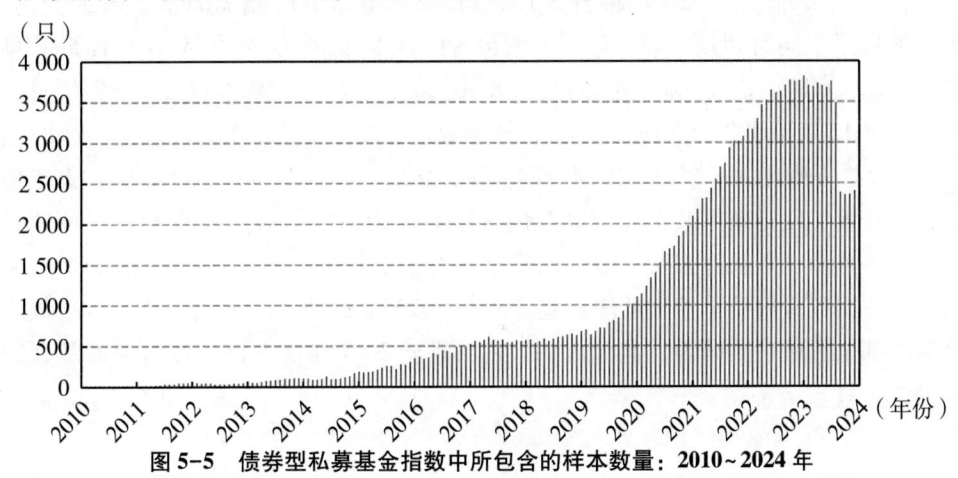

图 5-5　债券型私募基金指数中所包含的样本数量：2010~2024 年

表 5-7　　　　　债券型私募基金指数中每年年底包含的
样本数量统计：2010~2024 年　　　　单位：只

年份	新进入指数的基金数量	从指数中退出的基金数量	指数中的基金数量
2010	8	3	8
2011	5	3	10
2012	54	15	49
2013	49	54	44
2014	98	39	103
2015	192	105	190
2016	331	155	366
2017	441	236	571
2018	301	253	619
2019	316	208	727
2020	709	274	1 162
2021	1 644	628	2 178
2022	1 774	701	3 251
2023	1 746	1 043	3 954
2024	914	2 448	2 420

图 5-6 展示了 2012~2024 年 CTA 型私募基金指数所涵盖的基金数量变化。表 5-8 展示了同时期该指数每年年底所包含的样本数量。观察图 5-6 和表 5-8 可知，2012 年 CTA 型私募基金指数包含 38 只基金，随后指数样本数量呈稳定增长态势。自 2015 年下半年至 2020 年 1 月，样本数量在波动中逐步上升。然而，2020 年 2 月，指数所覆盖的基金数量出现急剧下降，之后开始逐渐回升。由于 CTA 策略易受交易政策、发行政策及市场波动等因素影响，2020 年的发行数量相较于前期有所波动。然而，从长远来看，随着期货市场覆盖品种的日益丰富，私募 CTA 产品的长期备案数量保持了稳定的增长趋势。至 2023 年 5 月，CTA 型私募基金指数所涵盖的基金数量达到峰值，共计 3 029 只。截至 2024 年底，该指数覆盖的基金数量为 257 只。

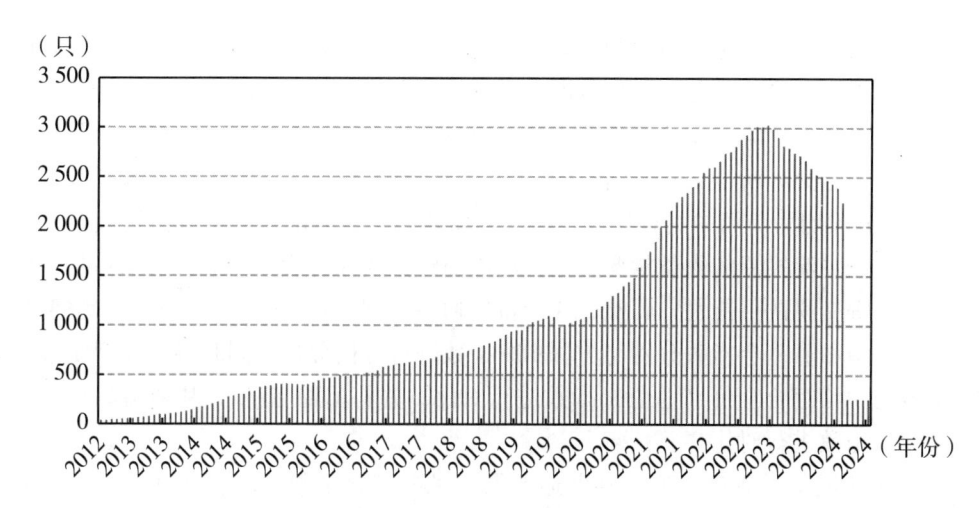

图 5-6　CTA 型私募基金指数中所包含的样本数量：2012~2024 年

表 5-8　　　　　CTA 型私募基金指数中每年年底包含的
　　　　　　　　样本数量统计：2012~2024 年　　　　　　　单位：只

年份	新进入指数的基金数量	从指数中退出的基金数量	指数中的基金数量
2012	20	1	38
2013	75	12	101
2014	237	58	280
2015	406	259	427
2016	413	319	521
2017	425	272	674
2018	364	214	824
2019	451	153	1 122
2020	425	199	1 348
2021	1 015	77	2 286
2022	984	333	2 937
2023	590	791	2 736
2024	110	2 589	257

三、道口私募基金指数与市场指数的对比

在本部分，我们将对各类私募基金指数与相应市场指数之间的差异进行细致的对比分析。首先，我们将私募基金指数与相应市场指数的起始时间点进行统一，并

设定分别投资于私募基金指数和市场指数的金额为 1 000 元。接下来，我们将对比两个投资组合每月的收益和风险状况。具体而言，鉴于普通股票型、相对价值型、股票多空型和事件驱动型私募基金指数主要投资于二级市场股票，而沪深 300 指数作为沪深证券交易所于 2005 年联合发布的旨在反映 A 股市场整体走势的指数，其 300 只成分股均为市场中具有代表性的、流动性强、交易活跃的主流投资股票，能够反映市场主流投资的收益状况，并且沪深 300 指数拥有股指期货，为私募基金提供了对冲等交易的可能性。因此，我们将普通股票型、相对价值型、股票多空型和事件驱动型私募基金指数分别与沪深 300 指数进行对比分析，同时将债券型私募基金指数与中债综合全价（总值）指数进行对比，并将 CTA 型私募基金指数与申万商品期货指数进行对比。

图 5-7 展示了 2005~2024 年普通股票型私募基金指数与沪深 300 指数之间的对比情况，表 5-9 提供了相应的描述性统计分析。从图 5-7 和表 5-9 可知，自 2005 年 12 月至 2024 年 12 月，普通股票型私募基金指数自基准点 1 000 点起步，累计实现了 816% 的收益率，年化收益率达到 12%；同期沪深 300 指数的累计收益率为 326%，年化收益率为 8%。由此可见，普通股票型私募基金指数的收益率超过了市场指数。此外，普通股票型私募基金指数的风险亦低于市场指数，其年化波动率为 14%，相比之下，市场指数的年化波动率为 28%。因此，普通股票型私募基金指数的夏普比率（0.73）高于市场指数的夏普比率（0.33）。

图 5-7　普通股票型私募基金指数的累计净值：2005~2024 年

表 5-9　　　　普通股票型私募基金指数描述统计：2005~2024 年

统计指标	普通股票型私募基金	沪深 300 指数
累计收益率（%）	816	326
年化收益率（%）	12	8

续表

统计指标	普通股票型私募基金	沪深 300 指数
年化波动率（%）	14	28
年化夏普比率	0.73	0.33
最大回撤（样本期间）（%）	26	71
年化收益率/最大回撤	0.47	0.11

从回撤幅度来看，普通股票型私募基金指数的最大回撤为 26%，远低于市场指数的 71%。自 2010 年 6 月以来，特别是在 2015 年、2016 年、2018 年及 2021 年之后，大盘呈现明显的下行趋势，而普通股票型私募基金指数的表现持续优于市场指数。在新冠疫情期间，市场指数出现了一定的下跌趋势，普通股票型私募基金指数则表现出相对的稳定性，未出现显著的下行趋势，表现出较强的抗跌性和稳健性。综合分析，普通股票型私募基金指数在收益上超越了市场指数，并且在风险控制方面也展现了更为卓越的性能。

图 5-8 展示了 2008~2024 年股票多空型私募基金指数与沪深 300 指数的对比情况，表 5-10 提供了相应的描述性统计分析。从图 5-8 和表 5-10 可见，从 2008 年 12 月到 2024 年 12 月，股票多空型私募基金指数的累计收益率达到了 260%，年化收益率为 8%；相比之下，沪深 300 指数在同一时间段内的累计收益率为 116%，年化收益率为 5%。这表明，股票多空型私募基金指数的收益超过了市场指数。此外，股票多空型私募基金指数的风险也比市场指数低，其年化波动率为 11%，而市场指数的年化波动率为 24%。这种差异源于股票多空型基金同时进行

图 5-8 股票多空型私募基金指数的累计净值：2008~2024 年

多头和空头操作，对冲了高估股票价值的风险，相对于仅做多的普通股票型基金风险更小。图 5-8 还揭示了从 2015 年中期至 2020 年初，大盘经历了较大的波动，而股票多空型私募基金指数的表现相对稳定。从 2020 年 3 月到 2021 年中期，大盘持续上涨，股票多空型私募基金指数的表现同样不逊色于市场指数。自 2021 年中期起，大盘指数大幅下跌，股票多空型私募基金指数的波动范围也相对较小。总体来看，股票多空型私募基金指数的夏普比率（0.61）高于市场指数（0.23）。这说明，股票多空型私募基金指数不仅收益高于市场指数，而且在风险控制方面也明显优于市场指数。

表 5-10   股票多空型私募基金指数描述统计：2008~2024 年

统计指标	股票多空型私募基金	沪深 300 指数
累计收益率（%）	260	116
年化收益率（%）	8	5
年化波动率（%）	11	24
年化夏普比率	0.61	0.23
最大回撤（样本期间）（%）	29	43
年化收益率/最大回撤	0.29	0.12

图 5-9 展示了 2010~2024 年相对价值型私募基金指数与沪深 300 指数的对比情况，表 5-11 提供了相应的描述性统计分析。观察图 5-9 和表 5-11，从 2010 年 12 月到 2024 年 12 月，相对价值型私募基金指数的累计收益率达到 145%，年化收益率为 6%；而沪深 300 指数在同一时期内的累计收益率为 26%，年化收益率为 1%。相对价值型私募基金指数在收益指标上全面超越市场指数。与此同时，相对价值型私募基金指数的风险水平低于市场指数，其年化波动率为 6%，而市场指数的年化波动率为 22%。因此，相对价值型私募基金指数的夏普比率（0.81）也超过了市场指数（0.09）。另外，相对价值型私募基金指数的最大回撤较小，为 11%，而市场指数的回撤高达 41%。从图 5-9 可以明显看出，相对价值型私募基金指数的收益呈现稳定增长的趋势，波动幅度较小。这得益于该策略私募基金同时持有做多和做空的仓位，使得风险相较于其他投资策略大幅降低，收益也更加稳定。总体来看，相对价值型私募基金所面临的市场风险相对较小。特别是在 2015 年、2016 年和 2018 年股市大跌期间，以及 2020~2023 年新冠疫情影响显著的时期，相对价值型基金表现出了较强的抗跌性。

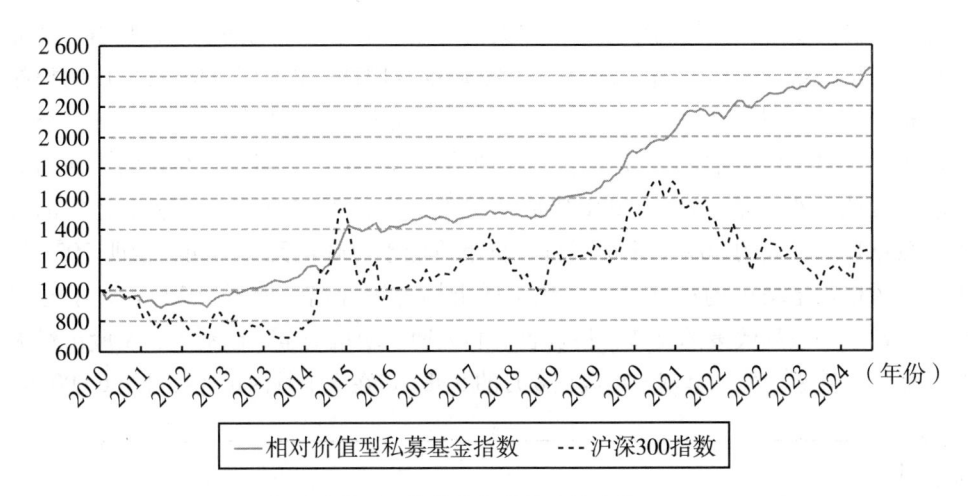

图 5-9 相对价值型私募基金指数的累计净值：2010~2024 年

表 5-11　　　　相对价值型私募基金指数描述统计：2010~2024 年

统计指标	相对价值型私募基金	沪深 300 指数
累计收益率（%）	145	26
年化收益率（%）	6	1
年化波动率（%）	6	22
年化夏普比率	0.81	0.09
最大回撤（样本期间）（%）	11	41
年化收益率/最大回撤	0.57	0.02

图 5-10 展现了 2011~2024 年事件驱动型私募基金指数与沪深 300 指数的对比情况，表 5-12 提供了相应的描述性统计分析。观察图 5-10 和表 5-12，我们可以发现，在 2011 年 12 月至 2024 年 12 月期间，事件驱动型私募基金指数的累计收益率达到了 535%，年化收益率为 15%；相比之下，沪深 300 指数在同一时期的累计收益率为 68%，年化收益率为 4%。这表明，事件驱动型私募基金指数的收益率超过了市场指数。尽管如此，事件驱动型私募基金指数的风险也略低于市场指数，其年化波动率为 19%，而市场指数的年化波动率为 22%。进一步分析显示，事件驱动型私募基金指数的夏普比率（0.74）高于市场指数（0.20）。此外，事件驱动型私募基金指数的最大回撤为 24%，低于市场指数的 41%，特别是在 2015 年和 2018 年的股市大跌期间，事件驱动型私募基金的回撤幅度远小于市场指数。因此，事件驱动型私募基金在后期表现出较高的收益和较小的回撤。2020~2021 年，这类基金的收益迅速增长，主要原因是 2020 年 2 月发布的再融资新规降低了定增项目的投

资门槛，提高了市价定增的审核效率，极大地激发了定增市场的活力，吸引了公募和私募等机构纷纷参与。到了 2021 年，投资难度增加，许多定增项目提供的折扣率也相当有吸引力，为策略实施提供了空间，定增市场热度不减。另外，经过 2019 年和 2020 年的结构性行情，白马股的估值达到了历史高点，存在均值回归的需求，因此中小市值标的在 2021 年成功逆袭，并在 2022 年保持了相对稳定的表现。数据显示，大约 50% 的定增项目来自市值低于 100 亿元的公司，说明 2021 年市场的风格与定增市场相契合，导致定增市场持续升温。到了 2024 年 9 月至 11 月，得益于一系列政策的支持，投资者信心大增，增量资金不断涌入，A 股市场大幅上涨，事件驱动型私募基金指数从 8 月的 5 487 点在 3 个月内迅速拉升至 6 900 点。

图 5-10　事件驱动型私募基金指数的累计净值：2011~2024 年

表 5-12　　　　　事件驱动型私募基金指数描述统计：2011~2024 年

统计指标	事件驱动型私募基金	沪深 300 指数
累计收益率（%）	535	68
年化收益率（%）	15	4
年化波动率（%）	19	22
年化夏普比率	0.74	0.20
最大回撤（样本期间）（%）	24	41
年化收益率/最大回撤	0.63	0.10

图 5-11 展示了 2010~2024 年债券型私募基金指数与中债综合全价（总值）指数增长情况，表 5-13 提供了相应的描述性统计分析。观察图 5-11 和表 5-13 可以发现，从 2010 年 12 月到 2024 年 12 月，债券型私募基金指数的累计收益率达到了

155%，年化收益率为7%；与此同时，中债综合全价（总值）指数的累计收益率为22%，年化收益率为1%。债券型私募基金指数的收益率超过了市场指数。然而，债券型私募基金指数的风险略高于市场指数，其年化波动率为3%，而市场指数的年化波动率为2%。债券型私募基金指数的夏普比率（1.78）优于市场指数（-0.28）。此外，债券型私募基金指数的最大回撤为3%，低于市场指数的6%。在统计区间内，债券型私募基金指数的年化波动率是最低的，并且在过去的熊市中，该指数相较于其他指数表现更为稳定，回撤幅度较小，充分展现了债券型基金低风险、收益稳定的优势。

图 5-11 债券型私募基金指数的累计净值：2010~2024 年

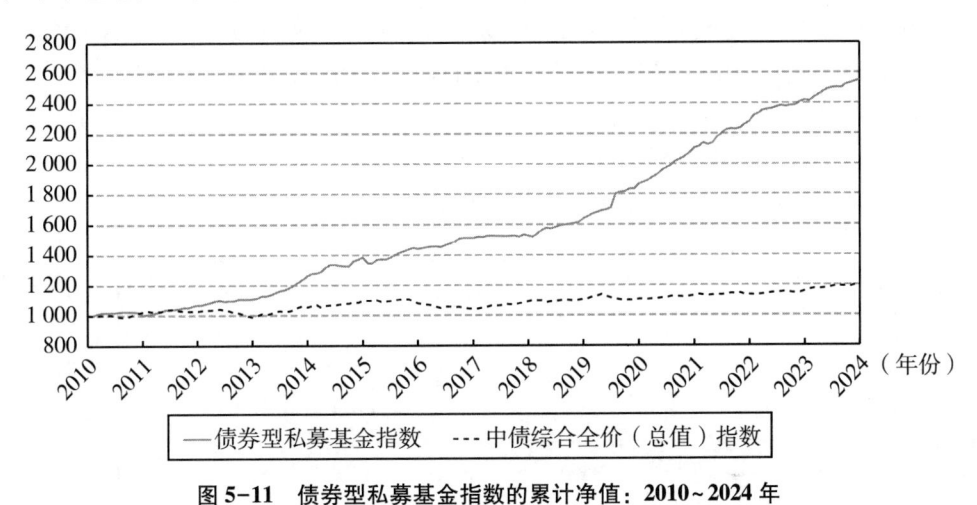

表 5-13　　　　　债券型私募基金指数描述统计：2010~2024 年

统计指标	债券型私募基金	中债综合全价指数
累计收益率（%）	155	22
年化收益率（%）	7	1
年化波动率（%）	3	2
年化夏普比率	1.78	-0.28
最大回撤（样本期间）（%）	3	6
年化收益率/最大回撤	2.36	0.25

图 5-12 展示了 2012~2024 年 CTA 型私募基金指数与万得商品综合指数的对比情况，表 5-14 提供了相应的描述性统计分析。鉴于 CTA 策略主要投资于期货市场，与股市独立，且与多数基础资产的相关性较低，我们选择了"万得商品综合指数"作为对比基准。观察图 5-12 和表 5-14 可知，从 2012 年 12 月到 2024 年 12 月，CTA 型私募基金指数的累计收益率达到 871%，年化收益率为 21%；与此同

时，万得商品综合指数的累计收益率为6%，年化收益率仅为1%。这显示出CTA型私募基金指数的收益率超过了市场指数。此外，CTA型私募基金指数的风险也低于市场指数，其年化波动率为9%，而市场指数的年化波动率为15%。因此，CTA型私募基金指数的夏普比率（1.99）高于市场指数（-0.01）。同时，CTA型私募基金指数的最大回撤为6%，远低于市场指数的最大回撤（40%）。CTA型私募基金普遍采用趋势交易策略，即利用众多策略模型来识别当前市场趋势、判断多空方向，这种策略在市场不景气、未来不确定性高的情况下表现出明显的优势。我国CTA型私募基金尚处于发展阶段，其趋势跟踪策略的应用也更为高效。因此，CTA型私募基金指数不仅收益率高于市场指数，最大回撤也更小，展现出稳定增长趋势，特别是在2015年和2018年市场不振时，万得商品综合指数的收益仅在区间内波动，而CTA型私募基金指数却逆市上扬，为投资者创造了丰厚的收益。CTA型基金的收益与投资标的的涨跌本身无直接关联，而是与投资标的的涨跌的幅度相关，即在波动性较大的市场中更容易获得利润。

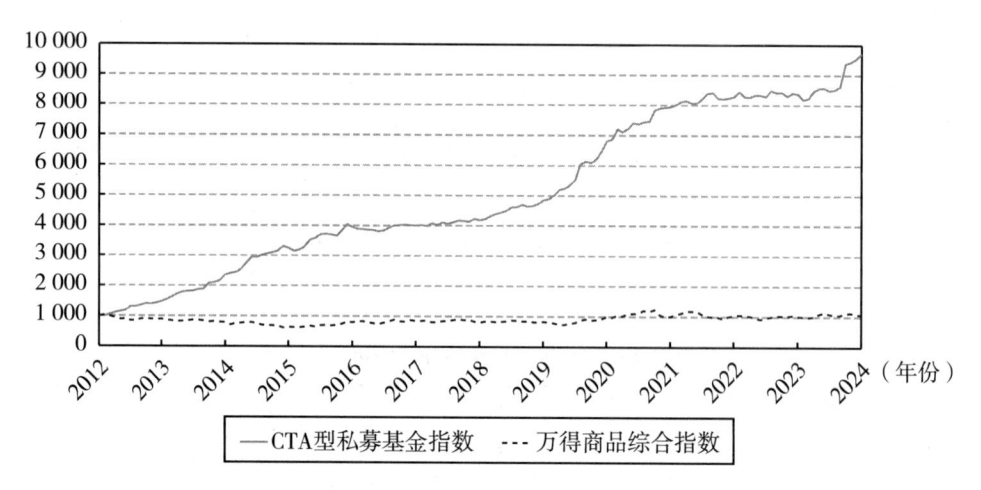

图 5-12　CTA 型私募基金指数的累计净值：2012~2024 年

表 5-14　　　　CTA 型私募基金指数描述统计：2012~2024 年

统计指标	CTA 型私募基金	万得商品综合指数
累计收益率（%）	871	6
年化收益率（%）	21	1
年化波动率（%）	9	15
年化夏普比率	1.99	-0.01
最大回撤（样本期间）（%）	6	40
年化收益率/最大回撤	3.4	0.0

第五章　道口私募基金指数

下面，我们对私募基金指数进行横向对比。出于统一起始日期的需要，我们选取 2012 年 12 月为指数的开始日期。图 5-13 反映了六类私募基金指数的累计收益对比，表 5-15 为相应的描述统计。从图 5-13 和表 5-15 可见，在 2012 年 12 月至 2024 年 12 月期间，CTA 型私募基金指数的累计收益最高，为 871.24%；其次为四类股票型私募基金指数，累计收益由大到小依次为事件驱动型私募基金指数（455.81%）、普通股票型私募基金指数（195.50%）、相对价值型私募基金指数（164.75%）和股票多空型私募基金指数（151.37%）；债券型私募基金指数的累计收益最小（138.77%）。并且，这六类私募基金指数的累计收益皆超过了同期大盘指数的累计收益。当我们比较六类私募基金指数和大盘指数的风险时发现，债券型私募基金指数的风险最低，年化波动率为 2.68%，最大回撤为 2.93%；其次为相对价值型、CTA 型和股票多空型私募基金指数，三者的年化波动率相近，分别为 5.09%、8.97% 和 9.23%，最大回撤分别为 4.10%、6.17% 和 12.27%；普通股票型私募基金指数的年化波动率为 13.65%，最大回撤在这六类指数里最大，为 25.53%；事件驱动型私募基金指数与沪深 300 指数的风险相近，二者的年化波动率分别为 18.45% 和 21.90%，二者的最大回撤分别为 24.17% 和 40.56%。整体来看，除债券型私募基金指数外，其余五类私募基金指数的风险都低于同期市场指数。当我们对比夏普比率这一反映调整风险后收益指标时发现，债券型私募基金指数的夏普比率最高，为 2.06；其次为 CTA 型私募基金指数，夏普比率为 1.99；在股票型私募基金指数中，相对价值型私募基金指数的夏普比率表现较为突出，为 1.28。

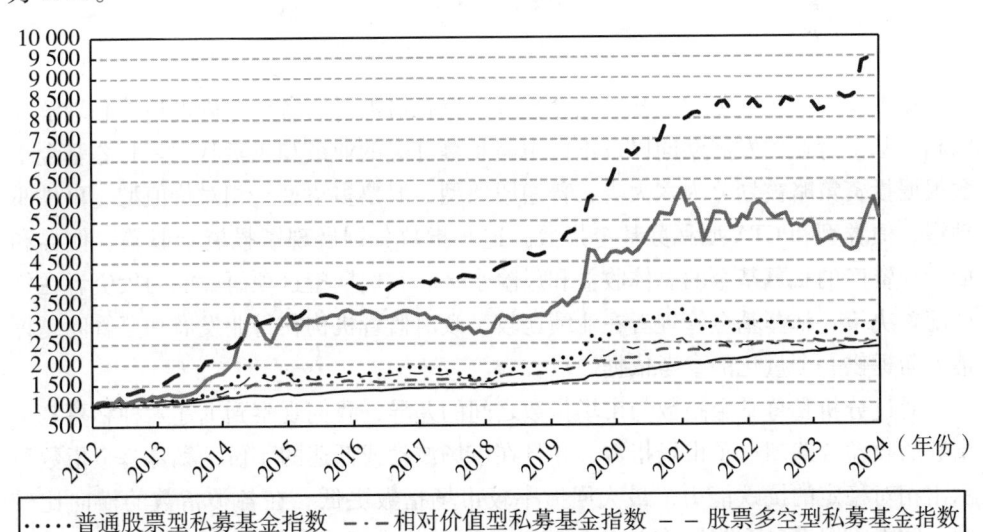

图 5-13　私募基金指数的累计净值对比：2012~2024 年

表 5-15　　　　　　　　私募基金指数描述统计：2012~2024 年

指数类型	累计收益率（％）	年化收益率（％）	年化波动率（％）	夏普比率	最大回撤（％）	年化收益率/最大回撤
普通股票型	195.50	9.45	13.65	0.60	25.53	0.37
相对价值型	164.75	8.45	5.09	1.28	4.10	2.06
股票多空型	151.37	7.98	9.23	0.69	12.27	0.65
事件驱动型	455.81	15.37	18.45	0.77	24.17	0.64
沪深 300 指数	55.97	3.77	21.90	0.19	40.56	0.09
债券型私募基金	138.77	7.52	2.68	2.06	2.93	2.57
中债综合全价指数	18.44	1.42	2.07	−0.17	5.77	0.25
CTA 型	871.24	20.86	8.97	1.99	6.17	3.38
万得商品综合指数	6.40	0.52	15.28	−0.01	39.90	0.01

观察各种私募基金指数，CTA 型私募基金指数在收益和调整后的风险收益指标方面均表现出色，位居前列。而在四类股票型私募基金指数中，尽管相对价值型私募基金指数的绝对收益并非最高，但其较低的风险和较高的调整风险后收益使其脱颖而出。

四、小结

在本章中，我们创建了私募基金指数，旨在协助投资者更精确地追踪和理解我国私募基金行业的发展动向以及不同策略私募基金的业绩和风险状况。私募基金指数根据投资策略被划分为六大类：普通股票型、股票多空型、相对价值型、事件驱动型、债券型和 CTA 型私募基金指数。这些指数分别展现了投资于股票、债券和期货等资产的私募基金的总体收益和风险水平。我们期望这项研究能为投资者在资产配置决策、私募基金管理者在业绩比较、政府监管机构在行业发展和监管问题评估方面提供一个量化的参考依据。

通过分析私募基金指数与市场指数之间的差异，我们观察到上述六种私募基金指数的收益普遍超过了市场指数，并且在市场波动或低迷的年份，私募基金指数显示出相对稳定的抗跌能力，最大回撤率较市场指数更低。在各类指数的横向比较中，CTA 型私募基金指数在收益和调整风险后的表现上占据领先地位，而相对价值型私募基金指数虽然绝对收益不是最高的，但其较低的风险和较高的调整风险后收益使其综合表现同样出色。

第六章

中国私募基金的业绩归因分析

在系统评估基金收益和风险的过程中,投资者应着重考察基金业绩收益来源以及业绩波动的驱动因素。基金业绩归因作为一种分析方法,其核心在于将超额收益拆解为不同驱动要素,并评估各要素的贡献程度。借助这一方法,投资者能够更全面地理解基金业绩表现的缘由及业绩的来源。第五章私募基金指数的研究结果显示,采用不同投资策略的私募基金在收益和风险方面存在显著区别。导致这些策略间差异的因素是什么?本章结合我国私募基金行业的发展特性,构造出八个私募基金风险因子,并运用这些因子对私募基金业绩展开归因分析。

在基金业绩归因分析中,一般主要采用两种方法:基于收益的时间序列回归法和基于持仓数据的横截面回归法。前者通过基金历史收益数据进行回归分析,评估各因素对业绩的影响程度;后者则利用基金持仓数据,通过回归分析测算各持仓权重对业绩的影响。然而,相较于公募基金,私募基金的业绩归因分析面临更大的挑战,主要原因有二:其一,私募基金仅面向合格投资者募集,信息披露透明度较低,仅需向投资人披露净值,无须公开持仓信息,而公募基金面向公众发行,信息披露要求更为严格,除每日公布净值外,还需定期披露持仓等详细信息;其二,尽管基于持仓数据的归因分析精度较高,但私募基金持仓信息难以获取,因此本章对私募基金的业绩归因分析将基于基金收益的时间序列数据展开。

Fung 和 Hsieh(2004)提出了私募基金七因子模型,用于解释美国私募基金的收益表现。这一模型根据七个因子的不同风格将其划分为三大类别:反映股票市场风险的因子、反映债券市场风险的因子和趋势交易的因子。第一类因子主要覆盖股票市场的风险,选用市场指数收益率、小盘股和大盘股收益率之差两个因子;第二类因子主要覆盖债券市场的风险,选用十年期国债的收益变化以及国债与公司债利差的变化两个因子;第三类因子主要反映在债券、外汇和期货市场中趋势交易的风险,选用债券、外汇和商品回望期权的收益率三个因子。研究表明,七因子模型在解释美国私募基金超额收益方差方面表现出色,解释力高达80%。具体地,这七个因子包括：

股票市场因子（the market risk factor）：股票市场指数的超额收益率；

规模因子（the size factor）：小盘股与大盘股收益率之差；

债券市场因子（the bond market risk factor）：10年期固定利率国债到期收益率的变化；

信用风险因子（the credit spread）：穆迪Baa级债券收益率与10年期固定利率国债到期收益率之差的变化；

债券趋势因子（the bond trend-following factor）：PTFS回望跨式债券期权的收益率；

货币趋势因子（the currency trend-following factor）：PTFS回望跨式货币期权的收益率；

商品趋势因子（the commodity trend-following factor）：PTFS回望跨式商品期权的收益率。

本章参考Fung和Hsieh（2004）提出的七因子模型，结合中国私募基金的自身特点，构建了一套适用于中国私募基金的风险因子体系。通过这一体系，我们剖析了私募基金的风险暴露情况，旨在帮助投资者更好地理解不同策略私募基金的投资风险与收益特征。

一、风险因子的构建

我们基于我国私募基金的收益和风险特征构建了八个风险因子，分别为：股票市场风险因子（MKT）、规模因子（SMB）、价值因子（HML）、动量因子（MOM）、债券因子（BOND10）、信用风险因子（CBMB10）、债券市场综合因子（BOND_RET）和商品市场风险因子（FUTURES）。下面逐一阐述各因子的定义和计算方法。

1. 股票市场风险因子（MKT）

我们以股票市场大盘指数的超额收益率作为股票市场风险因子的代理变量，所选用的指数为学术界和业界广泛认可的沪深300指数，无风险利率选取为一年期的定期存款利率（整存整取）。其计算公式为：

$$MKT_t = RET\_HS300_t - RF_t \tag{6.1}$$

其中，RET_HS300_t表示沪深300指数在第t个月的月度收益率；RF_t表示一年期定期存款利率在第t个月的月利率（整存整取）。

2. 规模因子（SMB）

规模因子（SMB）用于衡量小盘股和大盘股之间收益率的差异。我们采用 Fama-French 三因子模型中 SMB 因子的构建方法来计算规模因子。具体地，如图 6-1 所示，每年 6 月底，根据 A 股的流动市值（ME）将股票划分为小盘组（Small Cap）和大盘组（Big Cap）两组；随后，基于上一年年报中的账面价值（book value）和上一年 12 月底 A 股流通市值计算出账面市值比（book value of equity to market value of equity，BE/ME），并将股票分为成长组（Growth）、平衡组（Neutral）和价值组（Value）3 组，其占比分别为 30%、40% 和 30%。将上述两次分组进行交叉组合，最终构建出 6 组投资组合。如表 6-1 所示，这 6 组投资组合分别为：小盘价值组（Small Cap Value）、小盘平衡组（Small Cap Neutral）、小盘成长组（Small Cap Growth）、大盘价值组（Big Cap Value）、大盘平衡组（Big Cap Neutral）和大盘成长组（Big Cap Growth）。

图 6-1　SMB 因子股票分组方式示意

表 6-1　　　　SMB 因子构建中的 6 组股票的资产组合分组示意

项目		账面市值比（BE/ME）		
		成长组（30%）	平衡组（40%）	价值组（30%）
股票市值（ME）	小盘组（50%）	小盘成长组（Small Cap Growth）	小盘平衡组（Small Cap Neutral）	小盘价值组（Small Cap Value）
	大盘组（50%）	大盘成长组（Big Cap Growth）	大盘平衡组（Big Cap Neutral）	大盘价值组（Big Cap Value）

每年 6 月底都按这种方式构建一次投资组合，所构建的 6 组投资组合将持有至次年 6 月底。对于每个投资组合，根据其包含股票的 A 股流通市值进行加权计算，可以得到其每个月的收益率。若某只股票在上一年 6 月的数据中缺失（如停牌股），那么无论这只股票是否在未来（如在上一年 7 月）复牌交易，这只股票都不会被纳入上一年 6 月构建的投资组合中。

SMB 因子的计算方法为 3 组低市值投资组合的平均收益率减去 3 组高市值投资

组合的平均收益率。这个因子在学术界得到了广泛应用，其中一个原因是该因子对应的投资组合可以通过买入部分股票和做空另一部分股票的方式构建。其计算公式为：

$$SMB_t = \frac{(Small\ Value_t + Small\ Neutral_t + Small\ Growth_t)}{3} \\ - \frac{(Big\ Value_t + Big\ Neutral_t + Big\ Growth_t)}{3} \quad (6.2)$$

其中，$Small\ Value_t$、$Small\ Neutral_t$、$Small\ Growth_t$、$Big\ Value_t$、$Big\ Neutral_t$ 和 $Big\ Growth_t$ 分别为不同组合在第 t 个月的月收益率。Fama-French 三因子模型采用上述方法计算 SMB 因子，旨在在计算小盘股相对于大盘股的超额收益时，有效控制股票的账面市值比（BE/ME）。

3. 价值因子（HML）

价值因子（HML）反映高账面市值比股票和低账面市值比股票之间的收益率差异。在计算该因子时，我们借鉴了 Fama-French 三因子模型中 HML 因子的计算方法。其计算方法和 SMB 因子的计算方法一致，最终同样构建出 6 个投资组合。

HML 因子的计算方法为两组高账面市值比投资组合的平均收益减去两组低账面市值比投资组合的平均收益。其计算公式为：

$$HML_t = \frac{(Small\ Value_t + Big\ Value_t)}{2} - \frac{(Small\ Growth_t + Big\ Growth_t)}{2} \quad (6.3)$$

其中，$Small\ Value_t$、$Big\ Value_t$、$Small\ Growth_t$ 和 $Big\ Growth_t$ 分别为不同组合在第 t 个月的月收益率。Fama-French 三因子模型采用上述方式计算 HML 因子，旨在在计算高账面市值比股票相对于低账面市值比股票的超额收益时，有效控制股票的市值（SIZE）。

4. 动量因子（MOM）

动量因子（MOM）用于衡量过去收益率较高的股票和收益率较低的股票在未来收益率上的差异，其计算方式如图 6-2 所示。具体而言，在每月底（如图 6-2 中 2015-01），根据当月底的 A 股流通市值（ME）将股票等分为小盘组（Small Cap）和大盘组（Big Cap）两组；随后，基于过去 1~11 个月的累计收益率，将股票分为收益下降组（Down Group）、收益不变组（Median Group）和收益上升组（Up Group）3 组，其占比分别为 30%、40% 和 30%。将上述两次分组进行交叉组合，最终构建出 6 组投资组合。如表 6-2 所示，这 6 组投资组合分别为：小盘收益上升组（Small Cap Up）、小盘收益不变组（Small Cap Median）、小盘收益下降组

（Small Cap Down）、大盘收益上升组（Big Cap Up）、大盘收益不变组（Big Cap Median）和大盘收益下降组（Big Cap Down）。

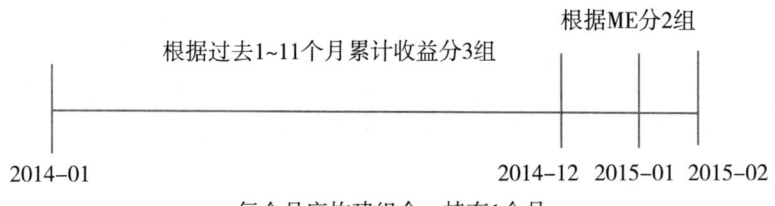

图 6-2 MOM 因子股票分组方式示意

表 6-2 动量因子组股票的资产组合分组示意

项目		过去 1~11 个月的累计收益率		
		收益下降组（30%）	收益不变组（40%）	收益上升组（30%）
股票市值（ME）	小盘组（50%）	小盘收益下降组（Small Cap Down）	小盘收益不变组（Small Cap Median）	小盘收益上升组（Small Cap Up）
	大盘组（50%）	大盘收益下降组（Big Cap Down）	大盘收益不变组（Big Cap Median）	大盘收益上升组（Big Cap Up）

每月底都按这种方式构建一次投资组合，所构建的 6 组投资组合持有至下月底。对于每个投资组合，根据其包含股票的 A 股流通市值进行加权计算，得到每个投资组合在每个月的收益率。

动量因子（MOM）的计算方法为两组历史累计收益率较高投资组合的平均收益率减去两组历史累计收益率较低投资组合的平均收益率。其计算公式为：

$$MOM_t = \frac{(Small\ Up_t + Big\ Up_t)}{2} - \frac{(Small\ Down_t + Big\ Down_t)}{2} \tag{6.4}$$

其中，$Small\ Up_t$、$Big\ Up_t$、$Small\ Down_t$ 和 $Big\ Down_t$ 分别为不同组合在第 t 个月的月度收益率。

5. 债券因子（BOND10）

我们以 10 年期固定利率国债到期收益率的月度变化作为债券因子（BOND10），其计算公式为：

$$BOND10_t = \left(\frac{10\ 年期固定利率国债到期收益率_t}{10\ 年期固定利率国债到期收益率_{t-1}} \right) - 1 \tag{6.5}$$

其中，10 年期固定利率国债到期收益率$_t$ 为第 t 个月的 10 年期固定利率国债的到期收益率。

6. 信用风险因子（CBMB10）

我们以 10 年期企业债（AA-级）到期收益率与 10 年期固定利率国债到期收益率的月度利差变化作为信用风险因子（CBMB10）。其计算公式为：

$$CBMB10_t = \frac{(10\text{年期企业债到期收益率}_t - 10\text{年期固定利率国债到期收益率}_t)}{(10\text{年期企业债到期收益率}_{t-1} - 10\text{年期固定利率国债到期收益率}_{t-1})} - 1$$

(6.6)

其中，10 年期企业债到期收益率$_t$ 为第 t 个月 10 年期企业债（AA-级）的到期收益率，10 年期固定利率国债到期收益率$_t$ 为第 t 个月 10 年期固定利率国债的到期收益率。

7. 债券市场综合因子（BOND_RET）

在 Fung 和 Hsieh（2004）提出的七因子模型中，缺乏一个能够全面反映债券市场状况的因子。根据我国私募基金市场的实际发展情况，我们在私募基金风险因子体系中加入了债券市场综合因子。该因子采用中债综合全价（总值）指数的月度收益率作为代理。中债综合全价（总值）指数的成分涵盖了境内债券市场公开发行的各类债券，主要包括国债、政策性银行债券、商业银行债券、中期票据、短期融资券、企业债、公司债等，但不包含资产支持证券、美元债券和可转债。作为反映境内人民币债券市场价格走势的宽基指数，该指数是债券指数中应用最广泛的指标之一。债券市场综合因子的计算公式为：

$$BOND\_RET_t = \frac{BOND\_INDEX_t}{BOND\_INDEX_{t-1}} - 1$$

(6.7)

其中，$BOND\_INDEX_t$ 为第 t 个月中债综合全价（总值）指数的数值。

8. 商品市场风险因子（FUTURES）

我们采用申万商品期货指数的月收益率作为商品市场风险因子，该指数涵盖了大连商品期货交易所、郑州商品期货交易所和上海商品期货交易所上市的 16 个品种的商品期货。商品市场风险因子的计算公式为：

$$FUTURES_t = \frac{Futures\_Index_t}{Futures\_Index_{t-1}} - 1$$

(6.8)

其中，$Futures\_Index_t$ 为第 t 个月申万商品期货指数的数值。

二、风险因子的描述统计

我们的因子数据从 2000 年 1 月开始，由于不同因子在构建中所需的指数数据起始日期存在差异，各因子的样本数也不相同。具体而言，MKT 因子从 2002 年开始，原因是计算该因子所需的沪深 300 指数数据始于 2002 年；SMB、HML 和 MOM 因子从 2000 年开始；BOND10 因子和 BOND_RET 因子从 2002 年开始；CMBM10 因子从 2008 年开始；FUTURES 因子从 2005 年开始。

表 6-3 展示了八个私募基金风险因子的描述统计结果。从表 6-3 可以看出，八个因子中有六个因子的均值大于 0，分别是股票市场风险因子（MKT），规模因子（SMB）、价值因子（HML）、信用风险因子（CBMB10）、债券综合因子（BOND_RET）和商品市场风险因子（FUTURES），表明这些因子能够带来正收益。然而，动量因子（MOM）和债券因子（BOND10）的均值均小于 0，说明若采用在美国市场有效的趋势投资策略进行趋势投资或根据债券市场的行情变化进行投资，在中国市场无法获利。此外，研究还发现，市场风险因子（MKT）的标准差相对较高，达到 7.76，反映出我国股票市场波动性较高的特点；而债券市场综合因子（BOND_RET）的标准差相对较低，仅为 0.63，体现出债券市场风险较低的特征。

表 6-3 私募基金风险因子描述统计：2000~2024 年

因子	样本数	均值（%）	最小值（%）	Q1（%）	中位数（%）	Q3（%）	最大值（%）	标准差（%）
MKT	275	0.54	-26.15	-4.53	0.34	4.61	27.70	7.76
SMB	300	0.91	-27.45	-1.62	0.99	3.48	23.58	4.84
HML	300	0.10	-11.03	-1.27	-0.02	1.57	9.14	2.64
MOM	300	-0.03	-15.56	-2.33	0.10	2.14	10.49	3.50
BOND10	275	-0.10	-17.24	-3.31	-0.57	2.68	18.34	5.29
CBMB10	203	0.18	-14.38	-2.15	-0.05	1.86	20.23	4.80
BOND_RET	275	0.10	-1.67	-0.29	0.14	0.47	2.67	0.63
FUTURES	300	0.49	-34.82	-3.11	0.22	3.97	24.01	5.66

接下来，我们对各个风险因子逐一进行分析。图 6-3 展示了股票市场风险因子 MKT 的月度收益率和累计净值，该因子收益数据从 2002 年开始。从图 6-3 可见，MKT 因子的累计净值从 2002 年的 1 元开始，增长到 2024 年 12 月的 1.95 元，累计超额收益率为 95%，年化收益率为 2.94%。

此外，MKT 因子的月度收益率整体起伏较大，在 -26%~28% 的区间内波动。2020 年初，尽管新冠疫情导致 A 股市场一度下跌，但在后续央行多轮宽松货币政策的刺激下，股市迅速反弹并开启上涨行情，使得衡量股票市场风险的 MKT 因子累计净值在 2020 年大幅攀升。然而，2021 年 MKT 因子在 3 月和 7 月出现较大回撤，分别下跌 5.5% 和 8%。2022~2023 年，以沪深 300 指数为代表的大盘股业绩表现不佳，MKT 因子的累计净值震荡下行，其中，2022 年累计下跌 23%，2023 年进一步下跌 12%。2024 年，MKT 因子表现有所修复，但震荡较大，尤其是 9 月受到央行货币政策调节和美国降息影响，股市大涨，MKT 因子迎来较大净值涨幅，上涨 13%。

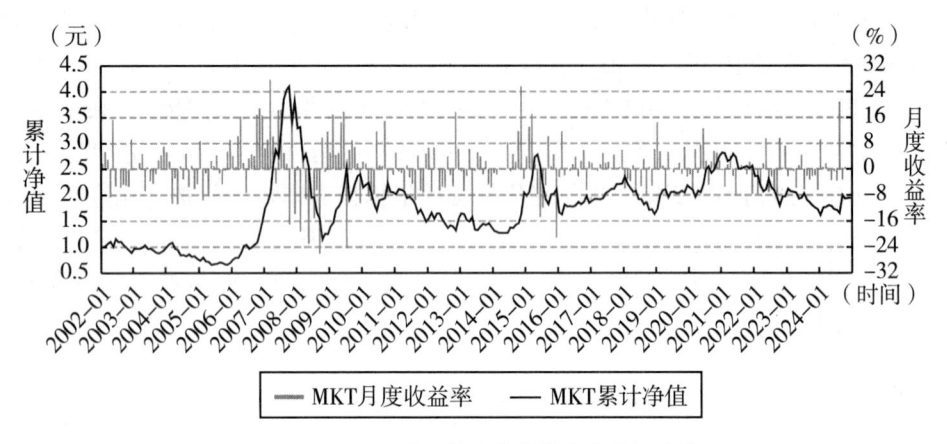

图 6-3 MKT 因子的月度收益率和累计净值

图 6-4 展示了规模因子（SMB）的月度收益率和累计净值走势，从 2000 年初至 2024 年底，SMB 因子的累计净值达到 10.71，年化收益率为 9.95%，表明长期投资小盘股能够获得更高的回报。SMB 因子代表小盘股与大盘股收益率之差，差值为正时，说明小盘股的收益高于大盘股的收益；反之，说明大盘股的收益高于小盘股的收益。2017 年，以蓝筹股为代表的"漂亮 50"股票表现亮眼，沪深 300 指数上涨 21.78%，而中小板指数和创业板指数则分别上涨 16.73% 和下跌 10.67%，小盘股表现明显逊色于大盘股。2017~2018 年，24 个月中仅有 8 个月的 SMB 因子收益为正，其余月份的 SMB 因子收益均为负，表明这一时期大盘股相对小盘股有更好的业绩表现。然而，2018 年底，SMB 因子的累计净值出现了较为明显的拐点，随后的 2019~2020 年，A 股市场回暖，易于炒作、利于赚"快钱"的小盘股受到游资和散户的青睐。2019~2020 年，沪深 300 指数上涨 75.49%，而中小板指数和创业板指数则分别上涨 105.38% 和 141.40%，小盘股的收益大幅超越大盘股。类似地，在 2021 年，中证 500 指数上涨 15.58%，创业板指数上涨 12.02%，而上证 50 指数和沪深 300 指数分别下跌 10.06% 和 5.2%，大盘股业绩和中小盘股业绩形成鲜明对比。SMB 因子在 2021 年持续上涨。2023 年，小盘股表现依然优于大盘股，SMB 因子全年累计上涨 20%。进入 2024 年，小盘股表现并不稳定，上半年，SMB 因子有 4 个月收益为负，下半年 SMB 因子有所回升，但全年来看，累积收益率小于 0，为-3.42%。总的来说，过去 20 多年，小盘股

能够带来较好的投资回报。

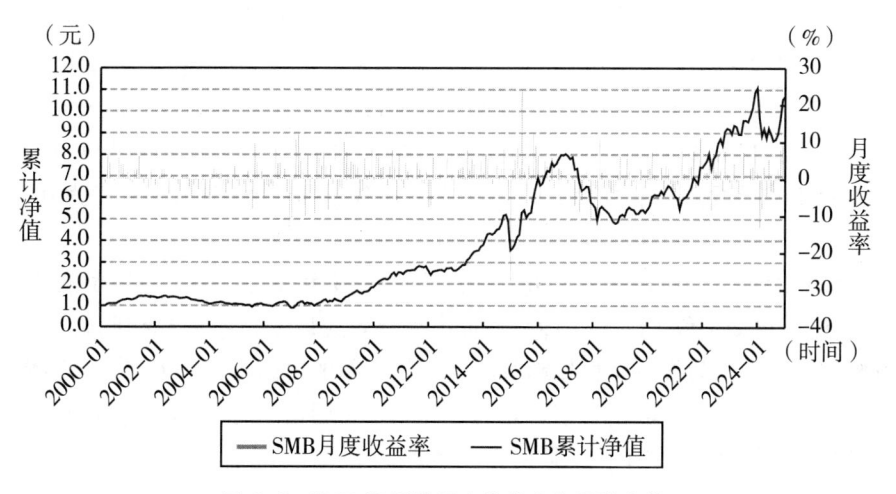

图 6-4　SMB 因子的月度收益率和累计净值

图 6-5 展示了价值因子（HML）的月度收益率和累计净值走势，该因子收益率数据从 2000 年开始。到 2024 年末，HML 因子的累计净值达到 1.31，累计收益率达到 31%，年化收益率为 1.08%。HML 因子衡量的是价值股和成长股收益率之差，当 HML 因子的收益率为正时，说明价值股表现优于成长股；反之，则说明成长股占据优势。从长期表现来看，我国 A 股市场的价值效应并不显著，价值股的整体收益水平并未展现出对成长股的显著优势。

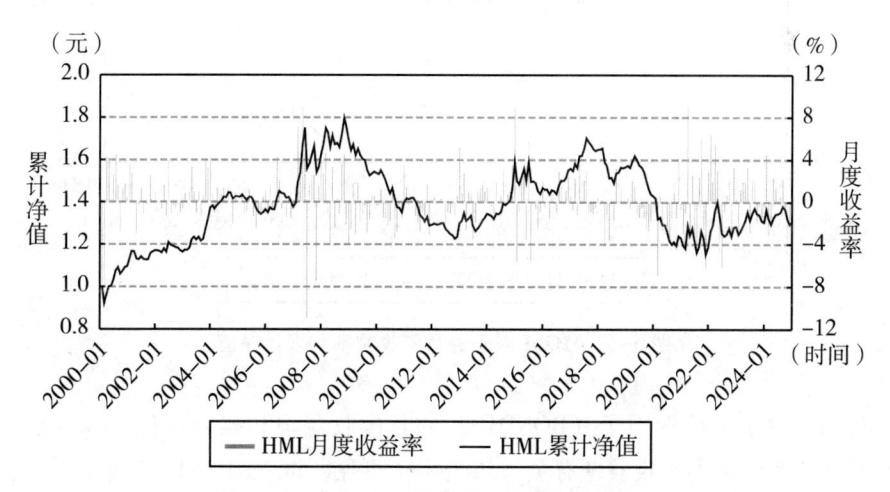

图 6-5　HML 因子的月收益度率和累计净值

此外我们发现，HML 因子在熊市周期中的表现相对优异，如在 2008 年全球金融危机和 2018 年股灾期间，该因子收益率较高，累计净值达到高点。这一现象揭示出价值股（尤其是蓝筹股）在市场下行阶段具有更强的防御属性，业绩往往会超过成长股，能够对冲系统性风险。而在市场行情较好的时间段，如2014年和2019~2021年，HML因子的收益率相对较低，累计净值回落到低点，这种周期差异源于牛市阶段投资者风险偏好抬升，更倾向于为成长股支付估值溢价。因此，成长股的业绩往往会超过价值股。2024年，股票指数涨跌互现，价值股业绩和成长股业绩表现差异也不明显，HML因子全年累积收益率为0.23%，接近于0。

图6-6展示了动量因子（MOM）的月度收益率和累计净值，该因子从2000年开始。自Jegadeesh和Titman（1993）提出动量效应以来，该现象在股票、债券等市场被广泛发现，为投资者挖掘超额收益提供了新的思路。从图6-6中MOM因子的走势可以看出，大多数情况下，若直接套用在美国市场有效的动量因子构造方法去构建中国市场的动量因子，那么我国A股市场的动量效应并不显著，MOM因子的累计净值震荡下跌，到2024年底，该因子的净值仅为0.69，年化收益率为-1.5%，累计收益率为-31%。这说明，持有过去一段时间内收益率高的股票，在下个月不能获得较高的收益率。我国股票市场具有典型新兴市场特征，高频风格轮动、股票波动性高、政策敏感型资金占主导，且投资非理性程度较高，这些都可能是动量因子出现负收益的原因。

图6-6 MOM因子的月度收益率和累计净值

图6-7展示了债券因子（BOND10）的月度收益率和累计净值，该因子与10年期固定利率国债到期收益率有关。从图6-7可见，BOND10因子的累计净值呈现波动态势，自2002年初至2024年底，债券因子年化收益率为-2.8%，累计亏损达48%。2007年，中国宏观经济增长过热，通货膨胀风险增大，货币政策收紧，央行6次加息，债市进入熊市，驱动收益率曲线一路上涨。2008年下半年，受全球金融危机影响，货币政策转向宽松，收益率高位回落；直到2009年，在国家4万

亿的经济刺激下，债市收益率又开始反弹上行。2011年第四季度至2012年期间，宏观经济放缓，货币政策又开始放宽，企业融资成本降低，债市收益率陡峭下行。同样地，2014~2015年，国内经济基本面疲软，内需回落，为降低社会融资成本、刺激经济增长，货币政策再次转为宽松，债市进入牛市，债券收益率曲线呈单边下行趋势。2017年，在金融监管趋严和"去杠杆"等因素的多重影响下，债券市场面临资金流动性分层，债指价格下降，债券收益率上涨。2018~2019年，在国内经济下行压力增大、中美贸易摩擦持续等多重复杂因素的作用下，国债收益率曲线震荡下跌。2020年，虽然经历了年初的新冠疫情，但在持续出台的经济刺激政策下，股市行情向好，万得全A指数全年上涨24%，引发债市的资金外流，导致债市收益率陡峭上升。2023年，受市场降息预期、资本加仓国债等因素影响，债券因子持续走低。2024年，主要受市场降息预期、经济下行压力预期、降息超预期等因素影响，债券因子再次走低。

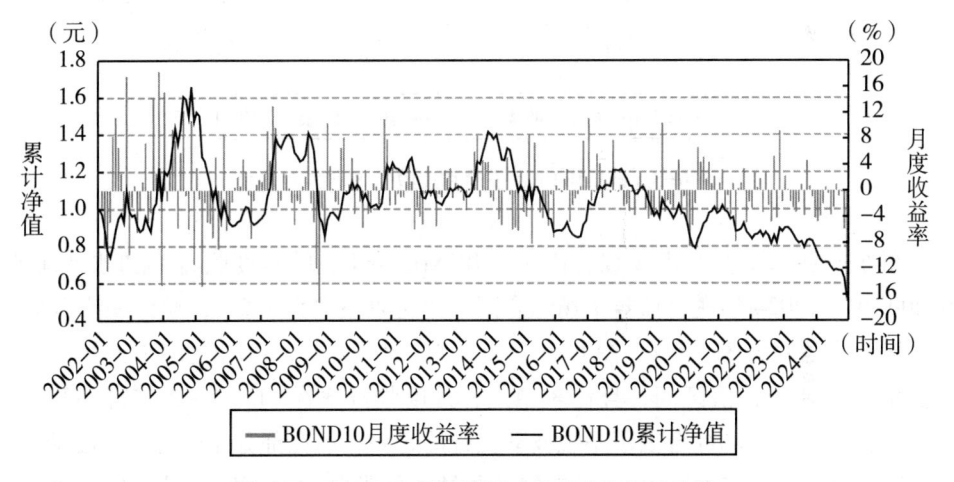

图6-7 BOND10因子的月度收益率和累计净值

图6-8展示了信用风险因子（CBMB10）的月度收益率和累计净值，因受10年期企业债到期收益率数据可获得性的影响，该因子自2008年全球金融危机后纳入观测。截至2024年底，该因子累计净值达到1.15元，年化收益率为0.8%，累计超额收益为15%。从图6-8可见，从2008年开始，CBMB10因子的累计净值多数时间大于1元，累计收益基本为正。2015~2016年，信用风险收益率呈振荡下行趋势，这与宽松的货币政策和利率下行密切相关。2018~2019年是信用债违约事件持续高发期，CBMB10收益率因此振荡上升，企业信用风险不断暴露，10年企业债到期收益率逐步上升。2020年，央行陆续推出的货币政策给信用风险因子带来下行压力，同时，股市繁荣使债市资金出现了萎缩，2020年底"20永煤SP003"违约事件的出现，阻碍了信用市场利率的上行态势，从而信用风险因子全年涨跌相

抵，累计净值与2019年底基本持平。2021年市场出现分层，高等级信用债表现相对较好，但中低评级信用债估值压力较大，信用风险因子小幅上涨。2023年至2024年上半年，信用利差逐步收窄，在此期间CBMB10因子的累计净值持续回落。2024年下半年，受市场风险偏好波动影响，信用利差走阔又收窄，使得CBMB10因子的累计净值出现波动。

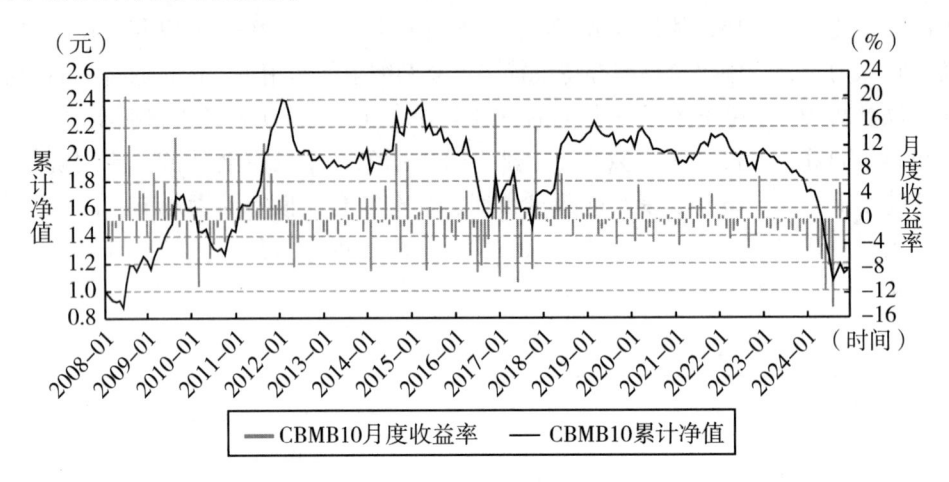

图6-8　CBMB10因子的月度收益率和累计净值

图6-9展示了债券市场综合因子（BOND_RET）的月度收益率和累计净值，从2002年至2024年底，债券市场综合因子年化收益率为1.2%，累计净值为1.31元，累计收益率为31.25%。图6-9显示，自2002年起，BOND_RET因子的累计收益率基本处于正值区间，且比较稳定，月度收益率在-1.7%~2.7%区间震荡。整体来看，债券市场综合因子呈现波动上升的趋势，但在部分年间曾出现波动较大的状况。例如，2017年，由于债市资金紧缺，债券收益率不断上涨，债券价格指数大幅下跌，多数月份中BOND_RET因子的收益率为负数。2018年至2020年第一季度，受经济下行压力和持续宽松的货币政策影响，债券收益率整体下行，推动BOND_RET因子的累计净值回升，在27个月中有22个月实现因子的正月度收益率。2020年4月起，随着A股市场触底反弹，2020年4月1日至2020年12月31日期间，万得全A指数涨幅高达35%，资金从债市大量涌向股市，债券收益率上升，债券价格指数明显下跌。2022~2023年，受经济增长压力和经济基本面预期不确定性的影响，投资者较为谨慎，偏好债券等避险资产，推动债券净值上涨，收益率下行。2024年，化债政策持续发力使城投债等信用债受益于政策支持，同时受"禁止手工补息"政策影响，银行一般性存款流失至非银机构、理财等，流动性充裕，推动债券配置需求增加，债券累计净值持续上涨。但权益市场在上半年疲弱、下半年回暖的波动表现，使债券市场也呈现振荡上涨。

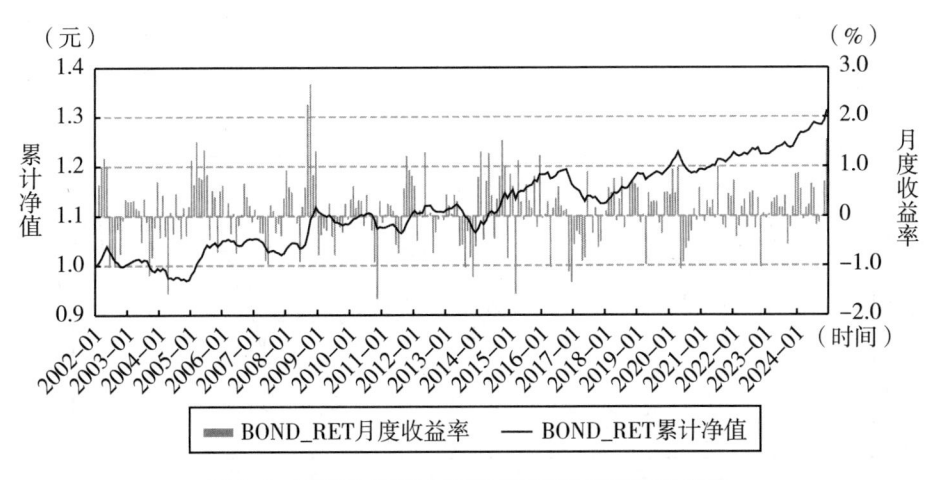

图 6-9 BOND_RET 因子的月度收益率和累计净值

图 6-10 展示了商品市场风险因子（FUTURES）的月度收益率和累计净值变化情况，该因子数据开始于 2005 年。从 2005 年初至 2024 年底，商品市场风险因子累计净值达到 2.24 元，年化收益率为 4.1%。整体来看，FUTURES 因子的收益率波动幅度较大。自 2011 年开始，FUTURES 因子的累计净值呈现持续震荡下跌的趋势，直至 2015 年底才逐步企稳回升。2016 年，伴随供给侧结构性改革，黑色系期货大涨，其他板块也相继出现涨停，商品期货市场交易量刷新历史纪录。2017 年商品期货新品种恢复上市，市场呈波动上涨态势。2018 年，我国期货市场加快对外开放步伐，市场交易额延续前两年增长势头，但在业绩表现上，各商品板块全线收跌。进入 2019 年，商品期货品种进一步丰富，整体上市进程加快，各类品种涨跌互现，整体变化较小。2020 年初，受新冠疫情冲击，大宗商品价格断崖式下跌，各国纷纷出台宽松货币政策以缓解疫情对经济的冲击。我国央行在第一季度货币政策执行报告中明确了宽松货币政策的基调，4 月 M2 增速达到 40 个月以来新高，推动大宗商品价格全面回暖，全年持续上涨。铁矿石、焦炭、玉米、胶合板等品种涨幅均超过 40%，市场超七成的交易品种实现上涨，商品市场风险因子的累计净值也在 2020 年不断上涨。自 2021 年初开始，受海外需求拉动，大宗商品价格持续攀升，6 月起，受能源紧缺问题影响，动力煤、焦煤焦炭等上游原材料以及铝、PVC 等高能耗品种价格大幅上涨，但到了 10 月，煤炭供应增加，国际天然气出口量扩大，能源供给紧张局面明显缓解，大宗商品的需求转弱，价格随之大幅回落。2022~2023 年，受俄乌冲突、美联储加息和经济复苏乏力等多重因素交织影响，全球大宗商品市场反复震荡。2024 年，受全球经济复苏不达预期、美国国内通货膨胀及货币政策不确定性、地缘政治与突发事件影响，原油等商品市场经历了复杂的供需变化，推动了期货

市场的反复波动；而全球不确定性使得贵金属市场持续表现强势，也推动了期货市场的上涨行情。

图 6-10　FUTURES 因子的月度收益率和累计净值

三、私募基金的风险因子归因分析

（一）样本选取

接下来，我们利用前述八个风险因子，分别对每只私募基金的业绩进行归因分析。私募基金样本筛选标准要求截至 2024 年 12 月，基金有不少于 24 个月的净值数据。为了规避结构化基金净值不能全面反映收益情况的问题，在样本中予以剔除。此外，为提高样本数据的准确度，我们还排除了净值重复率超过 10%的基金。本章所用的私募基金数据均来源于万得数据库。图 6-11 详细展示了私募基金样本的筛选流程及各步筛选后剩余的基金数量。截至 2024 年底，从万得数据库下载的有净值数据的私募基金数量为 154 031 只，而在剔除结构化基金和净值重复率高于 10%的基金后，最终满足条件的样本基金数量是 27 753 只。[①]

[①] 前文曾提到只有 810 只私募基金的样本，是在满足过去 5 年内有连续净值的股票型基金的样本。由于 2024 年 8 月 1 日起《运作指引》生效，要求万得等基金销售平台不得披露其不代销的基金数据，相关基金净值从 2024 年 8 月起缺失，导致在 2020~2024 年期间有连续 5 年数据的股票型基金数量下降至 810 只。而本章中我们只要求样本内一只基金在 2003~2024 年有不少于 24 个月的净值数据，因此不满足条件的基金数量较少。

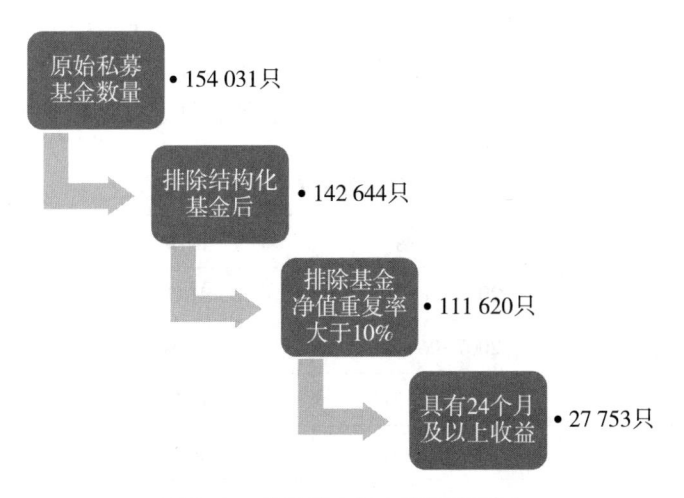

```
原始私募     ● 154 031只
基金数量
      ↓
    排除结构化   ● 142 644只
    基金后
         ↓
       排除基金
       净值重复率  ● 111 620只
       大于10%
            ↓
          具有24个月
          及以上收益  ● 27 753只
```

图6-11　私募基金样本的选取步骤

表6-4展示了不同策略私募基金数量的结构分布情况，样本基金覆盖了普通股票型、相对价值型、股票多空型、债券型、事件驱动型、CTA型和其他策略的私募基金。在全部27 753只样本基金中，主要基于对公司深入研究选股的普通股票策略的基金数量占比最高，为71.8%；其次为CTA型基金（7.2%）、债券型基金（6.9%）和混合型基金（5.7%）；其他策略的基金数量相对较少。

表6-4　　　　　　　　　私募基金样本的基金策略分布情况

基金策略分类	基金数量（只）	数量占比（%）
普通股票型	19 933	71.8
CTA型	2 001	7.2
债券型	1 914	6.9
混合型	1 574	5.7
相对价值型	1 183	4.3
股票多空型	908	3.3
其他型	240	0.9
总计	27 753	100.0

表6-5展示了不同策略私募基金和不同风险因子净值的起始日期。起始日期的差异主要源于数据可得性限制和不同私募基金策略在我国出现、发展的时间不同。我们发现，样本中最早的私募基金的起始日期可追溯至2003年，而在风险因

子中，信用风险因子（CBMB10）和商品市场风险因子（FUTURES）的起始日期分别为 2008 年和 2005 年，晚于 2003 年。为避免损失私募基金的数据，对于这种情况，我们将这两个因子从 2003 年到各自起始日期之间的数据填充为 0。

表 6-5　　　　　　　　私募基金和风险因子净值的起始日期

基金策略	起始日期	因子	起始日期
普通股票型	2003-08-29	MKT	2002-01-31
股票多空型	2007-06-29	SMB	2000-01-31
相对价值型	2004-12-31	HML	2000-01-31
事件驱动型	2008-03-31	MOM	2000-01-31
债券型	2008-04-30	BOND10	2002-01-31
CTA 型	2012-05-31	CBMB10	2008-01-31
—		BOND_RET	2002-01-31
—		FUTURES	2005-01-31

（二）私募基金风险归因模型

基于上述八个风险因子，我们构建出八因子模型并对每只私募基金进行回归分析，具体模型为：

$$R_{i,t} = \alpha_i + \beta_{1,i}MKT_t + \beta_{2,i}SMB_t + \beta_{3,i}HML_t + \beta_{4,i}MOM_t + \beta_{5,i}BOND10_t \\ + \beta_{6,i}CBMB10_t + \beta_{7,i}BOND\_RET_t + \beta_{8,i}FUTURES_t + \varepsilon_{i,t} \quad (6.9)$$

其中，$R_{i,t}$ 为第 t 月私募基金 i 的超额收益率，我们基于考虑私募基金分红再投资的复权净值来计算基金的收益率，并选取一年期定期存款利率作为无风险利率基准；α_i 衡量基金经理基于个人投资能力为投资者创造的超额收益；MKT_t、SMB_t、HML_t、MOM_t、$BOND10_t$、$CBMB10_t$、$BOND\_RET_t$ 和 $FUTURES_t$ 分别为第 t 月的股票市场风险因子、规模因子、价值因子、动量因子、债券因子、信用风险因子、债券市场综合因子和商品市场风险因子的风险溢价，因子回归所得参数的估计值 $\beta_1 \sim \beta_8$ 则量化了私募基金在各风险因子上的敞口。

（三）归因分析结果

表 6-6 展示了不同策略私募基金的因子回归分析结果。从中可见，普通股票

型私募基金的调整后 R^2 最高,平均为 42.7%;其次为事件驱动型私募基金,调整后 R^2 为 33.4%,表明我们所构建的八因子模型可以解释这两类私募基金超额收益率变化的 33%~43%。股票多空型和混合型私募基金的调整后 R^2 在 28%~30%区间内。相比之下,CTA 型私募基金的平均调整后 R^2 相对较低,为 11.9%,说明我们构造的八因子模型未能较好解释该策略基金的超额收益。对比不同策略基金的平均年化 α 可以发现,CTA 型私募基金以 10.7%的年化 α 平均值在所有类型私募基金中居首,说明该策略基金的收益更多来源于基金经理的主动管理能力,而非市场风险溢价,其他策略私募基金的平均年化 α 则都在 6%以内。

同时,我们还观察到,不同策略基金在不同风险因子上的暴露也不相同。当 β 为正且数值越接近于 1 时,表明该私募基金在相应因子上的风险敞口越大。例如,普通股票策略的基金对大盘指数 MKT 因子的风险暴露较高,均值为 0.58,说明该策略基金对股票市场整体波动的风险暴露较高,与其股票型投资属性高度一致,而 β_{BOND_RET} 的均值为-1.03,意味着普通股票型基金的收益与债券市场的收益存在负相关性。事件驱动型基金在 MKT 和 SMB 两个因子上的暴露程度较高,意味着当市场整体上行或小盘股表现优异时,该策略基金往往能获得相应收益增长。相对价值策略的私募基金可细分为市场中性策略和套利策略,其中,市场中性策略基金在构建仓位时主要关注相关联证券之间的价差变化,同时持有空头头寸和多头头寸,因此该策略基金的收益和各个风险因子的相关性较低。

表 6-6　　　　　　　私募基金因子回归结果(FUND BY FUND)

投资策略	基金数量（只）	因子	均值	Q1	中位数	Q3	标准差
普通股票型	19 933	α	3.4%	-1.9%	3.0%	8.2%	12.3%
		β_{MKT}	0.58	0.33	0.59	0.80	0.40
		β_{SMB}	0.17	-0.02	0.12	0.31	0.32
		β_{HML}	-0.20	-0.42	-0.18	0.02	0.50
		β_{MOM}	0.10	-0.07	0.08	0.26	0.36
		β_{BOND10}	-0.13	-0.36	-0.09	0.10	0.63
		β_{CBMB10}	0.03	-0.10	0.00	0.13	0.32
		β_{BOND_RET}	-1.03	-2.66	-0.85	0.67	4.72
		$\beta_{FUTURES}$	0.01	-0.08	0.01	0.10	0.22
		调整后 R^2	42.7%	24.7%	43.1%	61.5%	24.2%

续表

投资策略	基金数量（只）	因子	均值	Q1	中位数	Q3	标准差
CTA型	2001	α	10.7%	1.8%	8.1%	16.0%	17.9%
		β_{MKT}	0.14	-0.05	0.05	0.24	0.37
		β_{SMB}	-0.03	-0.15	-0.02	0.08	0.29
		β_{HML}	-0.03	-0.20	-0.01	0.15	0.48
		β_{MOM}	-0.03	-0.18	-0.02	0.13	0.40
		β_{BOND10}	-0.12	-0.40	-0.10	0.16	0.68
		β_{CBMB10}	0.10	-0.06	0.07	0.22	0.34
		β_{BOND_RET}	-0.84	-2.65	-0.65	1.27	5.09
		$\beta_{FUTURES}$	0.10	-0.04	0.06	0.23	0.31
		调整后R^2	11.9%	-0.5%	7.9%	20.5%	17.4%
债券型	1 914	α	5.8%	-0.1%	3.0%	6.9%	18.9%
		β_{MKT}	0.08	-0.01	0.03	0.12	0.48
		β_{SMB}	0.04	-0.01	0.02	0.07	0.26
		β_{HML}	-0.04	-0.10	-0.02	0.01	0.35
		β_{MOM}	0.02	-0.02	0.01	0.05	0.70
		β_{BOND10}	0.08	-0.02	0.05	0.12	0.72
		β_{CBMB10}	0.03	-0.01	0.01	0.05	0.46
		β_{BOND_RET}	0.82	0.02	0.65	1.29	7.13
		$\beta_{FUTURES}$	0.02	-0.01	0.00	0.03	0.36
		调整后R^2	20.7%	-0.1%	13.2%	36.6%	26.8%
混合型	1 574	α	5.4%	-1.1%	3.8%	10.1%	15.7%
		β_{MKT}	0.38	0.08	0.32	0.58	0.39
		β_{SMB}	0.14	-0.02	0.10	0.28	0.32
		β_{HML}	-0.11	-0.26	-0.08	0.05	0.49
		β_{MOM}	0.06	-0.08	0.05	0.19	0.36
		β_{BOND10}	-0.09	-0.33	-0.10	0.11	0.70
		β_{CBMB10}	0.07	-0.06	0.03	0.17	0.36
		β_{BOND_RET}	-0.75	-2.40	-0.67	0.83	5.88
		$\beta_{FUTURES}$	0.03	-0.05	0.03	0.13	0.22
		调整后R^2	28.4%	9.8%	26.1%	46.4%	23.2%

续表

投资策略	基金数量（只）	因子	均值	Q1	中位数	Q3	标准差
相对价值型	1 183	α	3.7%	−0.6%	2.9%	5.9%	9.3%
		β_{MKT}	0.09	−0.03	0.01	0.11	0.29
		β_{SMB}	0.13	0.02	0.09	0.22	0.23
		β_{HML}	−0.04	−0.10	−0.01	0.06	0.57
		β_{MOM}	0.08	0.00	0.08	0.17	0.32
		β_{BOND10}	−0.04	−0.12	−0.03	0.08	0.38
		β_{CBMB10}	0.03	−0.04	0.01	0.07	0.44
		β_{BOND_RET}	−0.31	−0.96	−0.19	0.56	2.49
		$\beta_{FUTURES}$	0.03	−0.03	0.01	0.07	0.30
		调整后 R^2	21.3%	6.1%	18.3%	32.5%	20.4%
股票多空型	908	α	2.2%	−2.8%	1.4%	6.3%	11.2%
		β_{MKT}	0.35	0.05	0.26	0.59	0.44
		β_{SMB}	0.15	−0.01	0.10	0.25	0.31
		β_{HML}	−0.05	−0.22	−0.06	0.18	0.52
		β_{MOM}	0.08	−0.06	0.09	0.21	0.37
		β_{BOND10}	−0.06	−0.19	−0.07	0.08	0.54
		β_{CBMB10}	0.00	−0.09	−0.02	0.07	0.22
		β_{BOND_RET}	−0.48	−1.72	−0.62	0.60	5.07
		$\beta_{FUTURES}$	0.00	−0.07	0.00	0.07	0.22
		调整后 R^2	29.6%	11.2%	26.4%	47.9%	22.8%
事件驱动型	81	α	2.4%	−4.5%	1.7%	10.5%	13.1%
		β_{MKT}	0.67	0.43	0.64	0.93	0.44
		β_{SMB}	0.44	0.14	0.35	0.61	0.47
		β_{HML}	−0.24	−0.64	−0.12	0.19	0.71
		β_{MOM}	0.02	−0.31	0.00	0.24	0.61
		β_{BOND10}	−0.14	−0.50	−0.12	0.19	1.05
		β_{CBMB10}	0.01	−0.21	−0.01	0.18	0.44
		β_{BOND_RET}	0.21	−3.50	0.20	2.46	8.23
		$\beta_{FUTURES}$	0.06	−0.07	0.03	0.23	0.32
		调整后 R^2	33.4%	17.6%	30.2%	47.8%	19.2%

表 6-7 展现了不同策略私募基金在各因子上回归的显著程度。在 10% 的显著性水平下，普通股票型、混合型、相对价值型和股票多空型基金的 α 呈正显著的比例均超过了 20%。而在债券型基金和 CTA 型基金中，α 呈正显著的比例分别高达 50.4% 和 43.8%，说明固定收益类和管理期货类基金中具备投资能力的管理人占比相对更高。进一步分析四类股票型私募基金发现，除相对价值型私募基金外，其他三类私募基金在股票市场风险因子 MKT 上呈正显著的比例普遍较高。具体来看，普通股票型私募基金中有 85.4% 的基金在 MKT 因子上为正显著，股票多空型基金中有 70.9% 的基金在 MKT 因子上呈正显著，事件驱动型基金中有 86.4% 的基金在 MKT 因子上呈正显著，而相对价值型基金中这一比例仅为 28.7%。如前文所述，这一差异可能主要源于，相对价值策略中的市场中性策略基金通常采用股票多头配合股指期货空头的组合方式以中和市场系统性风险，因此与其他主要投资股票的基金相比，其在 MKT 因子上的风险暴露呈现正显著的比例明显偏低。

表 6-7 私募基金归因分析结果显著性比例统计 单位：%

投资策略	样本数（只）	显著性	α	β_{MKT}	β_{SMB}	β_{HML}	β_{MOM}	β_{BOND10}	β_{CBMB10}	β_{BOND_RET}	$\beta_{FUTURES}$
普通股票型	19 933	正显著	22.8	85.4	41.9	8.1	25.8	6.4	10.4	5.8	15.0
		不显著	70.9	13.3	52.7	54.0	66.4	76.0	79.6	77.3	75.8
		负显著	6.3	1.3	5.4	37.9	7.8	17.7	9.9	16.9	9.2
CTA 型	2 001	正显著	43.8	29.1	11.4	11.0	12.1	6.2	16.5	6.9	33.1
		不显著	53.1	63.8	71.7	74.4	73.5	78.1	76.9	80.0	59.5
		负显著	3.1	7.0	16.9	14.6	14.3	15.7	6.5	13.1	7.3
债券型	1 914	正显著	50.4	40.5	26.9	7.1	12.7	26.7	17.8	37.1	10.4
		不显著	43.2	51.3	66.0	68.4	79.3	67.4	74.8	59.1	82.7
		负显著	6.5	8.2	7.1	24.5	7.9	5.9	7.5	3.8	6.9
混合型	1 574	正显著	30.5	68.9	40.3	6.9	21.5	7.2	15.6	6.8	21.6
		不显著	64.3	28.4	53.4	67.1	69.1	75.4	77.3	77.8	70.3
		负显著	5.2	2.7	6.3	26.0	9.4	17.3	7.1	15.4	8.1
相对价值型	1 183	正显著	37.4	28.7	56.1	14.3	40.2	9.5	12.0	7.8	22.1
		不显著	60.4	57.8	39.7	69.9	53.3	80.6	80.9	81.6	72.2
		负显著	2.2	13.4	4.1	15.8	6.5	9.9	7.1	10.7	5.7
股票多空型	908	正显著	21.7	70.9	49.4	16.3	32.3	6.1	10.1	6.6	14.1
		不显著	68.2	23.9	45.8	59.9	58.2	80.1	80.4	80.1	72.0
		负显著	10.1	5.2	4.7	23.8	9.6	13.9	9.5	13.3	13.9
事件驱动型	81	正显著	6.2	86.4	56.8	9.9	17.3	4.9	11.1	3.7	12.3
		不显著	88.9	12.3	40.7	58.0	66.7	82.7	85.2	84.0	80.2
		负显著	4.9	1.2	2.5	32.1	16.0	12.3	3.7	12.3	7.4

注：显著性水平为 10%，t=1.282，表中数字为处于各个显著水平基金的比例。

对于主要投资债券的债券型基金、主要投资期货的 CTA 型基金及跨资产配置的混合型基金，我们发现债券型基金在三种债券类因子（BOND10、CBMB10、BOND_RET）上呈现正显著关系的比例在 17%~37% 之间，要低于其在 MKT 因子上的正显著比例，反映出部分债券型基金可能存在策略漂移行为。CTA 型基金中，有 33.1% 的基金在 FUTURES 因子上的回归系数是正显著的。混合型基金中，有 68.9% 的基金在 MKT 因子上呈正显著，在债券类因子（BOND10、CBMB10、BOND_RET）上的正显著比例在 6%~16% 之间，有 21.6% 的基金回归到 FUTURES 因子时是正显著的。

四、私募基金指数的风险因子归因分析

除了对每只私募基金进行因子回归分析之外，我们还以第五章所构建的私募基金指数为研究对象，用指数收益率对因子进行回归，分析不同策略基金指数在八个风险因子上的风险暴露。

（一）私募基金指数风险归因模型

基于上述八个风险因子，我们构建八因子模型并对不同策略的私募基金指数进行回归分析。具体模型为：

$$INDEX_{R_{i,t}} = \alpha_t + \beta_{1,i}MKT_t + \beta_{2,i}SMB_t + \beta_{3,i}HML_t + \beta_{4,i}MOM_t + \beta_{5,i}BOND10_t \\ + \beta_{6,i}CBMB10_t + \beta_{7,i}BOND\_RET_t + \beta_{8,i}FUTURES_t + \varepsilon_{i,t} \quad (6.10)$$

其中，$INDEX_{R_{i,t}}$ 为第 t 个月私募基金指数 i 的超额收益率，其他变量的含义与式（6.9）相同。

（二）归因结果分析

表 6-8 展示了不同策略私募基金指数的多因子回归分析结果。从模型解释力角度来看，普通股票型、股票多空型和事件驱动型私募基金指数展现出较高的统计拟合优度，调整后 R^2 均超过 60%。调整后 R^2 最低的私募基金指数是 CTA 型基金，主要原因在于 CTA 策略基金的多空灵活转换机制——这类基金可根据市场走势自由切换多空方向，理论上能在牛熊市环境中均实现盈利，且 CTA 型基金群体内部策略差异显著，FUTURES 因子作为纯多头的因子难以全面刻画这种高度灵活的交易特性所带来的收益，因此调整后 R^2 仅为 4.2%。从超额收益 α 来看，普通股票型、债券型和 CTA 型基金均呈现出统计显著的正向 α，说明对于这些策略的私募

基金，基金经理的主动投资决策能力是其超额回报的主要原因。

表 6-8　　　　　　　不同策略私募基金指数的风险因子回归结果

投资策略	普通股票型	相对价值型	股票多空型	事件驱动型	债券型	CTA 型
起始日期	2005-12	2010-12	2008-12	2011-12	2010-12	2012-12
α	5.1%	2.8%	2.4%	2.3%	4.0%	24.1%
(t 值)	(2.91)	(0.96)	(1.18)	(0.78)	(3.53)	(4.76)
β_{MKT}	0.46	0.17	0.39	0.57	0.04	0.09
(t 值)	(23.58)	(5.24)	(16.34)	(15.44)	(3.04)	(1.69)
β_{SMB}	0.17	0.10	0.19	0.47	0.03	0.18
(t 值)	(6.10)	(2.21)	(5.93)	(9.87)	(1.55)	(2.28)
β_{HML}	-0.21	-0.08	-0.08	-0.23	-0.02	-0.03
(t 值)	(-3.87)	(-0.95)	(-1.14)	(-2.22)	(-0.56)	(-0.20)
β_{MOM}	0.17	0.16	0.07	0.04	-0.04	-0.17
(t 值)	(3.97)	(2.28)	(1.41)	(0.54)	(-1.62)	(-1.39)
β_{BOND10}	-0.09	0.11	-0.07	0.22	0.03	0.07
(t 值)	(-1.79)	(1.02)	(-0.83)	(1.82)	(0.76)	(0.43)
β_{CBMB10}	-0.06	-0.02	-0.05	-0.01	0.00	0.14
(t 值)	(-1.65)	(-0.30)	(-1.42)	(-0.20)	(-0.16)	(1.39)
β_{BOND_RET}	-0.51	0.45	-0.62	0.96	0.74	1.10
(t 值)	(-1.32)	(0.57)	(-1.10)	(1.18)	(2.77)	(0.92)
$\beta_{FUTURES}$	0.01	-0.02	0.01	0.01	0.02	-0.15
(t 值)	(0.36)	(-0.56)	(0.39)	(0.18)	(0.85)	(-2.07)
调整后 R^2	73.0%	13.3%	63.8%	67.2%	10.3%	4.2%

我们还发现，不同策略的私募基金指数呈现出差异化的风险因子暴露。在 10% 显著性水平下，四类股票型私募基金指数都与股票市场风险显著正相关，其中相对价值型私募基金因其策略特征，表现出相对较低的 MKT 因子暴露。此外，在 SMB、HML 和 MOM 这三个衡量股票市场风险的因子中，事件驱动型基金指数在 SMB 因子的暴露程度最高，回归系数高达 0.47，反映出该类基金偏好投资于小市值股票并获得了小盘股风险溢价；普通股票型私募基金指数对 HML 因子的回归系数为负显著，意味着这类基金倾向于配置成长股；对于 MOM 因子，普通股票型和相对价值型私募基金指数在其上的暴露为正显著，β 值均在 0.17 左右，说明这两种私募基金存在追涨杀跌行为。此外，四类股票型私募基金指数与三个债券类风险

因子和一个商品市场风险因子之间未呈现统计显著的关联。对于债券型私募基金指数，可以发现其对债券市场综合表现（BOND_RET）高度敏感，β系数达0.74且统计显著；同时，该策略基金对四个股票风险因子的敏感度或不显著，或经济显著性较低。

（三）稳健性检验

上述分析揭示了一个现象，即一些因子在解释特定策略的私募基金收益时并不显著。例如，三个债券市场因子和一个商品市场因子对大部分股票型私募基金指数缺乏统计显著的解释力。基于这一发现，我们设计了针对性的稳健性检验框架，通过剔除与对应私募基金策略关联度较低的因子，构建更精简的回归模型。具体实施方案为：在分析四类股票型私募基金指数（普通股票型、相对价值型、股票多空型和事件驱动型）时，模型仅保留MKT、SMB、HML和MOM四个股票市场风险因子；对债券型基金指数的归因分析则只保留BOND10、CBMB10和BOND_RET三个债券市场相关因子；而对CTA型基金指数，则仅采用商品市场风险因子FUTURES进行回归。

表6-9展示了在调整模型变量后，不同私募基金策略指数对不同因子回归的结果。结果显示，在剔除了三个债券市场因子和一个商品市场因子之后，普通股票型、相对价值型、股票多空型和事件驱动型私募基金指数的回归模型拟合程度基本保持稳定。对于债券型私募基金指数，在移除了四个股票市场因子和一个商品市场因子后，模型拟合程度和相关因子的显著性水平均无太大变化。在只保留商品市场风险因子后，CTA型私募基金指数的R^2依然很低，仅为1.3%，说明回归结果具有稳健性。正如前文所述，CTA型基金采用双向交易策略，既可做多也能做空，策略涵盖趋势追踪、跨期套利、波动率套利等多种方式，且交易中涉及商品、股指、利率等多种期货品种，因此，仅用单一的做多型商品市场风险因子FUTURES来衡量其风险暴露并不准确，导致了模型拟合程度低、FUTURES因子的回归结果显著性低的结果。

表6-9　不同策略私募基金指数的风险因子回归结果（稳健性检验）

投资策略	普通股票型	相对价值型	股票多空型	事件驱动型	债券型	CTA型
起始日期	2005-12	2010-12	2008-12	2011-12	2010-12	2012-12
α （t值）	4.6% (2.73)	2.9% (1.02)	1.8% (0.90)	2.7% (0.97)	4.7% (4.16)	28.9% (5.99)
β_{MKT} （t值）	0.45 (25.49)	0.17 (5.89)	0.39 (18.44)	0.59 (17.08)		

续表

投资策略	普通股票型	相对价值型	股票多空型	事件驱动型	债券型	CTA 型
β_{SMB} (t 值)	0.17 (6.11)	0.10 (2.18)	0.19 (5.96)	0.47 (9.74)		
β_{HML} (t 值)	−0.21 (−3.76)	−0.09 (−1.06)	−0.07 (−1.04)	−0.23 (−2.23)		
β_{MOM} (t 值)	0.18 (4.26)	0.15 (2.17)	0.07 (1.54)	0.05 (0.64)		
β_{BOND10} (t 值)					0.06 (1.68)	
β_{CBMB10} (t 值)					0.00 (0.23)	
β_{BOND_RET} (t 值)					0.84 (3.07)	
$\beta_{FUTURES}$ (t 值)						−0.14 (−2.08)
调整后 R^2	72.9%	14.0%	64.1%	66.9%	4.4%	1.3%

总体而言，本章中我们所构建的八个风险因子能较为充分地解释普通股票型、股票多空型和事件驱动型私募基金指数的风险敞口。但对于相对价值型、债券型，尤其是 CTA 型私募基金指数，模型拟合效果明显不足，这提示我们需要进一步挖掘能够有效捕捉这些策略风险特征的因子。

五、小结

为了分析各策略私募基金在不同风险上的暴露程度，我们参照美国市场的风险因子，结合我国私募基金的特征，构建出八个中国私募基金风险因子。其中，与股票市场风险相关的因子包括股票市场风险因子（MKT）、规模因子（SMB）、价值因子（HML）和动量因子（MOM）；与债券市场风险相关的因子包括债券因子（BOND10）、信用风险因子（CBMB10）和债券市场综合因子（BOND_RET）；与商品市场风险相关的因子包括商品市场风险因子（FUTURES）。

在分析过程中，我们分别以单只基金和私募基金指数为研究对象，对普通股票型、相对价值型、股票多空型、事件驱动型、债券型和 CTA 型基金进行了回归分析。研究结果表明，单只基金回归分析中，四类股票型基金表现出了较高的模型拟合度，并且与 MKT 因子呈正相关的基金数量占比较高，体现出了股票型基金的特性。而债券型基金和 CTA 型基金的回归模型调整后 R^2 偏低，意味着我们构造的八个风险因子在解释这两种策略的私募基金收益结构时存在一定局限性。

在将各私募基金指数收益回归到八个风险因子时，我们发现普通股票型、股票多空型和事件驱动型私募基金指数的模型拟合程度较高。其中，普通股票型私募基金指数与 MKT、SMB 和 MOM 因子显著正相关，与 HML 因子显著负相关；债券型基金收益与 BOND_RET 因子显著正相关，与另外两个债券因子的相关性不显著；CTA 型基金由于其独特的策略，回归模型的拟合程度较低。通过这些分析，我们可以在一定程度上了解不同策略私募基金的风险敞口，为投资者了解自己所投资的私募基金的收益来源提供了依据。

附录一 股票型私募基金近五年业绩描述统计表（按年化收益率由高到低排序）：2020~2024 年

本表展示的是近五年股票型私募基金的收益和风险指标。其中，收益指标包括年化收益率、年化 α、t (α)、夏普比率、索丁诺比率、收益—最大回撤比率，风险指标包括年化波动率、年化下行风险及五年内最大回撤率。在评估基金的收益与风险时，我们选取万得全 A 指数作为评估标准，并在表中第 0 行给出相关指标的结果。

编号	基金名称	年化收益率 (%)	年化 α (%)	t (α)	年化波动率 (%)	年化下行风险 (%)	最大回撤率 (%)	夏普比率	索丁诺比率	收益—最大回撤比率
0	万得全 A 指数	3.07	0.00	0.00	19.57	10.16	35.38	0.34	0.33	0.33
1	盖德尔雪币 2 号	41.30	24.30	0.90	57.84	13.84	35.55	0.78	3.27	13.03
2	金时量化 1 号	40.53	31.41	1.95	31.31	11.95	27.63	1.20	3.14	16.22
3	锦桐成长 2 号	38.18	59.67	2.36	56.53	18.97	51.34	0.79	2.37	7.87
4	波粒二象趋势 1	35.15	13.17	0.79	36.97	6.72	14.21	0.92	5.07	24.71
5	盈沣远航 1 号	34.85	24.81	1.43	35.90	11.47	39.15	0.96	3.01	8.84
6	银万全盈 7 号	32.88	38.64	2.00	44.19	19.22	30.03	0.81	1.87	10.47
7	路远睿泽稳增	32.49	33.56	1.87	36.01	14.52	28.12	0.92	2.27	10.96
8	大椿鲁班 1 号	29.18	13.55	1.28	25.36	8.84	18.55	1.08	3.10	14.00
9	泽元通宝 1 号	28.55	37.15	4.17	21.19	8.64	13.73	1.23	3.01	18.29
10	纳斯特中昕中证 500 增强 1 号	24.79	27.67	1.89	31.04	9.62	14.95	0.80	2.57	13.55
11	盛天价值成长 1 号	24.63	28.87	1.56	34.37	16.59	31.84	0.77	1.59	6.30
12	达理 1 号	24.04	16.81	1.54	30.60	13.88	34.48	0.80	1.77	5.62
13	宁聚量化稳盈 1 期	23.88	36.09	1.92	39.21	15.72	32.24	0.69	1.71	5.95
14	东方港湾马拉松全球	23.63	28.62	2.43	23.27	10.53	38.36	0.97	2.14	4.92

附录一 股票型私募基金近五年业绩描述统计表（按年化收益率由高到低排序）：2020~2024年

续表

编号	基金名称	年化收益率（%）	年化α（%）	t(α)	年化波动率（%）	年化下行风险（%）	最大回撤率（%）	夏普比率	索丁诺比率	收益—最大回撤比率
15	翼威价值发现1号	23.00	32.03	1.22	53.99	21.88	65.25	0.60	1.47	2.78
16	岁寒知松柏1号	22.93	21.59	1.97	26.37	10.14	23.06	0.85	2.22	7.84
17	复胜富盛1号	22.68	28.87	2.23	26.71	10.54	21.28	0.84	2.13	8.36
18	Prospective Globe Fund	22.42	9.01	0.49	36.15	17.67	49.51	0.70	1.43	3.53
19	盛天价值精选1号	22.39	32.96	1.95	32.03	14.52	36.66	0.74	1.63	4.76
20	世纪前沿指数增强2号	22.08	12.92	2.68	23.29	11.40	23.88	0.91	1.86	7.17
21	下游消费板块H1104	21.66	16.27	1.46	22.33	10.30	30.86	0.92	2.00	5.40
22	祥程汉景港湾1号	21.66	25.13	2.07	23.41	9.58	32.04	0.89	2.18	5.20
23	鹤骑鹰一栗	21.22	14.83	2.50	11.62	3.99	4.54	1.60	4.65	35.67
24	银万全盈5号	20.83	25.96	1.38	41.55	17.57	45.68	0.60	1.43	3.45
25	东方港湾价值投资15号	20.61	25.63	2.00	24.81	11.66	43.00	0.82	1.74	3.61
26	龙旗红旭	20.53	6.75	1.04	23.25	11.54	24.97	0.86	1.73	6.18
27	东兴港湾1号	20.42	22.23	1.95	23.22	11.35	23.77	0.85	1.75	6.45
28	利得汉景1期	20.09	25.32	2.12	23.19	9.50	29.37	0.84	2.05	5.10
29	黑翼风行2号	19.94	6.32	0.76	24.63	11.97	26.67	0.80	1.65	5.56
30	九章幻方中证1000量化多策略1号	19.73	4.60	0.62	23.09	11.70	31.54	0.83	1.64	4.63
31	与瓯华山1号	19.63	25.28	1.79	25.41	9.88	24.58	0.77	1.98	5.90
32	东方港湾马拉松16号	19.60	22.58	1.91	23.13	10.47	39.96	0.83	1.82	3.62
33	赫富1000指数增强1号	19.35	22.17	2.15	26.68	12.38	28.41	0.74	1.59	5.00

· 187 ·

续表

编号	基金名称	年化收益率（%）	年化 α（%）	t(α)	年化波动率（%）	年化下行风险（%）	最大回撤率（%）	夏普比率	索丁诺比率	收益—最大回撤比率
34	量盈中证500指数增强	19.34	9.96	1.23	22.81	9.60	18.47	0.82	1.96	7.69
35	慈阳投资优选3号	19.25	7.82	0.80	21.60	6.00	23.74	0.85	3.06	5.95
36	立本成长	19.22	26.22	2.38	23.66	11.76	21.56	0.80	1.61	6.53
37	东方港湾麒庭1号	19.12	27.40	1.62	32.13	16.21	54.71	0.66	1.30	2.56
38	东方港湾5号	19.02	25.43	2.05	24.66	11.06	40.35	0.77	1.71	3.44
39	仁桥泽源1期	18.96	11.60	2.15	17.32	6.44	17.55	1.00	2.70	7.88
40	鹤骑鹰列墨蔚蓝	18.95	27.83	2.32	27.14	13.33	54.94	0.72	1.47	2.51
41	百泉多策略2号	18.85	24.90	1.76	32.22	13.68	35.01	0.63	1.49	3.92
42	东方港湾望远2号	18.76	24.55	2.34	20.55	8.99	21.92	0.87	1.98	6.22
43	同威大同价值1期	18.47	29.58	1.54	42.74	17.29	45.55	0.56	1.37	2.93
44	银万全盈9号	18.37	36.12	1.74	43.55	21.37	45.42	0.55	1.13	2.91
45	邃泰安全边际1期	18.32	16.24	2.19	16.79	6.21	16.08	1.00	2.70	8.20
46	东方港湾望远3号	17.94	23.11	1.98	22.58	11.14	41.86	0.78	1.58	3.06
47	中信信托锐进35期	17.90	15.96	1.72	26.71	12.79	28.87	0.69	1.45	4.43
48	神农尊享B期	17.87	16.34	1.77	26.88	12.87	28.87	0.69	1.44	4.43
49	天恩马拉松2号	17.87	22.10	1.83	23.27	11.56	42.94	0.76	1.53	2.97
50	华西神农繁荣	17.73	19.19	2.54	23.32	11.09	26.14	0.75	1.58	4.83
51	逐熹鸣哪	17.72	26.14	1.30	41.38	18.99	45.44	0.55	1.20	2.78
52	龙旗巨星1号	17.65	0.08	0.01	16.91	7.37	11.52	0.96	2.20	10.89

附录一 股票型私募基金近五年业绩描述统计表（按年化收益率由高到低排序）：2020~2024年

续表

编号	基金名称	年化收益率（%）	年化α（%）	t（α）	年化波动率（%）	年化下行风险（%）	最大回撤率（%）	夏普比率	索丁诺比率	收益—最大回撤比率
53	泾溪中国优质成长3号	17.64	8.87	0.82	21.89	6.73	17.43	0.78	2.53	7.19
54	九章幻方中证500量化多策略4号	17.56	6.50	1.09	22.30	10.58	32.29	0.77	1.62	3.86
55	中信广金成长6期	17.55	13.29	0.95	31.32	13.72	34.32	0.62	1.41	3.63
56	申九全天候1号	17.52	-1.35	-0.08	36.56	15.24	48.37	0.57	1.37	2.57
57	高毅新方程晓峰2号致信10号	17.48	26.14	4.02	21.82	9.83	22.78	0.78	1.73	5.43
58	金锝中证1000指数增强1号	17.36	9.18	2.59	23.33	12.87	24.59	0.74	1.34	4.99
59	玖月天玺2号	17.31	1.62	0.17	22.98	10.96	16.41	0.74	1.56	7.45
60	金蕴28期（神农春生）	17.23	18.93	2.71	21.26	9.77	20.99	0.78	1.71	5.78
61	赫富500指数增强1号	17.17	6.85	1.64	22.50	10.94	25.13	0.75	1.54	4.81
62	鹿秀驯鹿二号	17.15	17.51	2.24	14.16	2.76	5.88	1.08	5.55	20.54
63	东方港湾价值投资9号	16.96	22.23	1.84	23.08	10.94	43.79	0.73	1.54	2.72
64	东方港湾价值投资12号	16.91	22.61	1.85	23.66	10.80	40.22	0.71	1.57	2.94
65	东方港湾马拉松12号	16.78	22.29	1.82	23.31	10.92	34.90	0.72	1.53	3.36
66	罗马大道鸢尾花1期	16.74	22.13	1.82	27.89	12.38	35.10	0.64	1.43	3.33
67	景富和2016	16.73	8.09	0.82	20.45	10.03	24.54	0.79	1.60	4.76
68	龙航2期	16.73	15.18	1.53	23.78	10.43	40.13	0.70	1.61	2.91
69	百泉进取1号	16.60	23.04	1.74	30.41	13.34	33.86	0.59	1.35	3.41
70	中信托神农1期	16.59	11.34	1.23	25.68	12.32	30.61	0.67	1.39	3.77
71	望岳投资小象1号	16.46	21.49	1.80	27.58	12.34	34.86	0.63	1.41	3.28

· 189 ·

续表

编号	基金名称	年化收益率(%)	年化α(%)	t(α)	年化波动率(%)	年化下行风险(%)	最大回撤率(%)	夏普比率	索丁诺比率	收益—最大回撤比率
72	鸣石春天28号（鸣石）	16.44	1.93	0.24	22.47	11.22	29.79	0.72	1.45	3.83
73	银万价值对冲1号	16.42	15.70	2.11	19.85	9.73	15.59	0.79	1.61	7.30
74	玖月天玺1号	16.36	1.18	0.14	20.98	10.78	17.45	0.76	1.47	6.49
75	仁桥泽源3期	16.32	26.05	3.42	16.70	5.55	16.43	0.90	2.70	6.88
76	东方港湾蓝天	16.30	22.62	1.85	23.49	11.06	41.08	0.70	1.48	2.75
77	黄金优选28期7号	16.14	17.61	2.60	20.56	9.54	20.85	0.76	1.63	5.34
78	东方港湾马拉松1号	16.13	24.43	1.85	25.88	12.89	46.65	0.65	1.30	2.38
79	东方港湾九鲤荷塘	16.11	21.05	1.76	23.13	11.23	42.18	0.70	1.44	2.63
80	静实致远	16.10	5.63	1.08	11.18	2.46	10.85	1.26	5.73	10.23
81	银叶量化精选1期	16.08	8.06	1.86	21.63	10.36	19.23	0.73	1.52	5.76
82	优稳量化对冲套利策略1号	16.00	17.03	1.53	27.95	13.07	28.67	0.61	1.30	3.84
83	东方港湾价值8号	15.90	19.81	1.71	22.36	11.05	41.33	0.71	1.43	2.64
84	盛天阿尔法	15.86	23.31	2.00	24.79	13.40	25.77	0.66	1.22	4.22
85	龙旗御风	15.86	13.47	2.43	16.84	7.64	18.67	0.87	1.92	5.82
86	东方港湾望远12号	15.84	21.04	1.70	24.36	11.28	42.04	0.66	1.43	2.58
87	聚洋多策略稳进	15.83	10.79	1.17	18.26	8.29	24.51	0.82	1.79	4.43
88	弈倍虎鲸	15.80	8.39	1.82	19.84	9.85	20.88	0.76	1.54	5.18
89	鸿道6期	15.79	7.07	0.64	23.64	10.31	39.91	0.67	1.54	2.71
90	东方港湾沽耕	15.78	21.74	1.71	24.57	12.13	47.13	0.66	1.33	2.29

附录一 股票型私募基金近五年业绩描述统计表（按年化收益率由高到低排序）：2020~2024 年

续表

编号	基金名称	年化收益率（%）	年化α（%）	t(α)	年化波动率（%）	年化下行风险（%）	最大回撤率（%）	夏普比率	索丁诺比率	收益—最大回撤比率
91	融临55号	15.69	−0.84	−0.06	35.59	16.24	29.64	0.53	1.17	3.62
92	私募工场青忻	15.66	43.44	2.13	44.13	19.71	56.91	0.50	1.11	1.88
93	高毅晓峰鸿远	15.61	23.86	3.91	20.68	9.78	23.35	0.73	1.55	4.56
94	东方港湾海涛1号	15.61	21.89	1.74	24.20	11.42	41.92	0.66	1.39	2.54
95	博鸿聚义	15.58	26.47	2.78	22.94	9.92	33.13	0.68	1.57	3.21
96	融升稳健1号	15.55	11.67	4.32	5.01	1.11	1.94	2.63	11.89	54.58
97	全意通宝（进取）宏量1期	15.55	14.26	1.67	15.60	5.65	12.31	0.91	2.51	8.62
98	中欧瑞博7期	15.50	17.04	2.18	19.01	6.99	24.82	0.77	2.10	4.25
99	黑翼中证500指数增强专享1号	15.48	3.36	0.61	20.69	9.66	23.82	0.73	1.55	4.42
100	银创联合9号	15.46	10.75	1.34	17.37	7.03	18.73	0.83	2.04	5.62
101	量魁东海龙王2号	15.33	8.44	2.22	7.45	2.36	3.20	1.76	5.55	32.47
102	千象盛世量化选股1号	15.31	16.44	1.34	25.41	10.20	23.80	0.62	1.54	4.36
103	元沐潜龙1号	15.29	32.12	3.93	20.09	9.42	15.78	0.73	1.57	6.57
104	鸣石春天十三号	15.28	1.90	0.29	23.70	11.83	36.00	0.65	1.31	2.88
105	静实稳进1号	15.00	4.94	0.93	11.29	2.56	12.59	1.17	5.14	8.03
106	银万丰泽2号	14.95	11.75	1.50	23.59	12.29	24.52	0.64	1.24	4.11
107	清晨潮水1号	14.87	10.39	1.15	21.58	8.52	24.56	0.68	1.72	4.07
108	东方港湾杰盈1期	14.86	19.21	1.62	22.45	10.70	45.09	0.66	1.39	2.22
109	宏量优选1号	14.84	16.08	2.00	14.52	5.35	9.45	0.92	2.51	10.55

续表

编号	基金名称	年化收益率（%）	年化α（%）	t（α）	年化波动率（%）	年化下行风险（%）	最大回撤率（%）	夏普比率	索丁诺比率	收益—最大回撤比率
110	东方港湾倚天1号	14.82	20.84	1.70	23.36	11.30	40.67	0.64	1.33	2.45
111	中阅源汇2号	14.76	-3.43	-0.21	37.13	18.67	60.12	0.51	1.01	1.65
112	平凡岐诺中证500指数增强	14.74	4.84	0.80	21.67	10.64	21.94	0.67	1.37	4.51
113	东方港湾价值5号	14.70	21.22	1.72	23.54	11.27	42.22	0.64	1.33	2.33
114	承源10号	14.67	5.99	0.41	28.54	13.23	20.11	0.57	1.22	4.89
115	大得东方港湾1号	14.64	20.53	1.64	23.72	10.81	43.25	0.63	1.38	2.27
116	诺银理想人生1期	14.64	14.98	1.15	27.87	12.56	22.40	0.57	1.26	4.37
117	广天水晶南瓜	14.63	13.76	1.74	19.03	9.18	23.78	0.73	1.52	4.12
118	新方程宏量1号	14.59	14.59	1.80	14.84	5.69	12.14	0.89	2.33	8.04
119	东方港湾天子玫瑰	14.51	20.30	1.60	24.33	11.20	42.60	0.61	1.34	2.27
120	聚洋成长	14.46	7.87	0.88	17.84	8.31	25.20	0.76	1.64	3.83
121	希瓦小牛7号	14.40	26.59	2.48	24.77	10.66	38.93	0.60	1.40	2.47
122	建信深盈耀之	14.39	8.26	1.14	16.83	7.24	15.61	0.79	1.85	6.14
123	璟恒五期	14.34	11.27	1.04	26.17	11.27	31.97	0.58	1.35	2.99
124	易同精选3期	14.27	19.01	2.64	17.76	9.68	28.09	0.76	1.39	3.38
125	资瑞兴1号	14.24	9.22	1.42	17.62	7.38	12.00	0.76	1.81	7.88
126	骐邦骐纵优选成长	14.23	2.31	0.39	25.26	11.79	25.47	0.59	1.26	3.71
127	千朔指数增强2号	14.18	6.16	1.42	19.50	10.34	22.06	0.70	1.32	4.26
128	申九全天候3号	13.90	-0.67	-0.04	35.96	16.36	50.33	0.49	1.07	1.82

附录一　股票型私募基金近五年业绩描述统计表（按年化收益率由高到低排序）：2020~2024 年

续表

编号	基金名称	年化收益率（%）	年化α（%）	t(α)	年化波动率（%）	年化下行风险（%）	最大回撤率（%）	夏普比率	索丁诺比率	收益—最大回撤比率
129	银石 9 期	13.88	-2.80	-0.19	29.35	13.06	45.00	0.53	1.20	2.03
130	黑翼中证 500 指数增强 5 号	13.85	7.67	1.91	20.92	11.30	22.18	0.65	1.21	4.12
131	思晔长期 1 号 2 期	13.83	15.03	1.45	20.67	10.31	20.18	0.66	1.32	4.52
132	希瓦小牛精选	13.76	25.72	2.35	25.22	10.68	38.45	0.57	1.35	2.35
133	高毅新方程晓峰 2 号致信 5 号	13.75	21.91	3.47	20.89	9.85	22.78	0.65	1.38	3.97
134	新方程宏量 2 号	13.72	13.21	1.70	14.32	5.64	12.27	0.87	2.20	7.35
135	抱朴精选成长 1 号	13.72	36.52	2.09	35.38	13.16	50.75	0.48	1.29	1.78
136	鸿道 3 期	13.62	-4.13	-0.43	22.69	9.08	29.40	0.60	1.51	3.04
137	睿郡尊享 A 期	13.62	11.32	2.11	16.25	7.32	16.98	0.78	1.72	5.26
138	从容内需医疗 3 期	13.58	23.76	1.78	27.61	16.15	30.93	0.55	0.94	2.88
139	仙童 1 期	13.56	19.44	2.19	18.68	8.89	28.82	0.69	1.46	3.08
140	京福 1 号	13.47	15.50	1.56	32.24	17.31	37.49	0.51	0.94	2.35
141	新活力稳进	13.41	11.37	1.18	29.02	15.57	49.08	0.53	0.98	1.79
142	明汯稳健增长 2 期	13.18	24.68	4.14	17.65	8.33	18.92	0.70	1.49	4.53
143	志强价值成长 1 号 A 类	13.17	15.04	1.38	26.42	11.69	34.67	0.54	1.22	2.47
144	松井伟业 1 号	13.16	7.44	0.89	22.11	10.07	26.60	0.60	1.31	3.22
145	志强价值成长 1 号	13.08	14.79	1.35	26.48	11.65	34.79	0.53	1.21	2.44
146	新方程量化中小盘精选	13.03	6.95	2.29	20.64	11.48	22.60	0.62	1.12	3.74
147	灵均进取优选 1 号	13.00	6.15	1.36	21.99	11.28	31.62	0.60	1.16	2.67

· 193 ·

续表

编号	基金名称	年化收益率（%）	年化α（%）	t(α)	年化波动率（%）	年化下行风险（%）	最大回撤率（%）	夏普比率	索丁诺比率	收益—最大回撤比率
148	远望角咨远1号	12.99	13.26	2.01	15.14	6.47	15.03	0.78	1.84	5.60
149	上海黑极价值精选1号	12.98	18.31	2.17	16.49	7.66	15.31	0.73	1.58	5.49
150	璟恒德弘	12.96	6.70	0.68	25.40	10.76	27.56	0.54	1.28	3.05
151	中欧瑞博17期	12.91	13.32	2.88	16.19	6.76	25.23	0.74	1.77	3.31
152	华炎晨星	12.78	9.17	3.11	7.75	2.95	4.64	1.40	3.69	17.78
153	鸣石春天30号	12.76	-3.82	-0.48	25.94	13.78	35.18	0.53	1.00	2.34
154	宁泉悦享	12.76	6.75	2.34	9.54	3.89	6.17	1.15	2.83	13.33
155	世纪前沿量化对冲9号	12.68	8.94	2.29	8.65	3.70	6.21	1.26	2.93	13.16
156	东方港湾顺天1号	12.67	17.95	1.50	23.04	11.72	41.72	0.57	1.12	1.96
157	拾贝1号	12.57	8.06	1.24	17.54	7.47	13.96	0.68	1.59	5.78
158	盛泉恒元灵活配置8号	12.51	6.73	2.28	12.77	6.13	12.15	0.87	1.82	6.61
159	海浦超平面中证500指数增强1号	12.48	9.77	1.59	21.92	13.01	36.46	0.58	0.98	2.20
160	华炎晨晖	12.45	8.70	2.77	8.01	3.03	5.02	1.32	3.50	15.89
161	中金财富指数增强型FOF1号	12.43	8.27	1.30	18.63	10.28	26.16	0.64	1.16	3.05
162	仁桥泽源尊A期	12.42	5.86	1.12	16.34	6.53	21.99	0.70	1.76	3.62
163	盛麒盛中	12.32	6.95	0.45	29.97	15.71	38.06	0.49	0.93	2.07
164	龙旗紫微	12.29	5.70	1.58	8.01	3.09	5.63	1.31	3.38	13.96
165	东方港湾安享1号	12.27	19.48	1.92	19.67	9.34	38.90	0.61	1.28	2.02
166	泽泉景勃财富	12.25	-0.83	-0.09	21.94	8.44	18.70	0.56	1.46	4.18

附录一 股票型私募基金近五年业绩描述统计表（按年化收益率由高到低排序）：2020~2024 年

续表

编号	基金名称	年化收益率（%）	年化α（%）	t(α)	年化波动率（%）	年化下行风险（%）	最大回撤率（%）	夏普比率	索丁诺比率	收益—最大回撤比率
167	喜世润聚顺1号	12.24	14.54	1.96	21.58	12.82	38.43	0.58	0.97	2.03
168	希瓦大牛1号	12.18	23.47	2.18	24.78	10.71	39.76	0.52	1.21	1.95
169	金田龙盛2号	12.16	22.50	1.73	25.00	11.09	22.55	0.52	1.16	3.44
170	量锐指数增强5号	12.13	5.32	1.51	21.60	11.17	29.83	0.57	1.10	2.59
171	鸣石春天28号2期	12.10	-1.19	-0.16	20.68	11.08	29.95	0.58	1.09	2.57
172	航长常春藤9号	12.09	2.96	0.47	15.76	5.46	16.79	0.71	2.04	4.58
173	希瓦辉耀1号	12.07	15.58	1.27	25.43	11.67	42.80	0.51	1.12	1.79
174	千象卓越2号	11.97	1.34	0.24	21.07	10.77	22.09	0.57	1.11	3.44
175	林园投资37号	11.94	16.33	1.22	31.85	16.88	35.16	0.47	0.88	2.16
176	东方点赞J	11.91	8.21	1.01	21.02	7.99	22.39	0.56	1.48	3.37
177	达仁洽睿2号	11.84	7.89	0.83	17.79	8.33	36.53	0.63	1.35	2.05
178	航长红棉3号	11.79	17.40	3.07	12.35	4.54	13.35	0.84	2.29	5.59
179	远望角容远6期	11.72	10.16	1.49	15.18	6.54	13.31	0.71	1.64	5.56
180	金田洪攻略1号	11.68	21.09	1.62	24.94	11.47	21.78	0.50	1.09	3.39
181	希瓦小牛12号	11.68	22.53	2.09	24.69	10.79	40.18	0.51	1.16	1.84
182	慧明价值成长	11.66	-1.74	-0.17	29.13	13.59	27.24	0.46	0.99	2.70
183	新沽力稳进1号	11.58	7.43	0.75	30.35	16.34	51.37	0.46	0.86	1.42
184	宁聚自由港1号	11.57	10.91	1.85	14.26	6.18	15.31	0.73	1.69	4.76
185	骐邦精选成长	11.53	3.43	0.59	24.48	12.79	28.09	0.50	0.96	2.58

续表

编号	基金名称	年化收益率（%）	年化α（%）	t(α)	年化波动率（%）	年化下行风险（%）	最大回撤率（%）	夏普比率	索丁诺比率	收益—最大回撤比率
186	涵德明德中证500指数增强1号	11.53	0.92	0.20	19.36	10.04	24.51	0.58	1.12	2.96
187	志强价值1号A类	11.49	6.98	0.64	25.67	10.76	32.49	0.49	1.16	2.23
188	黑翼中证500指数增强1号	11.48	4.22	1.04	21.89	11.60	25.58	0.54	1.01	2.82
189	璟恒1期	11.43	10.56	1.44	16.31	7.85	25.81	0.65	1.36	2.78
190	赫富灵活对冲1号	11.39	7.05	1.85	8.41	4.20	13.13	1.15	2.31	5.45
191	致同稳健成长1期	11.38	8.11	4.24	3.77	0.60	0.92	2.49	15.75	77.82
192	东方港湾马拉松15号	11.38	16.61	1.33	24.10	12.25	53.50	0.50	0.99	1.33
193	高毅晓峰尊享L期	11.36	19.85	3.20	20.24	9.57	26.06	0.56	1.18	2.73
194	仁桥泽源建享1期	11.25	5.99	1.16	14.95	5.73	15.85	0.69	1.79	4.44
195	荣观荣兴1号	11.23	2.35	0.30	17.80	5.77	20.43	0.60	1.84	3.44
196	鹿秀标准量化对冲1号	11.15	8.57	2.46	6.33	1.67	2.82	1.47	5.59	24.70
197	理成圣远1号B期	11.14	14.26	1.95	24.63	13.31	29.44	0.49	0.91	2.36
198	华炎晨轩	11.14	7.50	2.45	7.89	3.03	4.81	1.19	3.11	14.45
199	航长常青藤	11.04	12.18	1.65	14.99	5.15	11.51	0.67	1.95	5.98
200	悟空对冲量化11期	11.02	10.88	1.74	16.11	8.47	27.80	0.64	1.21	2.47
201	新方程对冲精选N1号	11.01	8.10	5.11	7.46	3.58	6.23	1.24	2.59	11.02
202	鑫善鑫诺1号	11.01	15.54	1.17	28.01	14.27	48.27	0.46	0.90	1.42
203	中欧瑞博1期	10.99	16.38	2.22	15.83	7.34	19.33	0.64	1.39	3.54
204	中泰星河A期	10.95	13.49	2.15	18.24	8.81	28.42	0.58	1.19	2.40

附录一 股票型私募基金近五年业绩描述统计表（按年化收益率由高到低排序）：2020~2024年

续表

编号	基金名称	年化收益率（%）	年化α（%）	t（α）	年化波动率（%）	年化下行风险（%）	最大回撤率（%）	夏普比率	索丁诺比率	收益—最大回撤比率
205	聚沣1期	10.94	5.51	0.64	17.35	8.38	24.89	0.60	1.24	2.73
206	星石银信宝2期	10.88	22.16	2.23	20.23	9.52	31.79	0.53	1.14	2.13
207	星石1期	10.87	21.26	2.17	20.82	9.73	32.13	0.52	1.12	2.10
208	兴聚财富3号好买精选1期	10.86	13.87	2.29	13.83	6.51	22.23	0.71	1.50	3.04
209	航长红棉2号A	10.84	4.89	0.77	14.36	5.93	11.10	0.68	1.66	6.07
210	红宝石E-1306多元凯利	10.83	2.39	0.46	14.50	6.91	25.77	0.57	1.42	2.61
211	易同成长1号	10.73	8.61	1.13	18.26	8.58	21.32	0.44	1.21	3.12
212	宁波信本资产权益1号	10.69	-3.29	-0.28	28.55	12.23	27.96	0.44	1.02	2.37
213	星石35号	10.63	22.62	2.38	21.37	10.22	31.51	0.51	1.06	2.09
214	New Thinking Global Fund	10.60	27.41	2.08	32.94	14.65	58.24	0.42	0.94	1.12
215	白鹭FOF演武场1号	10.56	7.01	4.11	3.22	0.71	0.90	2.69	12.23	72.89
216	远望角投资1期	10.53	11.74	1.69	15.61	6.48	14.75	0.62	1.50	4.41
217	羲和平衡FOF思享1号	10.53	8.21	1.92	8.81	2.82	7.26	1.01	3.16	8.95
218	银帆3期	10.51	8.52	0.69	26.46	8.88	36.80	0.44	1.32	1.76
219	喜岳云麓	10.47	0.21	0.04	18.68	9.14	19.47	0.54	1.11	3.31
220	盛泉恒元量化套利17号	10.46	6.96	2.60	5.39	2.17	5.90	1.60	3.97	10.91
221	同威阿基米德1号	10.43	21.06	1.10	43.37	19.84	59.60	0.40	0.87	1.08
222	凤翔智恒	10.40	2.69	0.45	18.91	7.41	21.17	0.54	1.36	3.02
223	黑翼风行3号	10.40	10.89	3.00	18.27	8.33	25.55	0.55	1.20	2.51

· 197 ·

续表

编号	基金名称	年化收益率 (%)	年化 α (%)	t (α)	年化波动率 (%)	年化下行风险 (%)	最大回撤率 (%)	夏普比率	索丁诺比率	最大收益—最大回撤比率
224	玖月天玺3号	10.36	-1.91	-0.28	18.33	9.31	23.38	0.55	1.08	2.72
225	希瓦大牛2号	10.35	22.09	2.09	24.43	10.74	40.42	0.46	1.04	1.58
226	易同精选	10.32	9.66	1.27	18.23	8.82	21.71	0.55	1.13	2.92
227	仙童全球全天候	10.30	11.25	1.08	19.48	10.50	26.04	0.52	0.97	2.43
228	私募学院明星8号	10.27	15.89	1.46	23.19	11.87	30.29	0.47	0.92	2.08
229	纽富斯价值精选	10.23	10.56	2.11	9.83	3.68	17.77	0.89	2.38	3.53
230	睿扬精选2号	10.16	2.49	0.29	20.78	8.42	38.02	0.49	1.22	1.64
231	添橙国宏安稳健1号	10.12	12.85	1.58	17.37	8.88	17.78	0.55	1.08	3.48
232	航长鹰眼3号	10.11	10.58	1.10	20.12	10.46	29.11	0.50	0.97	2.12
233	东方港湾三方	10.04	17.23	1.35	23.81	11.64	51.25	0.46	0.93	1.20
234	勤远达观1号	10.04	8.06	0.70	28.72	14.17	46.87	0.42	0.85	1.31
235	金意通宝(进取)-星石兴光1号	10.03	24.01	2.57	21.70	10.30	31.61	0.48	1.00	1.94
236	滕富对冲1号	10.02	4.75	1.06	9.41	3.57	9.68	0.90	2.38	6.32
237	钱塘希瓦小牛2号	9.99	18.31	1.72	22.97	12.12	39.51	0.46	0.88	1.54
238	珺容九华增强5号	9.94	-2.38	-0.32	20.04	9.61	41.36	0.50	1.03	1.47
239	隆新2号	9.93	15.35	2.33	18.47	9.68	25.84	0.52	1.00	2.34
240	齐家科技先锋	9.89	24.22	1.37	40.90	20.94	42.17	0.39	0.77	1.43
241	兴聚智投	9.85	14.52	2.84	11.84	5.86	12.68	0.73	1.47	4.73
242	明达3期	9.78	18.23	1.92	20.23	9.04	43.50	0.49	1.09	1.37

附录一 股票型私募基金近五年业绩描述统计表(按年化收益率由高到低排序):2020~2024年

续表

编号	基金名称	年化收益率(%)	年化α(%)	t(α)	年化波动率(%)	年化下行风险(%)	最大回撤率(%)	夏普比率	索丁诺比率	收益—最大回撤比率
243	中欧瑞博成长智投	9.77	10.75	2.78	13.50	6.02	19.91	0.65	1.45	2.98
244	星石31期	9.76	22.17	2.31	21.51	10.44	32.63	0.47	0.96	1.82
245	兴聚财富7号	9.73	11.41	2.02	13.87	6.76	24.28	0.63	1.29	2.43
246	投资精英(星石B)	9.69	12.26	2.47	22.30	11.03	28.66	0.46	0.92	2.05
247	昭图9期	9.68	3.36	0.34	26.94	11.49	45.32	0.41	0.97	1.30
248	航长常春藤5号	9.59	1.58	0.32	13.47	4.96	8.12	0.63	1.72	7.15
249	盘京盛富9期A	9.53	3.40	0.42	23.94	10.79	41.89	0.43	0.96	1.38
250	睿璞投资-睿洪2号	9.51	14.87	2.15	19.77	9.88	36.25	0.48	0.96	1.59
251	黄金优选13期1号	9.47	12.02	2.46	21.88	10.83	28.01	0.45	0.91	2.04
252	抱朴卓越成长1号	9.47	17.44	1.94	24.17	11.81	38.02	0.43	0.88	1.50
253	中信信托锐进41期	9.47	12.18	2.26	13.39	6.90	19.55	0.63	1.22	2.92
254	兴聚尊享A期	9.47	13.08	1.84	14.75	6.69	19.55	0.58	1.29	2.92
255	景富2期	9.43	-8.27	-0.85	27.98	12.68	43.20	0.40	0.89	1.32
256	五行明石(星石1期)	9.41	12.48	2.71	22.12	10.94	27.70	0.45	0.90	2.05
257	厚山1号	9.36	11.74	1.35	20.20	10.97	18.46	0.47	0.86	3.06
258	远望角答远9号	9.32	10.77	1.79	13.93	6.67	14.98	0.60	1.26	3.75
259	赢仕创盈1号A期	9.29	6.34	2.48	4.99	1.14	3.24	1.51	6.59	17.29
260	星石晋享1号	9.29	13.39	2.47	23.00	11.45	29.08	0.43	0.87	1.92
261	泽京公司精选3期	9.27	-0.23	-0.04	17.47	8.02	24.86	0.51	1.10	2.24

续表

编号	基金名称	年化收益率（%）	年化α（%）	t（α）	年化波动率（%）	年化下行风险（%）	最大回撤率（%）	夏普比率	索丁诺比率	收益—最大回撤比率
262	鼎萨价值精选2期	9.22	3.76	0.28	37.70	20.67	51.46	0.38	0.69	1.08
263	景富优选2期（景富投资）	9.21	-8.35	-0.85	27.56	12.23	42.59	0.40	0.89	1.30
264	宁聚量化优选	9.19	-0.07	-0.01	25.08	15.29	32.42	0.42	0.69	1.70
265	望正西湖	9.19	4.27	0.51	21.10	9.81	24.11	0.45	0.96	2.29
266	盛信7期C	9.18	1.37	0.17	23.36	10.47	44.20	0.42	0.95	1.25
267	勤远动态平衡1号	9.12	19.85	1.33	31.60	14.86	50.42	0.38	0.81	1.09
268	鹤骑鹰知恩	9.11	0.38	0.07	20.38	12.13	19.42	0.46	0.77	2.81
269	涵德量化稳健	9.11	6.52	1.70	7.32	3.31	5.90	1.03	2.27	9.25
270	赢仕创盈1号	9.10	5.12	1.21	8.95	5.23	10.28	0.85	1.46	5.31
271	彤源7号（A）	9.04	5.35	0.75	24.56	12.42	37.75	0.41	0.81	1.43
272	睿璞投资-悠享1号	9.01	13.62	2.07	19.27	9.22	36.79	0.46	0.97	1.47
273	致同宝盈	8.93	6.24	3.72	3.29	0.42	0.41	2.17	16.99	129.32
274	寰宇精选收益之睿益1期	8.89	9.52	2.23	7.79	4.30	10.62	0.94	1.71	5.00
275	沣京价值增强1期	8.87	-2.11	-0.36	17.92	8.23	26.38	0.48	1.04	2.01
276	睿信2期	8.79	10.45	1.23	16.33	8.94	20.17	0.51	0.92	2.60
277	寰宇精选收益之睿益10期	8.79	7.31	1.80	7.41	3.90	8.96	0.97	1.85	5.84
278	中兴兴聚1期	8.77	11.73	2.20	12.83	6.34	23.80	0.60	1.22	2.20
279	中信托兴聚投智尊享A期	8.74	10.71	2.24	12.04	5.16	14.76	0.63	1.47	3.53
280	明汯红橡金麟专享1号	8.73	8.01	3.16	5.03	2.41	4.89	1.39	2.91	10.63

附录一 股票型私募基金近五年业绩描述统计表（按年化收益率由高到低排序）：2020~2024年

续表

编号	基金名称	年化收益率（%）	年化α（%）	t（α）	年化波动率（%）	年化下行风险（%）	最大回撤率（%）	夏普比率	索丁诺比率	收益—最大回撤比率
281	御峰2号	8.69	16.99	1.29	27.42	15.51	25.30	0.38	0.68	2.04
282	宽远价值成长	8.63	9.29	1.85	14.29	7.25	12.10	0.55	1.08	4.24
283	悟空对冲量化3期	8.60	9.06	1.45	15.76	8.55	28.84	0.51	0.94	1.77
284	博隆量化阿尔法	8.59	5.68	1.63	7.09	3.90	11.16	0.99	1.80	4.57
285	平安中证500指数增强优选5号	8.59	8.34	1.35	15.49	7.57	17.69	0.51	1.05	2.88
286	星辰之喜岳2号	8.54	3.38	1.14	12.34	5.73	9.77	0.60	1.30	5.18
287	易同优选	8.53	7.74	0.82	22.95	10.31	24.00	0.40	0.89	2.11
288	中信信托中欧瑞博成长智投尊享A期	8.51	9.61	2.48	13.54	6.15	22.09	0.56	1.23	2.28
289	晋元TOT	8.50	3.88	0.59	14.72	6.62	26.51	0.52	1.17	1.90
290	源乐晟13期	8.50	18.68	1.78	25.72	13.10	48.74	0.38	0.75	1.03
291	彼立弗复利1期	8.49	13.77	1.61	17.19	9.85	30.73	0.47	0.83	1.64
292	中金财富多元化FOF1号	8.46	9.26	3.19	5.62	2.51	5.87	1.21	2.71	8.53
293	希瓦小牛FOF	8.42	21.29	2.15	22.34	12.33	38.38	0.41	0.73	1.30
294	银万阿尔法对冲1号	8.37	4.42	0.77	10.66	5.63	14.37	0.67	1.27	3.45
295	民森K号	8.33	8.88	1.13	21.97	9.94	34.84	0.40	0.89	1.41
296	米牛沪港深精选	8.32	5.99	0.95	26.44	11.85	31.04	0.37	0.82	1.58
297	同创佳业竞争力优选	8.31	8.23	1.15	19.09	10.25	25.69	0.43	0.81	1.91
298	艾方博云全天候1号	8.30	6.57	1.72	8.82	4.06	11.68	0.78	1.70	4.19
299	民森A号	8.30	12.31	1.27	22.25	10.80	32.29	0.40	0.82	1.52

续表

编号	基金名称	年化收益率 (%)	年化 α (%)	t (α)	年化波动率 (%)	年化下行风险 (%)	最大回撤率 (%)	夏普比率	索丁诺比率	收益—最大回撤比率
300	航长常春藤 3 号	8.28	-2.05	-0.25	17.32	7.20	14.13	0.46	1.09	3.46
301	中欧瑞博 4 期	8.27	7.86	1.94	14.39	6.53	23.94	0.52	1.14	2.04
302	钧富奎利 1 号	8.26	3.57	1.95	3.75	1.73	3.32	1.74	3.77	14.68
303	航长红棉 5 号 A	8.17	2.60	0.44	13.93	6.05	11.90	0.52	1.21	4.04
304	平安中证500指数增强优选 6 号	8.10	8.17	1.37	15.41	7.71	17.98	0.48	0.97	2.65
305	泓京价值增强 2 期	8.09	-2.50	-0.43	18.11	8.44	24.80	0.43	0.93	1.92
306	航长常春藤 11 号	8.07	8.00	1.33	15.24	6.37	13.06	0.49	1.16	3.63
307	白鹭 FoF 演武场 6 号	8.05	4.87	4.13	2.40	0.82	1.39	2.62	7.66	34.02
308	中阅被动管理 5 号	8.04	-0.53	-0.01	77.10	30.65	67.83	0.41	1.03	0.70
309	外贸信托重阳目标回报 1 期	8.03	21.82	2.94	19.34	9.43	20.78	0.41	0.85	2.27
310	航长鹰眼 2 号	7.98	7.93	0.90	18.65	10.02	28.15	0.42	0.79	1.66
311	明汯中性 1 号	7.97	5.69	2.02	6.11	3.10	7.95	1.04	2.05	5.88
312	锐进 12 期	7.95	4.26	0.34	35.13	20.43	49.13	0.35	0.61	0.95
313	航长鹰眼 1 号	7.95	8.58	0.92	18.61	10.93	25.71	0.42	0.72	1.81
314	金锝量化	7.92	5.32	3.02	3.81	1.48	3.84	1.63	4.20	12.09
315	阳川雅江 FOF2 号	7.92	28.04	1.90	30.56	16.75	52.11	0.35	0.63	0.89
316	朱雀 13 期	7.91	13.68	2.00	21.62	11.51	32.59	0.39	0.73	1.42
317	衍航 20 号	7.90	-11.36	-1.30	19.82	8.92	36.43	0.40	0.89	1.27
318	睿璞投资-睿泰-睿心 1 号	7.88	11.70	1.81	18.03	9.03	31.17	0.43	0.85	1.48

附录一 股票型私募基金近五年业绩描述统计表（按年化收益率由高到低排序）：2020~2024年

续表

编号	基金名称	年化收益率（%）	年化α（%）	t（α）	年化波动率（%）	年化下行风险（%）	最大回撤率（%）	夏普比率	索丁诺比率	收益-最大回撤比率
319	航长紫荆6号A	7.84	-2.72	-0.44	21.57	8.49	28.68	0.38	0.96	1.60
320	北京雪球开元平衡配置FOF	7.84	2.86	0.63	12.09	5.38	12.60	0.56	1.26	3.64
321	睿洪6号-专研1号	7.81	13.69	2.01	19.55	9.97	37.53	0.40	0.79	1.22
322	航长卓越3号	7.77	12.87	1.32	18.71	9.35	21.19	0.41	0.82	2.14
323	中信金田龙盛	7.73	2.10	0.22	21.52	11.55	26.13	0.38	0.71	1.73
324	外贸工场-致远对冲3号	7.71	4.43	1.80	4.58	2.40	4.49	1.32	2.52	10.01
325	私募工场兴富进取1期	7.63	8.76	0.38	43.47	19.69	62.21	0.33	0.73	0.72
326	宽德中性优选3号	7.61	7.80	2.70	5.69	2.55	3.57	1.06	2.36	12.39
327	宁聚满天星	7.58	3.53	0.81	19.69	9.06	26.43	0.39	0.85	1.67
328	宽德对冲专享1期	7.52	6.17	2.36	4.95	2.53	4.10	1.19	2.33	10.66
329	弈投启航对冲1号	7.47	6.27	0.70	16.75	9.27	18.11	0.42	0.77	2.40
330	新方程大类配置	7.44	4.20	2.17	6.89	3.54	6.82	0.86	1.67	6.32
331	赫富对冲3号	7.42	2.52	0.84	6.32	3.52	9.66	0.93	1.67	4.45
332	精英鹏辉尊享D	7.37	2.42	0.28	21.64	10.69	32.54	0.36	0.74	1.31
333	荷宝环球消费新趋势1号	7.33	14.43	1.54	18.43	10.34	37.30	0.39	0.70	1.14
334	私募工场希瓦圣剑1号	7.31	23.45	2.05	25.72	13.04	49.68	0.34	0.67	0.85
335	望正1号	7.30	11.78	0.99	24.67	13.49	34.34	0.35	0.63	1.23
336	致远对冲1号	7.30	3.70	1.49	4.64	2.48	4.51	1.22	2.29	9.37
337	盘京盛信	7.30	2.86	0.46	19.63	9.25	38.74	0.38	0.80	1.09

· 203 ·

续表

编号	基金名称	年化收益率（%）	年化α（%）	t（α）	年化波动率（%）	年化下行风险（%）	最大回撤率（%）	夏普比率	索丁诺比率	收益—最大回撤比率
338	宽桥名将2号	7.21	-16.26	-2.98	17.31	4.70	19.81	0.39	1.45	2.10
339	金百镕1期	7.20	10.38	1.14	23.76	11.27	39.61	0.34	0.72	1.05
340	元葵宏观策略复利1号	7.17	7.91	1.80	10.59	5.63	23.62	0.57	1.06	1.75
341	重阳信享价值5号1期	7.14	6.19	1.26	18.03	10.19	24.23	0.39	0.69	1.70
342	石锋厚积一号	7.06	10.56	1.11	21.53	10.95	44.91	0.35	0.69	0.91
343	凤翔长盈	7.06	-0.44	-0.08	17.98	7.63	23.38	0.38	0.90	1.74
344	世通5期	7.05	-4.57	-0.40	25.11	11.84	44.20	0.33	0.70	0.92
345	拾贝智投	7.04	9.69	1.86	13.51	7.52	11.59	0.46	0.83	3.50
346	悟空对冲量化11期（好买）	7.02	7.46	1.27	14.35	8.08	26.54	0.44	0.78	1.52
347	睿信价值精选	6.98	4.20	0.40	25.67	13.53	33.98	0.33	0.63	1.18
348	景于投资平衡型FOF	6.98	-26.19	-3.00	29.35	9.83	22.54	0.29	0.88	1.78
349	盘世3期	6.97	3.33	0.51	19.61	9.25	37.87	0.36	0.77	1.06
350	新方程中国多元化1号	6.97	8.50	1.61	9.67	4.51	13.63	0.59	1.26	2.94
351	大禾合盈1号	6.91	15.63	1.66	18.83	11.89	33.77	0.37	0.59	1.18
352	民森M号	6.90	13.40	1.29	20.64	9.50	32.11	0.35	0.76	1.23
353	平凡歧泓	6.87	-9.82	-1.22	23.16	13.54	41.85	0.34	0.57	0.94
354	笃道1期	6.86	6.09	1.48	9.85	3.29	16.18	0.57	1.70	2.43
355	中信信托宽德对冲专享6期	6.85	5.43	2.25	4.62	2.17	3.11	1.14	2.42	12.62
356	明河精选3	6.84	5.59	0.73	18.36	9.10	22.42	0.37	0.74	1.75

附录一 股票型私募基金近五年业绩描述统计表（按年化收益率由高到低排序）：2020~2024年

续表

编号	基金名称	年化收益率（%）	年化α（%）	t(α)	年化波动率（%）	年化下行风险（%）	最大回撤率（%）	夏普比率	索丁诺比率	收益—最大回撤比率
357	泰和天工2期	6.81	10.79	1.37	18.26	9.98	36.15	0.37	0.67	1.08
358	平凡悟鑫	6.80	3.29	1.51	4.39	0.83	1.03	1.18	6.23	37.91
359	高毅世宏1号赋余5号	6.77	11.27	1.67	18.14	8.39	30.61	0.37	0.79	1.27
360	望正优选3号	6.72	2.67	0.30	22.95	11.60	35.95	0.33	0.65	1.07
361	林园2期	6.70	28.39	2.35	26.72	13.13	46.76	0.32	0.64	0.82
362	宏道沣瑞1号	6.70	10.23	1.53	19.31	10.34	42.95	0.35	0.66	0.89
363	中信信托朱雀20期	6.70	8.74	1.49	18.34	9.56	32.69	0.36	0.69	1.17
364	望华卓越高分红价值成长	6.66	5.01	0.59	24.76	10.24	45.41	0.32	0.76	0.84
365	中信信托宽德对冲专享10期	6.56	5.50	2.37	4.42	2.18	3.76	1.12	2.28	9.95
366	新方程泓澄精选-尊享A	6.49	19.06	1.34	30.36	11.79	49.70	0.29	0.75	0.74
367	兆元大类资产配置1期	6.45	0.74	0.15	11.07	5.40	21.12	0.48	0.99	1.74
368	重阳1期	6.41	8.90	1.39	19.74	9.78	19.05	0.33	0.68	1.91
369	榜祥红旗多策略	6.40	-2.38	-0.33	22.25	9.49	34.50	0.31	0.74	1.05
370	域秀智享3号A期	6.34	7.60	1.16	22.14	11.89	44.38	0.32	0.59	0.81
371	悟空对冲量化6期	6.31	6.52	1.04	15.65	8.65	30.27	0.37	0.68	1.18
372	中邮永安金石	6.30	2.44	1.85	2.87	1.02	1.35	1.62	4.57	26.53
373	宽远沪港深精选	6.29	19.17	2.83	17.22	9.48	24.40	0.35	0.64	1.46
374	磐厚动量-旅行者2号	6.29	10.06	1.45	20.34	10.06	33.59	0.33	0.66	1.06
375	投资精英（朱雀B）	6.29	11.16	2.03	20.53	11.59	37.81	0.33	0.58	0.94

· 205 ·

续表

编号	基金名称	年化收益率（%）	年化α（%）	t(α)	年化波动率（%）	年化下行风险（%）	最大回撤率（%）	夏普比率	索丁诺比率	收益—最大回撤比率
376	基石价值发现1号	6.27	-4.12	-0.17	49.23	19.87	58.74	0.30	0.76	0.61
377	大禾投资-掘金23号	6.25	12.24	1.26	22.96	14.10	45.27	0.32	0.51	0.78
378	中邮永安钱潮FOF3号	6.25	2.89	1.71	3.36	1.41	2.17	1.38	3.29	16.32
379	长阳似锦1期	6.23	1.51	0.25	18.87	7.38	22.30	0.33	0.84	1.58
380	朱雀1期（深国投）	6.21	10.78	1.24	19.90	10.82	39.29	0.32	0.60	0.89
381	东方港湾远见3号	6.19	9.84	1.10	17.41	8.33	46.78	0.34	0.72	0.75
382	金铸6号	6.18	4.07	2.69	3.44	1.56	3.44	1.33	2.93	10.15
383	兆天尊A期	6.14	5.22	0.55	24.88	13.75	50.50	0.30	0.55	0.69
384	宽远优势成长2号	6.08	13.61	2.39	14.87	7.83	17.23	0.37	0.70	1.99
385	新方程星动力S7号	6.00	8.11	1.96	16.17	7.62	26.29	0.35	0.73	1.29
386	航长常春藤13号A	5.97	1.48	0.28	12.04	5.11	14.33	0.42	0.98	2.35
387	黄金优选4期1号（朱雀）	5.97	10.70	1.99	20.00	11.31	37.27	0.31	0.55	0.90
388	中信信托高毅庆瑞瑞远	5.95	4.38	0.58	22.91	9.57	51.82	0.30	0.71	0.65
389	中信信托拾贝智投尊享A期	5.89	6.99	1.48	14.33	7.56	15.57	0.37	0.69	2.13
390	睿郡稳享尊享A期	5.88	1.10	0.26	13.66	6.61	21.36	0.38	0.78	1.55
391	瑞智精选拾贝1号（华润）	5.85	11.19	1.04	21.12	9.91	29.62	0.30	0.63	1.11
392	喜岳1号多策略	5.85	-2.84	-0.73	14.41	6.59	19.38	0.36	0.79	1.70
393	金铸中性量化优选1号	5.84	4.18	2.79	3.34	1.53	3.19	1.27	2.78	10.28
394	银万丰泽精选1号	5.83	3.11	0.74	11.85	6.32	15.95	0.41	0.77	2.05

附录一 股票型私募基金近五年业绩描述统计表（按年化收益率由高到低排序）：2020~2024 年

续表

编号	基金名称	年化收益率（%）	年化α（%）	t（α）	年化波动率（%）	年化下行风险（%）	最大回撤率（%）	夏普比率	索丁诺比率	收益—最大回撤比率
395	炳耀新龙一号	5.80	5.59	0.48	34.92	17.95	59.73	0.28	0.55	0.55
396	中信信托睿信稳健配置 TOF	5.77	2.39	1.92	4.05	1.76	4.03	1.04	2.38	8.03
397	明河精选 2	5.73	4.57	0.58	18.62	9.26	23.03	0.31	0.62	1.40
398	锐进 39 期民森多元策略	5.70	2.57	0.35	20.01	8.96	31.33	0.30	0.67	1.02
399	千朔量化 15 号	5.63	3.28	1.53	4.69	2.65	4.85	0.87	1.55	6.50
400	明河精选 2019	5.61	5.79	0.81	17.69	8.99	23.34	0.31	0.61	1.34
401	西藏隆源对冲 1 号	5.60	16.32	2.14	19.16	8.73	33.14	0.30	0.65	0.95
402	榜样多策略对冲	5.59	-3.68	-0.60	20.70	8.97	30.81	0.29	0.66	1.01
403	丰岭远航母基金	5.57	3.27	0.42	18.23	10.31	28.30	0.30	0.54	1.10
404	凯丰宏观策略 11-17 号	5.56	3.32	0.39	21.14	11.12	42.25	0.29	0.55	0.74
405	菁英时代价值成长 3 号	5.56	1.28	0.11	30.27	17.00	45.56	0.28	0.50	0.68
406	金蕴 30 期	5.52	2.94	0.30	29.49	11.97	29.86	0.27	0.66	1.03
407	汇享 2 号 1 期	5.49	0.20	0.02	19.52	9.69	40.15	0.29	0.59	0.76
408	九坤统计套利尊享 A 期	5.45	5.46	1.49	7.43	4.68	10.55	0.55	0.88	2.88
409	东方港信湾创业成长	5.41	12.55	0.98	24.20	11.86	60.86	0.27	0.56	0.50
410	凯丰宏观对冲 12-14 号	5.35	3.10	0.35	21.96	10.89	41.06	0.28	0.56	0.73
411	金蕴 105 期（融科信 1 号）	5.35	-1.90	-0.19	27.32	13.44	37.41	0.27	0.54	0.80
412	黑翼市场中性 5 号	5.34	2.49	0.70	6.99	3.49	8.64	0.57	1.13	3.44
413	慧选 FOF 领先 11 期	5.33	2.93	1.31	6.05	3.16	7.93	0.64	1.23	3.74

· 207 ·

续表

编号	基金名称	年化收益率（%）	年化α（%）	t(α)	年化波动率（%）	年化下行风险（%）	最大回撤率（%）	夏普比率	索丁诺比率	收益—最大回撤比率
414	五岳归来量化贝塔	5.31	0.55	0.13	17.39	8.20	25.26	0.29	0.62	1.17
415	朝景-沧海1号	5.29	10.17	0.89	27.90	13.32	55.19	0.26	0.55	0.53
416	国盛科新1期	5.24	1.18	0.86	3.57	1.92	2.85	1.03	1.92	10.21
417	道谊稳健	5.22	10.41	1.48	18.46	8.62	38.66	0.28	0.61	0.75
418	万柞一号	5.20	12.29	1.18	25.27	11.97	50.65	0.26	0.55	0.57
419	玖月寰宇1号	5.18	-8.00	-1.11	18.26	9.96	26.00	0.28	0.52	1.11
420	中信托常春藤目标	5.12	-0.99	-0.14	22.11	10.51	42.97	0.26	0.56	0.66
421	思瑞2号	5.09	-1.30	-0.28	9.27	4.98	14.48	0.42	0.78	1.95
422	航长卓越理财1号	5.04	12.73	1.41	19.60	11.26	31.75	0.27	0.47	0.88
423	凯丰宏观策略12-12号	5.02	3.15	0.36	22.02	10.96	41.88	0.26	0.52	0.66
424	雷钧瞭望者12号	4.92	10.15	1.07	21.57	9.59	51.69	0.26	0.58	0.53
425	汇远量化定增3期	4.92	15.36	1.54	22.45	11.93	51.75	0.26	0.48	0.52
426	中阆新锐2号	4.91	2.21	0.32	26.66	14.83	49.74	0.26	0.46	0.54
427	宁聚量化稳增1号	4.91	10.77	0.84	28.83	17.53	38.66	0.26	0.43	0.70
428	明河优质企业	4.91	5.68	0.73	19.74	9.74	23.49	0.26	0.53	1.15
429	宽远价值成长2期	4.83	19.81	3.00	17.17	9.76	29.33	0.27	0.48	0.91
430	华夏未润时量化1号	4.78	-5.81	-0.99	18.97	9.86	20.87	0.26	0.49	1.26
431	慧选FOF领先1期	4.74	1.63	0.66	7.04	3.63	11.60	0.48	0.93	2.25
432	睿信	4.73	10.89	0.99	20.55	10.27	21.16	0.25	0.50	1.23

附录一 股票型私募基金近五年业绩描述统计表（按年化收益率由高到低排序）：2020~2024年

续表

编号	基金名称	年化收益率（%）	年化α（%）	t（α）	年化波动率（%）	年化下行风险（%）	最大回撤率（%）	夏普比率	索丁诺比率	收益—最大回撤比率
433	鲲鹏227号	4.71	-1.13	-0.24	9.46	5.35	10.34	0.37	0.66	2.51
434	智诚11期	4.69	7.51	0.78	24.64	11.75	43.48	0.24	0.51	0.59
435	道谊红杨	4.68	10.18	1.40	20.77	10.33	44.11	0.25	0.50	0.58
436	明河成长2号	4.46	8.73	1.03	18.07	9.71	19.63	0.25	0.46	1.24
437	和澋1号	4.45	0.78	0.45	8.78	4.17	16.50	0.37	0.78	1.48
438	中金财富市场中性FOF3号	4.44	2.17	1.26	3.73	2.03	3.70	0.78	1.44	6.56
439	安进13期壹心对冲1号	4.44	-1.02	-0.22	9.61	6.52	21.36	0.35	0.51	1.14
440	海浦超平面量化对冲1号	4.42	2.34	0.51	8.93	4.88	15.81	0.36	0.66	1.53
441	中信信托睿享增利TOF	4.41	1.39	0.80	3.78	2.06	5.54	0.77	1.41	4.35
442	明河2016	4.40	5.17	0.68	19.38	9.60	23.25	0.24	0.48	1.03
443	翼虎成长1期（翼虎）	4.34	10.09	1.22	20.59	11.80	38.32	0.23	0.41	0.62
444	汇利增长	4.28	-2.09	-0.25	25.50	12.44	38.85	0.23	0.47	0.60
445	智德1期	4.25	6.08	0.88	16.08	9.31	31.17	0.25	0.42	0.74
446	睿信榜样对冲1号	4.24	-5.56	-0.89	20.81	9.22	33.90	0.22	0.51	0.68
447	中信信托衍航1号	4.24	-4.62	-0.81	12.86	4.66	22.35	0.27	0.74	1.03
448	中金财富市场中性FOF1号	4.24	2.04	1.20	3.67	1.98	4.44	0.74	1.37	5.20
449	量锐对冲尊享A期	4.23	4.28	1.49	5.91	3.32	7.20	0.48	0.85	3.20
450	巨杉净值线3号	4.22	6.11	0.96	19.20	9.13	29.72	0.23	0.48	0.77
451	展博5期	4.22	-2.19	-0.30	17.42	7.60	32.20	0.23	0.54	0.71

· 209 ·

续表

编号	基金名称	年化收益率（%）	年化α（%）	t(α)	年化波动率（%）	年化下行风险（%）	最大回撤率（%）	夏普比率	索丁诺比率	收益—最大回撤比率
452	中信银帆8期	4.20	-3.88	-0.38	23.67	10.04	38.47	0.22	0.52	0.59
453	鑫安泽雨7期	4.15	7.83	1.09	16.08	8.12	35.52	0.24	0.47	0.64
454	中信诚盛1期	4.08	5.40	1.39	10.18	5.22	20.44	0.30	0.58	1.08
455	中金财富市场中性FOF2号	4.04	2.17	1.28	3.62	2.04	4.35	0.70	1.24	5.04
456	海浦中证500指数增强5号	4.02	3.27	0.50	21.40	13.73	46.66	0.22	0.35	0.47
457	私募工场丰收1号	4.01	-6.89	-0.85	20.21	10.45	37.72	0.22	0.42	0.58
458	榜祥绩优	4.01	-4.52	-0.76	20.99	9.25	35.72	0.21	0.48	0.61
459	凯丰宏观策略10-3号	4.00	2.34	0.26	21.42	10.81	41.72	0.22	0.43	0.52
460	展博专注B期	3.99	-3.03	-0.42	17.26	7.63	32.50	0.22	0.50	0.67
461	波尔	3.97	0.84	0.23	7.90	4.27	7.83	0.34	0.63	2.75
462	鼎锋2期	3.96	2.19	0.29	21.89	10.72	50.81	0.21	0.44	0.42
463	新方程巨杉-尊享B	3.89	3.14	0.61	15.53	7.50	20.35	0.22	0.46	1.03
464	中信明达6期	3.88	5.53	0.70	20.06	10.56	48.19	0.21	0.40	0.44
465	乾元TOT	3.88	0.29	0.23	3.56	1.73	4.68	0.67	1.37	4.47
466	朱雀20期之慧选11号	3.81	7.05	1.41	15.64	9.11	32.48	0.22	0.38	0.63
467	泾溪中国优质成长	3.80	-1.79	-0.17	22.63	12.78	30.62	0.21	0.37	0.67
468	厚品资产复利1号	3.72	3.56	1.13	8.63	4.53	13.31	0.29	0.56	1.51
469	托付宝TOF-6号	3.68	0.54	0.27	4.15	2.51	5.86	0.53	0.88	3.39
470	保银-好买中国价值1期	3.65	1.15	0.34	6.87	3.87	10.48	0.34	0.60	1.88

附录一　股票型私募基金近五年业绩描述统计表（按年化收益率由高到低排序）：2020~2024年

续表

编号	基金名称	年化收益率（%）	年化α（%）	t（α）	年化波动率（%）	年化下行风险（%）	最大回撤率（%）	夏普比率	索丁诺比率	收益—最大回撤比率
471	大明投资复兴	3.64	5.30	0.38	33.74	18.40	59.06	0.23	0.42	0.33
472	相聚信辉1期	3.61	-1.55	-0.25	16.05	7.71	35.00	0.21	0.43	0.56
473	誉辉慧裕1号	3.56	-0.30	-0.02	30.25	17.91	43.32	0.22	0.37	0.44
474	坤德永盛2期	3.56	8.44	1.24	17.47	9.84	36.13	0.20	0.35	0.53
475	永安国富永富11号A期	3.47	4.27	0.59	18.45	8.11	36.31	0.19	0.43	0.51
476	中信信托沃胜1期	3.41	-2.83	-0.40	26.77	12.72	44.96	0.20	0.41	0.41
477	波尔A	3.40	0.57	0.17	7.19	3.88	6.87	0.29	0.54	2.65
478	臻宜兴成长	3.37	-8.07	-0.79	22.36	13.31	34.39	0.19	0.32	0.53
479	钱缘稳增1号	3.37	9.68	0.75	26.74	15.00	43.69	0.20	0.35	0.41
480	相聚资本优粤33号22期	3.35	0.55	0.08	17.77	8.78	43.85	0.19	0.38	0.41
481	睿利价值精选	3.34	6.39	0.60	29.57	17.23	48.31	0.21	0.36	0.37
482	外贸信托天井稳健	3.33	-3.74	-0.71	12.42	6.55	20.12	0.20	0.39	0.89
483	相聚芒格红利尊享A期	3.33	-5.16	-0.76	18.38	8.00	48.79	0.18	0.42	0.36
484	壹心对冲1号	3.32	-1.99	-0.43	9.51	6.59	21.45	0.23	0.34	0.83
485	拾贝尊享D期	3.32	2.83	0.54	15.05	8.80	17.39	0.19	0.33	1.02
486	投资精英之域秀长河价值2号	3.31	7.14	1.48	22.14	13.11	43.50	0.19	0.32	0.41
487	从容医疗精选	3.30	-0.76	-0.07	24.29	14.26	39.72	0.19	0.33	0.44
488	明法股票统计套利尊享G期	3.29	2.15	0.80	5.49	2.93	8.08	0.34	0.64	2.17
489	衍航12号	3.27	-14.30	-1.69	18.75	8.45	41.71	0.18	0.40	0.42

· 211 ·

续表

编号	基金名称	年化收益率（%）	年化 α（%）	t (α)	年化波动率（%）	年化下行风险（%）	最大回撤率（%）	夏普比率	索丁诺比率	收益—最大回撤比率
490	外贸信托拾贝尊享 B 期	3.27	4.58	0.93	15.51	8.75	24.33	0.19	0.33	0.72
491	津旺 298 号	3.26	3.97	1.36	5.44	3.72	9.26	0.34	0.50	1.88
492	东方港湾策远 13 号	3.24	7.86	0.99	15.34	8.43	43.63	0.19	0.34	0.40
493	德毅远方 3 号	3.24	1.52	0.13	28.16	15.28	49.65	0.20	0.36	0.35
494	丰岭精选好买 B 期	3.23	2.51	0.36	17.37	10.27	31.17	0.18	0.31	0.55
495	重阳价值 9 号	3.15	14.44	1.44	20.84	9.18	34.08	0.17	0.40	0.49
496	源乐晟优选 1 期	3.06	12.54	1.30	23.52	13.24	51.07	0.18	0.32	0.32
497	悟空 3 号	3.04	1.34	0.35	11.85	6.79	32.79	0.18	0.32	0.49
498	新思哲 1 期	3.01	12.92	1.22	25.90	12.25	45.96	0.18	0.38	0.35
499	德毅源盛 1 号	3.00	1.45	0.11	29.50	15.58	40.90	0.19	0.37	0.39
500	抱朴卓越成长 1A 号	2.97	7.40	1.05	16.73	8.92	37.79	0.17	0.31	0.42
501	平凡信诺	2.97	-0.75	-0.26	5.81	3.79	13.54	0.28	0.42	1.17
502	保银-好买紫荆怒放 1 期	2.93	3.02	0.69	16.62	8.38	40.15	0.16	0.33	0.39
503	汇利 3 期	2.84	-2.88	-0.42	22.55	11.95	35.10	0.17	0.31	0.43
504	展博精选 C 号	2.83	-4.30	-0.52	19.19	9.47	30.52	0.16	0.32	0.49
505	万利富达德盛 1 期	2.82	24.11	2.75	20.92	12.45	39.83	0.16	0.28	0.37
506	开宝 1 期	2.81	8.32	1.05	15.44	8.61	21.76	0.16	0.28	0.68
507	仙童 FOF1 期	2.80	15.09	1.47	19.87	12.96	32.42	0.17	0.25	0.46
508	君理金牛座 2 号	2.77	0.50	0.06	16.81	9.34	45.34	0.16	0.28	0.32

附录一　股票型私募基金近五年业绩描述统计表（按年化收益率由高到低排序）：2020~2024 年

续表

编号	基金名称	年化收益率（%）	年化 α（%）	t（α）	年化波动率（%）	年化下行风险（%）	最大回撤率（%）	夏普比率	索丁诺比率	收益—最大回撤比率
509	淡水泉平衡 3 期	2.75	6.16	0.99	19.68	9.69	42.62	0.16	0.32	0.34
510	尚雅 8 期	2.74	18.53	1.69	22.45	10.44	38.94	0.16	0.35	0.37
511	新方程精选 E5 号	2.72	3.76	0.66	15.98	9.18	33.90	0.15	0.27	0.42
512	珺容量化精选 3 号	2.70	0.64	0.26	5.45	2.60	12.05	0.24	0.50	1.18
513	智诚 16 期	2.66	3.44	0.32	27.31	13.51	49.13	0.17	0.35	0.29
514	东方港湾鸿毅家树 1 号	2.63	5.09	0.61	16.41	8.63	46.43	0.15	0.28	0.30
515	金戈 21 期（泓璞 1 号）	2.62	-3.97	-0.39	27.52	13.41	44.81	0.17	0.35	0.31
516	布谷中际公转 1 号	2.61	12.71	1.31	24.44	13.99	43.57	0.16	0.29	0.32
517	未来西湖 2 号	2.59	9.02	1.36	21.78	11.23	43.09	0.15	0.30	0.32
518	中信信托高毅信恒精选 FOF 尊享 1 期	2.51	6.15	1.22	18.35	8.95	35.01	0.14	0.29	0.38
519	宽桥管理期货 1 号	2.51	-0.84	-0.11	13.73	7.91	30.73	0.14	0.24	0.43
520	源乐晟-尊享晟世 2 号	2.51	6.37	0.81	24.23	12.52	59.86	0.16	0.30	0.22
521	东方马拉松中国企业价值精选	2.43	13.63	1.55	21.38	13.19	44.90	0.15	0.24	0.28
522	德毅恒升	2.43	1.56	0.12	30.76	17.66	44.84	0.18	0.32	0.28
523	毅木动态精选 1 号	2.43	3.93	0.87	14.46	7.91	26.93	0.13	0.24	0.47
524	中信信托道睿择 1 期	2.36	2.20	0.40	11.50	6.34	26.02	0.13	0.23	0.48
525	明河清源 5 号	2.28	16.45	2.21	18.64	10.43	26.38	0.13	0.23	0.45
526	投资精英之重阳（B）	2.26	4.80	0.92	20.00	10.20	30.11	0.13	0.26	0.39
527	平安财富黄金优选 10 期 8 号	2.25	4.80	0.93	19.81	10.10	29.70	0.13	0.26	0.40

· 213 ·

续表

编号	基金名称	年化收益率（%）	年化α（%）	t(α)	年化波动率（%）	年化下行风险（%）	最大回撤率（%）	夏普比率	索丁诺比率	收益—最大回撤比率
528	弘酬精选FOF2期	2.23	0.10	0.06	5.75	3.03	11.11	0.15	0.29	1.05
529	域秀长河复利2号	2.23	21.68	3.29	23.37	13.18	46.27	0.15	0.26	0.25
530	民晟锦泰3号	2.23	-4.85	-0.66	17.80	7.54	39.79	0.12	0.29	0.29
531	榕树盛世增长8期	2.21	-1.39	-0.15	25.45	10.85	51.65	0.15	0.34	0.22
532	金石3期	2.20	11.68	0.80	37.23	18.74	65.47	0.20	0.39	0.18
533	华夏未领时对冲1号尊享A期	2.19	8.21	1.18	23.72	12.15	47.08	0.14	0.28	0.24
534	瀚信猎鹰1号	2.16	14.59	1.02	38.10	21.85	64.58	0.21	0.36	0.18
535	泓澄锐鑫智投	2.10	5.77	0.91	19.77	10.45	44.96	0.13	0.24	0.24
536	黄金优选10期3号（重阳）	2.10	4.66	0.91	19.72	10.09	29.92	0.12	0.24	0.37
537	京盈稳健资本001号	2.09	-2.13	-0.81	8.93	6.11	19.05	0.11	0.16	0.57
538	重阳价值3号B期	2.06	6.58	0.99	20.66	10.79	28.08	0.13	0.24	0.38
539	金辇动态灵活1期1号	2.06	7.95	0.92	22.67	12.34	41.66	0.13	0.24	0.26
540	黄金优选7期2号	2.05	-4.60	-0.66	23.02	11.05	36.20	0.13	0.28	0.30
541	甄投中证1000指数增强	2.05	-3.50	-0.57	21.62	11.73	43.16	0.13	0.24	0.25
542	合德丰泰	2.03	-2.45	-1.07	6.68	3.72	14.13	0.11	0.19	0.75
543	中信信托重阳8期	2.02	-4.49	-0.80	15.63	7.36	19.98	0.11	0.23	0.53
544	慧博清和泉	2.02	12.45	1.22	25.39	13.07	49.82	0.14	0.28	0.21
545	九霄稳健9号	2.01	11.16	1.27	19.01	12.12	40.71	0.12	0.19	0.26
546	盛世知己1期（原鼎锋8期）	1.99	-6.00	-0.64	30.03	12.39	58.02	0.15	0.37	0.18

附录一　股票型私募基金近五年业绩描述统计表（按年化收益率由高到低排序）：2020~2024年

续表

编号	基金名称	年化收益率（%）	年化α（%）	t（α）	年化波动率（%）	年化下行风险（%）	最大回撤率（%）	夏普比率	索丁诺比率	收益—最大回撤比率
547	道谊稳赢	1.94	8.50	1.15	20.49	9.92	49.67	0.12	0.24	0.20
548	元兹FOF1号	1.91	6.19	1.42	14.47	8.73	32.29	0.10	0.16	0.31
549	沣杨目标缓冲	1.88	2.72	0.74	13.14	7.80	23.82	0.09	0.16	0.41
550	投资精英（汇利B）	1.87	-4.40	-0.60	24.29	11.85	37.86	0.13	0.27	0.26
551	淡水泉专项3期	1.87	7.40	0.98	24.01	12.32	53.54	0.13	0.25	0.18
552	德丰华1期	1.84	-0.88	-0.18	14.06	7.07	24.61	0.09	0.18	0.39
553	黄金优25期1号	1.81	-4.88	-0.52	26.07	13.09	43.13	0.14	0.27	0.22
554	中信信托汇利优选2号	1.79	-4.87	-0.70	23.17	11.48	35.50	0.12	0.25	0.26
555	海浦量化对冲7号	1.78	7.29	1.89	8.65	5.26	13.69	0.07	0.12	0.67
556	智诚5期	1.78	2.09	0.23	23.91	11.61	41.48	0.13	0.26	0.22
557	牧圜畅享壹号	1.76	6.19	1.72	9.00	6.19	19.27	0.07	0.11	0.47
558	中信信托开宝2期	1.75	7.77	1.24	16.68	9.99	27.87	0.10	0.16	0.33
559	鑫安9期	1.73	3.26	0.48	13.23	7.49	31.12	0.08	0.14	0.29
560	智诚15期	1.72	6.12	0.58	25.83	12.87	47.34	0.13	0.26	0.19
561	悟空2号	1.72	-1.14	-0.30	13.48	7.76	35.11	0.08	0.14	0.25
562	翼虎成长18期	1.67	7.51	0.96	18.45	11.24	37.63	0.10	0.16	0.23
563	宁聚量化精选	1.65	-1.14	-0.11	26.60	17.20	36.96	0.14	0.22	0.23
564	中信信托鑫安1期	1.61	5.07	0.67	15.98	8.41	35.07	0.08	0.16	0.24
565	紫金观富1号	1.61	2.65	0.52	15.30	8.38	35.43	0.08	0.15	0.23

续表

编号	基金名称	年化收益率（%）	年化α（%）	t(α)	年化波动率（%）	年化下行风险（%）	最大回撤率（%）	夏普比率	索丁诺比率	收益—最大回撤比率
566	明达	1.61	7.74	0.86	24.10	13.77	58.92	0.12	0.22	0.14
567	长见10号	1.53	2.79	0.56	14.20	7.75	31.26	0.07	0.13	0.25
568	源乐晟·嘉享晟世6号	1.52	6.60	0.86	23.35	12.23	56.98	0.11	0.22	0.14
569	卓越理财1号	1.51	3.44	0.77	14.14	7.70	27.03	0.07	0.13	0.29
570	长见精选3号	1.44	6.21	1.10	15.14	8.35	32.74	0.11	0.13	0.23
571	中信品正理翔2期	1.41	1.54	0.21	23.22	10.79	39.43	0.09	0.23	0.18
572	明达西湖9期	1.39	6.24	0.80	18.78	9.88	49.37	0.09	0.16	0.15
573	睿郡优选1期	1.38	14.27	3.10	11.15	8.84	28.21	0.05	0.06	0.25
574	中信信托高毅庆瑞瑞远尊享1期	1.35	0.62	0.08	22.34	9.93	54.83	0.10	0.22	0.13
575	衍航11号	1.35	-17.11	-1.97	19.16	8.09	38.53	0.08	0.19	0.18
576	益宽稳增1期	1.34	-15.23	-1.61	33.41	15.30	59.60	0.14	0.31	0.12
577	东源1期	1.33	2.38	0.40	18.78	8.16	26.73	0.08	0.18	0.26
578	中信信托大朴进取1期	1.31	0.37	0.08	14.77	8.22	30.82	0.06	0.11	0.22
579	沃胜5期	1.26	-9.31	-1.13	25.20	11.76	45.27	0.11	0.23	0.14
580	沣京公司精选9期	1.25	4.94	0.70	15.53	8.88	34.21	0.06	0.10	0.19
581	长见产业趋势2号	1.23	4.09	0.79	15.06	8.52	35.50	0.06	0.10	0.18
582	瑞智精选重阳1号	1.23	11.08	1.16	19.50	8.92	31.45	0.08	0.17	0.20
583	高毅庆瑞尊享AA期	1.22	-0.89	-0.10	23.68	10.37	54.57	0.10	0.23	0.12
584	外贸信托重阳价值1号1期	1.18	-0.58	-0.12	19.81	9.87	33.23	0.08	0.16	0.18

附录一　股票型私募基金近五年业绩描述统计表（按年化收益率由高到低排序）：2020~2024年

续表

编号	基金名称	年化收益率（%）	年化α（%）	t（α）	年化波动率（%）	年化下行风险（%）	最大回撤率（%）	夏普比率	索丁诺比率	收益—最大回撤比率
585	青榕未来	1.17	13.99	1.36	20.66	11.76	40.92	0.08	0.15	0.15
586	承源9号	1.16	8.42	0.48	32.35	17.68	45.31	0.14	0.27	0.13
587	同创佳业沪港深精选	1.16	-9.74	-1.90	16.56	8.45	43.68	0.06	0.12	0.14
588	东方马拉松中国企业价值精选7号	1.11	10.48	0.77	27.25	15.70	46.33	0.12	0.20	0.12
589	高毅利伟	1.11	5.98	1.11	18.99	9.47	38.93	0.07	0.14	0.15
590	津旺307号	1.09	1.68	0.98	3.34	3.09	6.06	-0.11	-0.12	0.92
591	平石T5z对冲	1.04	-4.92	-0.51	23.73	12.93	36.39	0.09	0.17	0.15
592	信鸿观富1号	1.02	14.21	1.42	22.72	12.90	43.34	0.09	0.16	0.12
593	九睿龙军共赢1号	1.01	6.83	0.82	17.07	10.27	36.68	0.06	0.09	0.14
594	榜祥精彩	0.98	-1.02	-0.22	10.84	4.56	23.44	0.00	0.01	0.21
595	炳耀本源	0.93	9.95	0.86	34.02	17.89	59.42	0.14	0.27	0.08
596	睿信3期	0.90	7.41	0.69	22.74	10.79	48.59	0.08	0.17	0.09
597	鼎锋1期	0.86	-3.98	-0.52	21.75	11.35	53.96	0.08	0.14	0.08
598	智诚红树林	0.84	-6.03	-0.80	22.00	10.62	46.02	0.07	0.16	0.09
599	银帆5期	0.82	-8.79	-1.51	13.18	6.83	28.45	0.01	0.02	0.15
600	凯丰优选6号	0.82	2.70	0.39	16.54	9.29	35.10	0.04	0.07	0.12
601	瑞智精选淡水泉A期	0.80	5.06	0.84	18.79	9.61	42.36	0.05	0.10	0.10
602	汇利优选9期	0.76	-6.78	-0.95	23.59	11.47	37.27	0.08	0.17	0.10
603	和聚港股平台	0.72	-3.47	-0.40	19.55	10.35	34.98	0.05	0.10	0.11

· 217 ·

续表

编号	基金名称	年化收益率(%)	年化α(%)	t(α)	年化波动率(%)	年化下行风险(%)	最大回撤率(%)	夏普比率	索丁诺比率	收益—最大回撤比率
604	尚雅9期	0.71	13.28	1.29	24.48	12.75	48.07	0.09	0.17	0.08
605	珺锋量化2号	0.71	-5.65	-1.31	17.97	9.51	38.18	0.04	0.08	0.09
606	中信信托源乐晟锐进58期	0.65	2.41	0.29	23.99	12.44	57.19	0.08	0.16	0.06
607	外贸-永安国富晟富11号D期	0.62	0.98	0.18	15.33	8.12	36.27	0.02	0.03	0.09
608	珺容阳明齐全1号	0.57	25.76	1.39	37.02	19.20	50.83	0.15	0.28	0.06
609	大朴目标	0.49	2.48	0.64	16.32	9.15	36.07	0.02	0.03	0.07
610	丰岭精选1期	0.40	8.65	1.21	14.49	8.83	32.98	0.00	-0.01	0.06
611	中信信托永富优选1号	0.39	5.54	1.00	15.64	9.41	33.27	0.01	0.01	0.06
612	榕树文明复兴3期	0.38	4.95	0.54	21.96	10.74	55.77	0.05	0.11	0.03
613	磐厚动量-旅行者1号	0.38	8.56	1.04	18.34	9.91	32.21	0.03	0.05	0.06
614	禹舜平衡1号	0.36	-7.12	-1.20	19.75	11.22	36.89	0.04	0.07	0.05
615	远策智投	0.34	3.03	0.52	16.81	10.04	37.25	0.01	0.02	0.05
616	长金银信宝1期	0.33	21.08	1.58	26.26	13.99	49.81	0.08	0.16	0.03
617	新方程清和泉1期	0.30	-3.01	-0.33	26.04	13.82	55.61	0.08	0.15	0.03
618	民晟恒益1期	0.29	-6.75	-0.97	17.24	7.73	41.39	0.01	0.03	0.04
619	重阳价值8号富享1期	0.26	1.16	0.21	19.94	9.91	35.54	0.03	0.07	0.04
620	明达2期	0.25	12.27	0.86	27.99	13.17	59.97	0.09	0.19	0.02
621	毅木动态精选2号	0.25	2.50	0.56	14.12	7.88	29.90	-0.02	-0.04	0.04
622	七曜尊享A期	0.20	-1.25	-0.25	14.94	8.24	31.25	-0.01	-0.03	0.03

附录一　股票型私募基金近五年业绩描述统计表（按年化收益率由高到低排序）：2020~2024年

续表

编号	基金名称	年化收益率（%）	年化α（%）	t（α）	年化波动率（%）	年化下行风险（%）	最大回撤率（%）	夏普比率	索丁诺比率	收益—最大回撤比率
623	中信信托锐进47期	0.20	-4.21	-0.74	16.06	8.58	31.25	0.00	-0.01	0.03
624	中信信托远策1期	0.16	2.55	0.42	18.38	10.31	37.16	0.02	0.03	0.02
625	理成转子2号	0.15	-3.67	-0.47	28.36	14.35	46.89	0.09	0.17	0.02
626	道谊泽时2号	0.02	6.22	0.77	22.23	11.65	50.07	0.04	0.08	0.00
627	泰和长兴1期	0.01	4.81	0.72	17.01	10.11	38.35	0.00	-0.01	0.00
628	修一长期价值1号梧桐1号	-0.05	5.26	0.51	26.80	13.67	52.44	0.07	0.14	-0.01
629	珺咨5期	-0.09	-4.88	-0.99	14.24	7.61	40.36	-0.04	-0.08	-0.01
630	泰和天工1期	-0.10	4.11	0.61	17.10	10.33	39.49	-0.01	-0.02	-0.01
631	东方先进制造优选	-0.15	3.68	0.41	21.81	11.88	47.24	0.03	0.06	-0.02
632	榕树文明复兴2期	-0.25	1.81	0.19	22.52	11.52	48.30	0.03	0.06	-0.03
633	悟空3号A期	-0.27	0.23	0.04	12.07	7.30	34.99	-0.09	-0.14	-0.04
634	水芽石成长1号	-0.27	-4.28	-0.70	20.02	9.76	37.26	0.01	0.01	-0.04
635	九霄稳健3号	-0.33	5.95	0.71	16.68	10.40	36.25	-0.03	-0.04	-0.05
636	中信信托和聚鼎宝1期	-0.36	-0.83	-0.06	29.25	13.55	41.47	0.07	0.16	-0.04
637	世诚—诚博	-0.36	1.20	0.32	15.79	8.51	34.81	-0.04	-0.08	-0.05
638	秋阳成长7期	-0.39	-8.65	-0.85	25.87	15.22	39.64	0.05	0.09	-0.05
639	远策对冲1号	-0.40	1.93	0.32	18.48	10.48	39.35	-0.01	-0.02	-0.05
640	九霄投资稳健成长2号	-0.45	5.83	0.68	17.06	10.64	37.21	-0.03	-0.05	-0.06
641	平凡悟量	-0.52	-5.92	-2.42	4.82	3.50	17.55	-0.39	-0.54	-0.15

续表

编号	基金名称	年化收益率（%）	年化α（%）	t（α）	年化波动率（%）	年化下行风险（%）	最大回撤率（%）	夏普比率	索丁诺比率	收益—最大回撤比率
642	榕树文明复兴9期	-0.54	5.12	0.52	22.56	10.68	48.92	0.02	0.03	-0.05
643	朴信创新2号	-0.60	2.05	0.18	23.87	11.24	51.59	0.02	0.05	-0.06
644	高毅利伟精选唯实1号	-0.66	4.55	0.76	21.05	10.52	43.10	0.00	0.00	-0.08
645	博道精选1期	-0.68	5.39	0.71	20.07	12.50	49.24	-0.01	-0.01	-0.07
646	世诚诚信金选2号	-0.77	0.80	0.21	16.25	8.68	35.52	-0.06	-0.11	-0.11
647	双赢1期（瀚信）	-0.80	-7.67	-0.67	32.58	18.72	61.53	0.09	0.16	-0.06
648	东源嘉盈1号	-0.82	0.40	0.04	22.12	10.44	37.38	0.00	0.00	-0.11
649	中信信托汇利优选	-0.82	-5.16	-0.71	23.50	12.29	40.56	0.01	0.03	-0.10
650	瑞智精选成泉汇涌9期	-0.83	-3.15	-0.33	19.05	11.09	31.49	-0.03	-0.05	-0.13
651	智诚19期	-0.89	-4.84	-0.70	20.75	10.33	47.58	-0.02	-0.03	-0.09
652	和聚鼎宝母基金	-0.94	0.72	0.07	25.63	14.35	36.84	0.03	0.05	-0.13
653	泓澄优选10号	-0.95	-0.79	-0.09	24.44	12.70	50.82	0.02	0.03	-0.09
654	九霄华睿1号	-1.00	9.70	1.00	20.64	14.17	41.65	-0.02	-0.02	-0.12
655	熙山稳健成长6号	-1.10	-5.79	-0.73	19.80	9.99	43.91	-0.04	-0.07	-0.12
656	中信信托高毅信恒国鹭尊享1期	-1.13	4.02	0.48	22.29	12.51	36.94	-0.01	-0.02	-0.15
657	毅木资产海阔天空1号	-1.16	1.07	0.22	14.16	7.96	31.14	-0.12	-0.21	-0.18
658	华金1号	-1.17	-4.19	-0.72	20.30	10.27	32.60	-0.03	-0.07	-0.18
659	淡水泉2008	-1.22	2.87	0.37	22.91	12.23	53.32	-0.01	-0.02	-0.11
660	九霄湾区1号	-1.24	4.92	0.60	16.56	10.10	36.41	-0.08	-0.14	-0.17

附录一 股票型私募基金近五年业绩描述统计表（按年化收益率由高到低排序）：2020~2024年

续表

编号	基金名称	年化收益率（%）	年化α（%）	t（α）	年化波动率（%）	年化下行风险（%）	最大回撤率（%）	夏普比率	索丁诺比率	收益—最大回撤比率
661	鼎萨3期	-1.29	4.41	0.27	32.93	17.78	62.50	0.07	0.14	-0.10
662	淡水泉信泉1期	-1.36	12.06	1.04	22.79	11.14	54.95	-0.02	-0.04	-0.12
663	鼎晖百孚证券类组合策略	-1.41	-6.15	-1.34	17.20	9.10	40.43	-0.09	-0.17	-0.17
664	珺容锐远1号	-1.42	-6.66	-1.00	17.56	9.51	54.40	-0.08	-0.15	-0.13
665	东方马拉松凯旋1号	-1.43	8.18	1.34	13.99	9.21	42.29	-0.14	-0.21	-0.17
666	泾溪佳盈3号	-1.45	9.32	0.50	38.80	21.17	58.20	0.11	0.21	-0.12
667	远策致盈1号	-1.54	1.97	0.24	20.08	11.25	44.39	-0.05	-0.10	-0.17
668	大明投资宏端	-1.57	0.41	0.04	22.85	12.83	33.25	-0.03	-0.05	-0.23
669	中阅新锐1号	-1.58	-6.38	-0.84	24.64	14.09	52.17	-0.01	-0.01	-0.15
670	奕金安1期	-1.60	4.36	0.59	21.77	11.81	38.55	-0.04	-0.07	-0.20
671	尚诚	-1.63	3.97	0.35	24.07	13.55	50.92	-0.01	-0.03	-0.16
672	长见策略1号	-1.65	0.43	0.08	15.21	9.00	42.61	-0.13	-0.23	-0.19
673	惠理中国新时代优选1号	-1.73	-8.23	-1.35	21.53	9.20	46.59	-0.05	-0.12	-0.18
674	谦璞多策略稳健1号	-1.75	1.23	0.13	21.91	11.67	51.54	-0.04	-0.08	-0.16
675	中信托和聚5期	-1.78	-6.20	-0.69	23.67	12.85	33.48	-0.02	-0.04	-0.26
676	榕树科技新能源3号	-1.79	0.83	0.08	25.76	12.10	58.56	-0.01	-0.01	-0.15
677	中信托鑫涌成泉	-1.80	-7.83	-0.82	25.42	14.36	43.13	-0.01	-0.01	-0.20
678	投资精英（淡水泉B）	-1.82	4.81	0.63	24.22	12.90	55.70	-0.02	-0.04	-0.16
679	中贸信托高信百诺1期	-1.83	3.47	0.48	19.18	10.12	49.58	-0.08	-0.15	-0.18

·221·

续表

编号	基金名称	年化收益率（%）	年化α（%）	t(α)	年化波动率（%）	年化下行风险（%）	最大回撤率（%）	夏普比率	索丁诺比率	收益—最大回撤比率
680	淡水泉精选1期	-1.84	3.91	0.53	24.24	12.67	54.24	-0.02	-0.04	-0.16
681	锐进26期	-1.87	2.11	0.31	17.79	11.09	41.00	-0.10	-0.16	-0.22
682	石锋资产大巧3号B	-1.96	-3.72	-0.33	27.70	14.68	64.75	0.01	0.02	-0.15
683	货殖列传	-2.04	4.83	0.52	21.60	12.44	47.60	-0.06	-0.10	-0.21
684	泓澄臻选专享1号	-2.05	10.71	1.49	21.12	12.36	52.53	-0.06	-0.11	-0.19
685	中域增值1期	-2.08	-5.49	-0.55	32.34	16.70	64.43	0.04	0.08	-0.16
686	中阅磐岩2号	-2.12	-10.76	-0.72	32.51	14.92	61.35	0.04	0.08	-0.17
687	智诚8期	-2.15	-7.06	-0.98	21.51	10.83	51.28	-0.07	-0.13	-0.20
688	黄金优选1期1号（淡水泉）	-2.15	4.42	0.59	24.16	12.90	56.05	-0.04	-0.07	-0.18
689	榜样欧奈尔港股通	-2.17	-7.60	-1.27	16.79	8.60	31.88	-0.14	-0.27	-0.33
690	光大金控泰石5号（光大）	-2.19	-0.82	-0.42	7.05	4.28	21.79	-0.49	-0.81	-0.48
691	宁聚自由自港2号	-2.20	2.95	0.34	18.27	10.65	52.02	-0.12	-0.20	-0.20
692	旭兴3号	-2.22	2.68	0.31	26.67	14.49	53.72	-0.01	-0.02	-0.20
693	淡水泉专项5期	-2.24	3.81	0.51	24.25	12.60	56.27	-0.04	-0.07	-0.19
694	银帆7期	-2.25	-12.45	-2.03	13.60	7.25	44.98	-0.21	-0.40	-0.24
695	中信雪球2期	-2.31	-3.74	-0.58	21.44	9.68	38.44	-0.08	-0.17	-0.29
696	中阅新锐3号	-2.39	-3.63	-0.53	26.50	15.72	55.71	-0.02	-0.03	-0.20
697	淡水泉优选1号	-2.45	4.25	0.57	24.18	12.89	56.32	-0.05	-0.09	-0.21
698	黄金优选27期1号	-2.50	4.17	0.55	24.03	12.86	56.50	-0.05	-0.10	-0.21

附录一 股票型私募基金近五年业绩描述统计表（按年化收益率由高到低排序）：2020~2024年

续表

编号	基金名称	年化收益率(%)	年化α(%)	t(α)	年化波动率(%)	年化下行风险(%)	最大回撤率(%)	夏普比率	索丁诺比率	收益—最大回撤比率
699	金蕴99期（含赛长线回报）	-2.66	3.26	0.46	17.96	10.99	41.98	-0.15	-0.24	-0.30
700	和聚港股平台-1号	-2.68	0.00	0.00	18.70	10.86	37.56	-0.13	-0.23	-0.34
701	和聚国享1期	-2.78	-2.87	-0.34	21.22	12.57	31.90	-0.10	-0.17	-0.41
702	东方睿石鑫河1号	-2.81	-2.85	-0.43	26.34	14.70	51.94	-0.04	-0.06	-0.26
703	源乐晟鑫享2-3期	-2.88	2.75	0.32	19.75	12.44	56.75	-0.13	-0.20	-0.24
704	睿泉中港通高增长	-2.89	-6.55	-0.86	17.15	11.05	41.71	-0.17	-0.27	-0.33
705	诚朴息壤2号	-2.90	-7.70	-0.50	39.60	18.08	55.82	0.07	0.15	-0.25
706	和聚华盛平台	-2.97	-12.84	-1.44	24.52	13.06	35.53	-0.07	-0.12	-0.39
707	希石风行1号	-3.04	6.39	0.54	23.77	15.27	64.43	-0.07	-0.11	-0.22
708	重阳价值10号A期	-3.13	2.80	0.47	21.61	12.75	44.56	-0.11	-0.19	-0.33
709	磐洋价值G期	-3.15	-6.08	-0.91	20.74	10.95	51.91	-0.13	-0.24	-0.29
710	中信信托和聚1期	-3.18	-5.32	-0.60	22.83	12.81	35.98	-0.10	-0.17	-0.41
711	领致1号	-3.21	60.52	1.36	88.86	40.32	63.62	0.33	0.72	-0.24
712	龙腾6号	-3.21	-5.25	-0.41	38.14	19.34	57.28	0.06	0.12	-0.26
713	银帆6期	-3.25	-15.79	-2.41	14.91	7.87	38.51	-0.25	-0.48	-0.40
714	谦璞多策略进取1号	-3.28	1.11	0.10	27.14	14.24	57.97	-0.05	-0.09	-0.27
715	和聚信享平台	-3.35	-3.43	-0.42	19.04	11.21	30.92	-0.16	-0.28	-0.51
716	沣沛股票1期	-3.42	3.25	0.46	16.72	9.99	49.18	-0.22	-0.36	-0.33
717	高信百诺价值成长	-3.47	7.99	0.95	18.02	11.50	50.96	-0.19	-0.30	-0.32

续表

编号	基金名称	年化收益率（%）	年化 α（%）	t（α）	年化波动率（%）	年化下行风险（%）	最大回撤率（%）	夏普比率	索丁诺比率	收益—最大回撤比率
718	和聚信享平台 E	-3.49	-4.90	-1.06	10.70	7.04	23.00	-0.42	-0.64	-0.71
719	尚雅11期	-3.53	-3.90	-0.29	24.05	13.90	40.27	-0.09	-0.16	-0.41
720	恒复利贞	-3.68	-0.68	-0.08	28.64	18.03	54.01	-0.04	-0.06	-0.32
721	长河优势3号	-3.71	5.96	0.90	23.06	12.89	61.95	-0.12	-0.21	-0.28
722	中阅产业增强1号	-3.80	-13.60	-0.98	31.03	14.76	60.05	-0.03	-0.06	-0.29
723	和聚宗享-恒天1号	-3.81	-9.07	-1.13	22.61	12.78	41.51	-0.13	-0.22	-0.43
724	榕树科技新能源1号	-3.84	-7.68	-0.69	29.50	14.03	68.93	-0.04	-0.09	-0.26
725	睿信4期	-3.90	0.16	0.01	22.27	11.52	50.58	-0.14	-0.27	-0.36
726	金蕴56期（恒复）	-3.93	0.69	0.07	31.10	19.61	54.73	-0.02	-0.03	-0.33
727	禾永阳光回报2期	-3.98	-6.32	-0.81	17.12	11.74	49.37	-0.24	-0.35	-0.37
728	中信托广金成长3期	-3.98	-4.05	-0.55	22.27	10.54	54.58	-0.14	-0.30	-0.34
729	石锋资产川流A期	-4.07	5.54	0.52	24.73	13.07	65.34	-0.11	-0.21	-0.29
730	和聚12期汇智B期	-4.22	-5.80	-0.85	14.04	9.73	29.85	-0.34	-0.50	-0.65
731	和聚华盛1号	-4.28	-9.16	-1.17	22.21	12.18	37.36	-0.16	-0.29	-0.53
732	和聚平台	-4.32	-9.36	-1.08	23.40	12.23	41.69	-0.14	-0.27	-0.48
733	泓澄智选1期	-4.42	2.10	0.26	25.77	15.05	56.27	-0.11	-0.18	-0.36
734	喜马拉雅8号	-4.43	-15.77	-0.95	37.83	22.01	56.45	0.03	0.05	-0.36
735	枫池枫赢1期	-4.48	-9.63	-1.02	22.65	14.27	51.27	-0.16	-0.25	-0.40
736	信毅稳健1号	-4.51	-2.73	-0.41	15.54	9.70	40.18	-0.32	-0.51	-0.51

附录一 股票型私募基金近五年业绩描述统计表（按年化收益率由高到低排序）：2020~2024 年

续表

编号	基金名称	年化收益率（%）	年化 α（%）	t（α）	年化波动率（%）	年化下行风险（%）	最大回撤率（%）	夏普比率	索丁诺比率	收益—最大回撤比率
737	工银量化信诚精选	-4.55	-6.17	-1.29	8.49	7.65	22.44	-0.68	-0.75	-0.93
738	莱恩中阅战略	-4.58	16.30	0.71	47.29	26.67	77.00	0.10	0.17	-0.27
739	泓澄智选 2 期	-4.60	-4.15	-0.44	24.89	15.18	56.12	-0.13	-0.21	-0.37
740	名禹稳健增长	-5.23	-9.81	-1.28	19.41	9.99	54.42	-0.26	-0.51	-0.43
741	君理双子座 1 号	-5.41	-9.89	-1.27	18.98	12.49	54.95	-0.28	-0.42	-0.44
742	新活力稳信 1 号	-5.53	-10.68	-1.45	25.10	14.03	53.97	-0.16	-0.29	-0.46
743	朴石 8 期	-5.55	-8.59	-1.12	14.74	10.16	41.45	-0.42	-0.60	-0.60
744	鲲鹏 69 号国盛西湖 2-7 号	-5.83	-9.56	-1.05	16.83	12.35	37.06	-0.36	-0.49	-0.70
745	海海港股通昭盈亮帆 A 期	-5.87	-6.78	-0.99	16.23	10.30	47.21	-0.38	-0.60	-0.55
746	中阅磐岩 3 号	-6.01	-14.01	-1.12	27.89	14.11	59.60	-0.14	-0.28	-0.45
747	榕树科技新能源 4 号	-6.04	-5.32	-0.60	21.51	11.24	57.23	-0.25	-0.49	-0.47
748	中信信托和弓 1 期	-6.10	-5.55	-0.83	20.19	12.32	55.05	-0.29	-0.47	-0.49
749	道和 19 号	-6.12	-1.82	-0.28	13.54	9.74	40.07	-0.51	-0.71	-0.68
750	朴石核心价值 2 号	-6.14	-0.44	-0.05	22.07	15.00	55.69	-0.24	-0.36	-0.49
751	融通 3 号	-6.59	-13.87	-0.74	41.97	17.59	60.64	-0.02	-0.05	-0.48
752	臻合 7 号	-6.64	-2.17	-0.19	22.44	11.41	46.53	-0.27	-0.52	-0.62
753	和聚-钜派专享 2 号	-6.69	-10.91	-1.31	22.65	12.10	46.52	-0.26	-0.49	-0.63
754	同犇 1 期	-6.91	9.52	0.89	26.17	15.91	65.62	-0.20	-0.33	-0.46
755	尚雅 1 期（深国投）	-6.97	-4.29	-0.40	19.75	13.61	42.95	-0.34	-0.49	-0.71

· 225 ·

续表

编号	基金名称	年化收益率（%）	年化α（%）	t(α)	年化波动率（%）	年化下行风险（%）	最大回撤率（%）	夏普比率	索丁诺比率	收益—最大回撤比率
756	臻创7号	-7.01	-2.21	-0.19	22.49	11.43	46.93	-0.28	-0.56	-0.65
757	铭深1号	-7.04	-9.37	-1.41	18.74	12.47	51.68	-0.37	-0.56	-0.59
758	双诚精选3号	-7.25	-8.23	-1.35	16.46	10.07	49.07	-0.47	-0.76	-0.64
759	尚雅13期	-7.40	3.95	0.41	22.16	13.43	56.10	-0.30	-0.50	-0.57
760	正源信数资本周期	-7.45	-5.51	-0.68	18.91	11.37	43.11	-0.39	-0.66	-0.74
761	尚雅5期	-7.46	1.29	0.09	25.24	14.88	61.11	-0.24	-0.42	-0.53
762	中国龙精选	-7.61	-23.46	-1.05	47.87	23.81	81.36	0.03	0.06	-0.40
763	银帆10期	-7.71	-6.36	-1.53	10.04	7.23	39.38	-0.89	-1.24	-0.84
764	天弓2号	-7.96	4.90	0.36	31.13	18.04	68.67	-0.16	-0.27	-0.49
765	格雷锡林稳健1号	-8.07	-4.30	-0.49	18.97	11.35	59.41	-0.43	-0.72	-0.58
766	盈阳指数增强1号	-8.25	13.96	1.13	42.69	31.46	81.82	0.02	0.03	-0.43
767	汇谷舒心1号	-8.34	5.36	0.37	32.25	18.99	70.39	-0.15	-0.26	-0.50
768	同犇12期	-8.58	6.26	0.64	23.28	13.89	62.38	-0.33	-0.56	-0.58
769	枫池建亨1期	-8.64	-8.90	-0.97	19.35	10.95	43.53	-0.45	-0.80	-0.84
770	朴石2期	-8.70	-9.53	-1.11	19.25	10.83	58.26	-0.46	-0.81	-0.63
771	海淘港股通华赞A期	-9.02	-4.37	-0.53	20.06	11.95	51.62	-0.45	-0.75	-0.73
772	集元-祥端1号	-9.12	-8.62	-0.36	61.49	31.90	83.41	0.11	0.22	-0.46
773	兆元多策略1期	-9.14	-27.29	-1.89	46.03	24.48	77.54	-0.02	-0.04	-0.49
774	新方程清水源创新子基金3期	-9.23	-5.15	-0.73	15.20	9.23	53.59	-0.66	-1.09	-0.72

附录一 股票型私募基金近五年业绩描述统计表（按年化收益率由高到低排序）：2020~2024年

续表

编号	基金名称	年化收益率（%）	年化α（%）	t(α)	年化波动率（%）	年化下行风险（%）	最大回撤（%）	夏普比率	索丁诺比率	收益—最大回撤比率
775	尚雅4期	-9.62	6.88	0.54	24.42	12.88	67.53	-0.36	-0.68	-0.59
776	虎踞尊享财富1号	-9.72	-18.28	-1.65	30.19	15.88	75.56	-0.24	-0.46	-0.53
777	希瓦风行精选	-10.10	0.38	0.03	23.26	16.18	71.25	-0.40	-0.58	-0.58
778	集元—煜烽1号	-10.43	-11.22	-0.49	60.61	31.64	82.54	0.08	0.16	-0.51
779	查理投资价值套利稳健型21号	-10.77	8.20	0.62	31.03	19.64	71.58	-0.26	-0.41	-0.61
780	宁聚量化精选2号	-10.96	-17.55	-1.54	26.34	17.04	65.41	-0.36	-0.56	-0.67
781	格雷尊享1号	-11.13	-2.62	-0.28	18.69	12.44	62.31	-0.61	-0.92	-0.72
782	朴石1期	-11.24	-14.10	-1.66	19.52	10.23	65.23	-0.59	-1.13	-0.69
783	融临58号港股IPO	-11.40	-4.70	-0.26	38.53	20.53	64.06	-0.16	-0.31	-0.71
784	大明投资宏泰	-11.58	-8.49	-0.56	31.83	19.96	53.04	-0.27	-0.43	-0.87
785	乐桥1期	-11.62	13.06	0.42	58.76	25.07	74.51	0.02	0.04	-0.62
786	鲲鹏222号	-11.64	-13.07	-1.49	16.85	15.83	53.11	-0.72	-0.77	-0.87
787	归富长乐1号	-11.67	13.05	1.99	18.28	15.80	54.02	-0.65	-0.75	-0.86
788	水龙吟	-11.70	-11.61	-0.95	26.32	16.16	74.00	-0.40	-0.65	-0.63
789	博颐精选	-11.85	-17.04	-1.28	37.16	21.28	74.60	-0.19	-0.34	-0.63
790	中阆被动管理1号	-12.00	3.69	0.11	59.87	33.12	63.23	0.06	0.11	-0.75
791	中阆产业主题3号	-12.06	32.23	0.78	79.70	42.54	93.41	0.20	0.37	-0.51
792	尚雅3期	-12.29	-2.29	-0.18	24.03	14.61	70.25	-0.49	-0.80	-0.69
793	深圳趋势10号	-12.32	3.05	0.19	37.91	17.28	76.69	-0.21	-0.47	-0.63

· 227 ·

续表

编号	基金名称	年化收益率（%）	年化 α（%）	t(α)	年化波动率（%）	年化下行风险（%）	最大回撤率（%）	夏普比率	索丁诺比率	收益—最大回撤比率
794	朴石6期	-12.47	-15.37	-1.92	18.56	10.13	68.07	-0.70	-1.29	-0.71
795	趋势投资1号	-13.87	-2.11	-0.11	42.48	18.52	76.18	-0.21	-0.47	-0.69
796	鲲鹏202号	-14.10	-13.08	-1.27	18.82	18.22	55.14	-0.77	-0.79	-0.97
797	鲲鹏165号西湖2-15号	-14.33	-14.69	-1.34	20.74	19.62	55.22	-0.68	-0.72	-0.98
798	朴石3期	-14.72	-17.04	-1.95	19.71	10.38	70.28	-0.78	-1.49	-0.78
799	工银量化恒盛精选	-15.34	5.24	0.76	17.80	17.39	60.25	-0.91	-0.93	-0.94
800	鲲鹏221号	-17.52	-20.70	-2.04	18.14	17.96	62.93	-1.02	-1.03	-0.98
801	华瑞通深圳趋势9号	-17.65	-10.73	-0.68	37.66	18.42	81.17	-0.38	-0.77	-0.77
802	鲲鹏204号	-19.24	-25.52	-2.18	21.47	21.26	66.95	-0.92	-0.93	-0.98
803	大明投资凯盛	-19.35	-13.57	-1.20	22.54	12.09	77.38	-0.91	-1.70	-0.85
804	鲲鹏228号	-23.72	-28.58	-2.17	23.90	23.68	74.39	-1.03	-1.04	-1.00
805	鲲鹏195号	-25.11	-31.11	-2.20	25.82	25.74	77.12	-0.98	-0.98	-0.99
806	融晖6号	-25.39	-108.83	-3.65	99.10	26.68	90.29	-0.02	-0.06	-0.85
807	中岗波动管理2号	-32.92	-75.07	-1.63	109.63	46.46	97.57	0.07	0.16	-0.89
808	鲲鹏214号	-42.04	-38.02	-2.00	35.87	35.60	93.86	-1.20	-1.21	-1.00
809	鲲鹏220号	-44.42	-33.16	-1.58	38.79	38.44	95.03	-1.07	-1.08	-1.00
810	鲲鹏208号	-46.71	-65.91	-2.91	43.10	42.94	95.93	-0.95	-0.95	-1.00
指标平均值		5.48			21.30	10.81	35.38	0.34	0.84	2.70

附录二 股票型私募基金经理的选股能力和择时能力（按年化 α 排序）：2020～2024 年

本表展示的是基于 Carhart 四因子模型改进得到的 Treynor-Mazuy 四因子模型对过去五年股票型私募基金进行回归拟合所得结果，所用模型为：

$$R_{i,t} - R_{f,t} = \alpha_i + \beta_{i,mkt} \times (R_{mkt,t} - R_{f,t}) + \gamma_i \times (R_{mkt,t} - R_{f,t})^2 + \beta_{i,smb} \times SMB_t + \beta_{i,hml} \times HML_t + \beta_{i,mom} \times MOM_t + \varepsilon_{i,t}$$

其中，i 指的是第 i 只基金，$R_{i,t} - R_{f,t}$ 为第 t 月基金 i 的超额收益率；$R_{mkt,t} - R_{f,t}$ 为 t 月大盘指数（万得全 A 指数）的超额收益率，$R_{f,t}$ 为 t 月无风险收益率。SMB_t 为规模因子，代表小盘股与大盘股之间的溢价，是第 t 月小公司的收益率与大公司的收益率之差；HML_t 为价值因子，代表价值股与成长股之间的溢价，是第 t 月价值股（高账面市值比公司）与成长股（低账面市值比公司）收益率之差；MOM_t 为动量因子，代表过去一年收益率最高的股票与收益率最低的股票月收益率之差，是过去一年（$t-1$ 个月到 $t-11$ 个月）收益率最高的（前 30%）股票与收益率最低的（后 30%）股票月收益率之差。α_i 代表基金经理的选股能力给投资者带来的超额收益，γ_i 代表基金经理的择时能力。我们用 A 股所有上市公司的数据自行计算规模因子、价值因子和动量因子。另外，本表还展示了这些股票型私募基金的年化收益、年化波动率、年化夏普比率及最大回撤率。* 表示在 5% 的显著水平下，具有选股能力或择时能力的基金。本表仅呈现 α 为正显著的基金，完整数据可扫描前言中提供的二维码查阅。

编号	基金名称	年化 α(%)	t(α)	γ	t(γ)	β_{mkt}	β_{smb}	β_{hml}	β_{mom}	年化收益率(%)	年化波动率(%)	年化夏普比率	最大回撤率(%)	调整后 R^2(%)
1	锦桐成长 2 号	59.67	2.36*	7.71	7.45*	2.20	-0.01	1.10	-0.07	38.18	18.97	0.79	51.34	38
2	私募工场青侨	43.44	2.13*	24.15	6.83*	1.06	-0.20	-1.14	-0.99	15.66	19.71	0.50	56.91	33
3	银万全盈 7 号	38.64	2.00*	7.36	3.72*	1.55	-0.37	0.53	0.33	32.88	19.22	0.81	30.03	40
4	泽元通宝 1 号	37.15	4.17*	2.43	3.41*	0.77	-0.09	1.30	0.20	28.55	8.64	1.23	13.73	45
5	抱朴精选成长 1 号	36.52	2.09*	2.47	3.32*	0.86	-0.41	-0.47	-0.15	13.72	13.16	0.48	50.75	24
6	银万全盈 9 号	36.12	1.74*	2.40	3.30*	1.27	-0.52	0.22	0.44	18.37	21.37	0.55	45.42	29
7	宁聚量化稳盈 1 期	36.09	1.92*	2.40	3.28*	1.06	0.21	-0.05	-0.77	23.88	15.72	0.69	32.24	28
8	路远睿泽稳增	33.56	1.87*	3.33	3.23*	0.90	-0.14	0.44	0.52	32.49	14.52	0.92	28.12	22

续表

编号	基金名称	年化 α(%)	t(α)	γ	t(γ)	$β_{mkt}$	$β_{smb}$	$β_{hml}$	$β_{mom}$	年化收益率(%)	年化波动率(%)	年化夏普比率	最大回撤率(%)	调整后 R^2(%)
9	盛天价值精选1号	32.96	1.95*	0.69	3.19*	0.71	-0.16	0.09	-0.19	22.39	14.52	0.74	36.66	13
10	沅涞潜龙1号	32.12	3.93*	2.13	3.02*	0.82	-0.50	0.03	-0.24	15.29	9.42	0.73	15.78	48
11	金时量化1号	31.41	1.95*	3.26	2.91*	0.65	0.30	0.40	0.33	40.53	11.95	1.20	27.63	17
12	复胜富盛1号	28.87	2.23*	14.74	2.70*	0.53	-0.36	-0.39	0.30	22.68	10.54	0.84	21.28	27
13	东方港湾马拉松全球	28.62	2.43*	1.78	2.62*	0.45	-0.25	-0.25	0.17	23.63	10.53	0.97	38.36	20
14	林园2期	28.39	2.35*	1.54	2.53*	0.26	-0.59	-1.35	-0.50	6.70	13.13	0.32	46.76	36
15	阳川雅江FOF2号	28.04	1.90*	2.15	2.53*	0.83	-0.72	0.10	-0.27	7.92	16.75	0.35	52.11	27
16	鹤骑鹰列墨蔚蓝	27.83	2.32*	2.20	2.52*	1.02	0.04	0.19	-0.24	18.95	13.33	0.72	54.94	39
17	纳斯特中昕中证500增强1号	27.67	1.89*	1.83	2.47*	0.75	0.54	0.18	-0.31	24.79	9.62	0.80	14.95	30
18	New Thinking Global Fund	27.41	2.08*	0.71	2.46*	1.33	-0.61	0.27	0.04	10.60	14.65	0.42	58.24	50
19	希瓦小牛7号	26.59	2.48*	10.45	2.41*	0.79	-0.50	-0.16	0.17	14.40	10.66	0.60	38.93	42
20	博鸿聚义	26.47	2.78*	1.74	2.39*	0.62	-0.27	-0.67	0.06	15.58	9.92	0.68	33.13	46
21	立本成长	26.22	2.38*	1.92	2.38*	0.75	-0.31	0.01	-0.03	19.22	11.76	0.80	21.56	32
22	高毅新方程晓峰2号致信10号	26.14	4.02*	1.66	2.37*	0.94	-0.48	-0.23	0.04	17.48	9.83	0.78	22.78	72
23	仁桥泽源3期	26.05	3.42*	2.60	2.33*	0.59	-0.12	0.01	-0.23	16.32	5.55	0.90	16.43	35
24	希瓦小牛精选	25.72	2.35*	1.79	2.32*	0.81	-0.50	-0.11	0.18	13.76	10.68	0.57	38.45	41
25	东方港湾价值投资15号	25.63	2.00*	1.48	2.22*	0.45	-0.23	-0.26	0.10	20.61	11.66	0.82	43.00	16
26	东方港湾5号	25.43	2.05*	1.81	2.21*	0.45	-0.24	-0.20	0.36	19.02	11.06	0.77	40.35	21
27	利得汉景1期	25.32	2.12*	2.50	2.17*	0.37	-0.25	-0.20	0.27	20.09	9.50	0.84	29.37	17

附录二 股票型私募基金经理的选股能力和择时能力（按年化α排序）：2020~2024 年

续表

编号	基金名称	年化 α(%)	t(α)	γ	t(γ)	β_{mkt}	β_{smb}	β_{hml}	β_{mom}	年化收益率(%)	年化波动率(%)	年化夏普比率	最大回撤率(%)	调整后 R^2(%)
28	与取华山 1 号	25.28	1.79*	1.53	2.15*	0.17	−0.11	−0.25	−0.06	19.63	9.88	0.77	24.58	4
29	祥程汉景港湾 1 号	25.13	2.07*	1.51	2.14*	0.36	−0.14	−0.26	0.25	21.66	9.58	0.89	32.04	16
30	百泉多策略 2 号	24.90	1.76*	1.82	2.13*	0.69	0.51	−0.49	−0.01	18.85	13.68	0.63	35.01	40
31	明汯稳健增长 2 期	24.68	4.14*	0.71	2.09*	0.81	−0.30	−0.04	0.03	13.18	8.33	0.70	18.92	64
32	东方港望远 2 号	24.55	2.34*	1.79	2.06*	0.29	−0.34	−0.34	0.13	18.76	8.99	0.87	21.92	19
33	东方港马拉松 1 号	24.43	1.85*	1.15	2.06*	0.43	−0.29	−0.27	0.31	16.13	12.89	0.65	46.65	19
34	万利富达德盛 1 期	24.11	2.75*	2.74	1.99*	0.38	−0.72	−0.83	−0.29	2.82	12.45	0.16	39.83	45
35	全意通宝（进取）-星石兴光 1 号	24.01	2.57*	0.31	1.95*	0.59	−0.36	−0.72	−0.51	10.03	10.30	0.48	31.61	42
36	高毅晓峰鸿远	23.86	3.91*	1.32	1.93*	0.95	−0.39	−0.08	0.07	15.61	9.78	0.73	23.35	73
37	从容内需医疗 3 期	23.76	1.78*	2.37	1.91*	0.08	−0.43	−1.11	0.19	13.58	16.15	0.55	30.93	27
38	希瓦大牛 1 号	23.47	2.18*	0.88	1.91*	0.79	−0.47	−0.13	0.19	12.18	10.71	0.52	39.76	41
39	私募工场希瓦圣剑 1 号	23.45	2.05*	1.17	1.89*	0.74	−0.67	−0.25	0.00	7.31	13.04	0.34	49.68	38
40	盛天阿尔法	23.31	2.00*	2.03	1.87*	0.86	−0.09	0.27	0.03	15.86	13.40	0.66	25.77	31
41	东方港望远 3 号	23.11	1.98*	1.11	1.82*	0.36	−0.21	−0.32	0.13	17.94	11.14	0.78	41.86	17
42	百泉进取 1 号	23.04	1.74*	1.73	1.80*	0.66	0.48	−0.49	−0.05	16.60	13.34	0.59	33.86	41
43	星石 35 期	22.62	2.38*	1.25	1.79*	0.51	−0.30	−0.74	−0.53	10.63	10.22	0.51	31.51	38
44	东方港湾蓝天	22.62	1.85*	1.82	1.79*	0.36	−0.22	−0.22	0.23	16.30	11.06	0.70	41.08	15
45	东方港湾价值投资 12 号	22.61	1.85*	3.25	1.79*	0.38	−0.22	−0.22	0.28	16.91	10.80	0.71	40.22	17

续表

编号	基金名称	年化 α(%)	t(α)	γ	t(γ)	β_{mkt}	β_{smb}	β_{hml}	β_{mom}	年化收益率(%)	年化波动率(%)	年化夏普比率	最大回撤率(%)	调整后 R^2(%)
46	东方港湾马拉松16号	22.58	1.91*	1.22	1.77*	0.38	−0.18	−0.29	0.22	19.60	10.47	0.83	39.96	18
47	希瓦小牛12号	22.53	2.09*	1.50	1.76*	0.78	−0.46	−0.13	0.18	11.68	10.79	0.51	40.18	41
48	金田龙盛2号	22.50	1.73*	0.36	1.76*	0.51	0.05	−0.05	−0.18	12.16	11.09	0.52	22.55	15
49	东方港湾马拉松12号	22.29	1.82*	1.09	1.75*	0.33	−0.26	−0.20	0.21	16.78	10.92	0.72	34.90	14
50	东兴港湾1号	22.23	1.95*	1.21	1.75*	0.22	−0.19	−0.45	0.51	20.42	11.35	0.85	23.77	25
51	东方港湾价值投资9号	22.23	1.84*	0.88	1.73*	0.36	−0.22	−0.35	−0.01	16.96	10.94	0.73	43.79	14
52	星石31期	22.17	2.31*	1.70	1.72*	0.51	−0.31	−0.74	−0.57	9.76	10.44	0.47	32.63	38
53	赫富1000指数增强1号	22.16	2.15*	1.07	1.68*	0.86	0.43	−0.19	0.06	19.35	12.38	0.74	28.41	53
54	星石银信宝2期	22.13	2.23*	1.64	1.68*	0.32	−0.32	−0.68	−0.48	10.88	9.52	0.53	31.79	25
55	罗马大道鸳尾花1期	22.10	1.82*	0.82	1.67*	0.76	−0.46	−0.45	0.04	16.74	12.38	0.64	35.10	41
56	天恩马拉松2号	22.09	1.83*	1.61	1.66*	0.35	−0.21	−0.36	0.09	17.87	11.56	0.76	42.94	16
57	希瓦大牛2号	22.09	2.09*	1.31	1.63	0.80	−0.47	−0.09	0.15	10.35	10.74	0.46	40.42	41
58	高毅新方程晓峰2号致信5号	21.91	3.47*	1.02	1.62	0.90	−0.44	−0.22	0.01	13.75	9.85	0.65	22.78	72
59	东方港湾海涛1号	21.89	1.74*	0.87	1.61	0.35	−0.22	−0.29	0.25	15.61	11.42	0.66	41.92	16
60	外贸信托重阳目标回报1期	21.82	2.94*	0.86	1.61	0.83	−0.03	0.02	−0.30	8.03	9.43	0.41	20.78	54
61	东方港湾语犀	21.74	1.71*	1.79	1.60	0.37	−0.23	−0.40	0.11	15.78	12.13	0.66	47.13	16
62	域秀长河复利2号	21.68	3.29*	0.91	1.60	1.06	−0.12	−0.38	−0.25	2.23	13.18	0.15	46.27	75
63	岁寒知松柏1号	21.59	1.97*	1.49	1.57	0.99	−0.17	0.77	0.12	22.93	10.14	0.85	23.06	46
64	望岳投资小象1号	21.49	1.80*	1.40	1.55	0.75	−0.45	−0.45	0.04	16.46	12.34	0.63	34.86	41

附录二　股票型私募基金经理的选股能力和择时能力（按年化 α 排序）：2020~2024 年

续表

编号	基金名称	年化 α(%)	t(α)	γ	t(γ)	β_{mkt}	β_{smb}	β_{hml}	β_{mom}	年化收益率(%)	年化波动率(%)	年化夏普比率	最大回撤率(%)	调整后 R^2 (%)
65	希瓦小牛 FOF	21.29	2.15*	4.06	1.51	0.63	-0.56	-0.38	-0.17	8.42	12.33	0.41	38.38	39
66	星石 1 期	21.26	2.17*	1.88	1.50	0.42	-0.34	-0.69	-0.47	10.87	9.73	0.52	32.13	31
67	东方港湾价值 5 号	21.22	1.72*	1.09	1.44	0.33	-0.23	-0.31	0.17	14.70	11.27	0.64	42.22	14
68	东方港湾九鲤荷塘	21.05	1.76*	2.75	1.40	0.37	-0.21	-0.36	0.08	16.11	11.23	0.70	42.18	17
69	东方港湾望远 12 号	21.04	1.70*	1.86	1.38	0.38	-0.25	-0.28	0.34	15.84	11.28	0.66	42.04	19
70	东方港湾倚天 1 号	20.84	1.70*	3.07	1.38	0.36	-0.20	-0.30	0.10	14.82	11.30	0.64	40.67	14
71	高毅晓峰尊享 L 期	19.85	3.20*	1.12	1.36	0.87	-0.40	-0.25	-0.02	11.36	9.57	0.56	26.06	71
72	宽远价值成长 2 期	19.81	3.00*	0.19	1.32	0.69	-0.50	-0.05	-0.15	4.83	9.76	0.27	29.33	54
73	东方港湾价值 8 号	19.81	1.71*	1.18	1.31	0.35	-0.19	-0.34	0.12	15.90	11.05	0.71	41.33	17
74	东方港湾安享 1 号	19.48	1.92*	1.49	1.29	0.36	-0.22	-0.21	0.08	12.27	9.34	0.61	38.90	17
75	仙童 1 期	19.44	2.19*	0.65	1.29	0.50	-0.23	0.31	0.43	13.56	8.89	0.69	28.82	29
76	华西神农繁荣	19.19	2.54*	0.57	1.28	0.90	-0.06	-0.47	-0.13	17.73	11.09	0.75	26.14	67
77	宽远沪港深精选	19.17	2.83*	0.71	1.27	0.70	-0.44	0.07	-0.05	6.29	9.48	0.35	24.40	52
78	易同精选 3 期	19.01	2.64*	1.04	1.26	0.66	-0.37	0.28	0.07	14.27	9.68	0.76	28.09	49
79	金蕴 28 期（神农春生）	18.93	2.71*	0.18	1.26	0.80	-0.10	-0.49	-0.22	17.23	9.77	0.78	20.99	66
80	源乐晟 13 期	18.68	1.78*	0.99	1.25	0.35	-0.44	-1.07	0.36	8.50	13.10	0.38	48.74	48
81	尚雅 8 期	18.53	1.69*	0.25	1.25	0.34	-0.48	-0.67	-0.14	2.74	10.44	0.16	38.94	26
82	上海黑极价值精选 1 号	18.31	2.17*	0.77	1.24	0.34	-0.13	0.54	0.27	12.98	7.66	0.73	15.31	18
83	钱塘希瓦小牛 2 号	18.31	1.72*	0.85	1.24	0.66	-0.38	-0.02	0.20	9.99	12.12	0.46	39.51	33

续表

编号	基金名称	年化 α(%)	t(α)	γ	t(γ)	β_{mkt}	β_{smb}	β_{hml}	β_{mom}	年化收益率(%)	年化波动率(%)	年化夏普比率	最大回撤率(%)	调整后 R^2(%)
84	明达 3 期	18.23	1.92*	1.44	1.24	0.31	−0.12	−0.79	−0.30	9.78	9.04	0.49	43.50	31
85	黄金优选 28 期 7 号	17.61	2.60*	1.48	1.23	0.77	−0.08	−0.47	−0.25	16.14	9.54	0.76	20.85	66
86	鹿秀驯鹿二号	17.51	2.24*	1.29	1.22	0.10	0.06	0.08	0.13	17.15	2.76	1.08	5.88	5
87	抱朴卓越成长 1 号	17.44	1.94*	1.07	1.22	0.91	−0.28	−0.38	−0.03	9.47	11.81	0.43	38.02	57
88	航长红楠 3 号	17.40	3.07*	1.15	1.22	0.47	−0.06	0.31	−0.15	11.79	4.54	0.84	13.35	35
89	中欧瑞博 7 期	17.04	2.18*	2.12	1.19	0.65	−0.20	−0.16	0.02	15.50	6.99	0.77	24.82	47
90	明河清源 5 号	16.45	2.21*	1.26	1.17	0.78	−0.44	0.19	−0.34	2.28	10.43	0.13	26.38	50
91	中欧瑞博 1 期	16.38	2.22*	2.15	1.14	0.30	−0.20	−0.54	−0.08	10.99	7.34	0.64	19.33	32
92	神农尊享 B 期	16.34	1.77*	1.32	1.13	0.93	−0.01	−0.59	−0.31	17.90	12.87	0.69	28.87	63
93	西藏隆源对冲 1 号	16.32	2.14*	1.09	1.12	0.75	−0.13	−0.21	−0.39	5.60	8.73	0.30	33.14	50
94	澎泰安全边际 1 期	16.24	2.19*	0.94	1.11	0.19	0.26	−0.55	−0.08	18.32	6.21	1.00	16.08	39
95	宏量优选 1 号	16.08	2.00*	1.18	1.11	0.02	−0.17	0.06	0.00	14.84	5.35	0.92	9.45	4
96	中信信托锐进 35 期	15.96	1.72*	0.25	1.09	0.92	0.00	−0.57	−0.28	17.90	12.79	0.69	28.87	62
97	银万价值对冲 1 号	15.70	2.11*	1.45	1.09	0.79	−0.25	0.38	0.14	16.42	9.73	0.79	15.59	56
98	大禾合盈 1 号	15.63	1.66*	0.84	1.06	0.53	−0.27	0.24	0.00	6.91	11.89	0.37	33.77	22
99	隆新 2 号	15.35	2.33*	1.83	1.02	0.61	−0.20	−0.39	0.26	9.93	9.68	0.52	25.84	60
100	睿璞投资-睿洪 2 号	14.87	2.15*	0.72	1.02	0.75	−0.50	0.01	−0.05	9.51	9.88	0.48	36.25	62
101	鹤骑鹰一栗	14.83	2.50*	0.77	1.02	0.15	−0.01	0.26	0.30	21.22	3.99	1.60	4.54	19
102	新方程宏量 1 号	14.59	1.80*	2.87	1.01	−0.04	−0.13	0.21	0.09	14.59	5.69	0.89	12.14	7

附录二　股票型私募基金经理的选股能力和择时能力（按年化α排序）：2020~2024 年

续表

编号	基金名称	年化α(%)	t(α)	γ	t(γ)	β_{mkt}	β_{smb}	β_{hml}	β_{mom}	年化收益率(%)	年化波动率(%)	年化夏普比率	最大回撤率(%)	调整后R^2(%)
103	喜世润聚源 1 号	14.54	1.96*	2.70	0.99	0.87	0.27	-0.04	-0.05	12.24	12.82	0.58	38.43	63
104	兴聚智投	14.52	2.84*	1.03	0.99	0.43	-0.25	0.11	0.03	9.85	5.86	0.73	12.68	42
105	睿郡优选 1 期	14.27	3.10*	1.18	0.97	0.21	-0.08	0.06	0.06	1.38	8.84	0.05	28.21	47
106	理成圣远 1 号 B 期	14.26	1.95*	0.67	0.97	0.84	-0.03	-0.72	0.15	11.14	13.31	0.49	29.44	72
107	全意通宝（进取）宏量 1 期	14.26	1.67*	0.79	0.97	-0.02	-0.12	0.21	0.17	15.55	5.65	0.91	12.31	7
108	兴富财富 3 号好买精选 1 期	13.87	2.29*	1.07	0.95	0.45	-0.27	0.10	0.10	10.86	6.51	0.71	22.23	40
109	广天水晶南瓜	13.76	1.74*	0.87	0.92	0.54	0.04	0.07	0.62	14.63	9.18	0.73	23.78	46
110	睿洪 6 号-专研 1 号	13.69	2.01*	0.69	0.92	0.74	-0.52	-0.02	-0.11	7.81	9.97	0.40	37.53	62
111	朱雀 13 期	13.68	2.00*	1.50	0.92	0.82	-0.14	-0.43	0.20	7.91	11.51	0.39	32.59	69
112	睿璞投资-悠享 1 号	13.62	2.07*	0.32	0.90	0.74	-0.48	0.03	-0.04	9.01	9.22	0.46	36.79	64
113	宽远优势成长 2 号	13.61	2.39*	2.63	0.90	0.65	-0.22	0.13	0.09	6.08	7.83	0.37	17.23	54
114	中泰星河 A 期	13.49	2.15*	0.45	0.89	0.80	-0.28	0.30	0.04	10.95	8.81	0.58	28.42	63
115	龙旗御风	13.47	2.43*	0.88	0.88	0.65	-0.19	-0.03	0.17	15.86	7.64	0.87	18.67	66
116	星石晋享 1 号	13.39	2.47*	0.70	0.84	1.14	-0.28	0.08	-0.05	9.29	11.45	0.43	29.08	83
117	中欧瑞博 17 期	13.32	2.88*	0.79	0.84	0.71	-0.21	0.03	0.18	12.91	6.76	0.74	25.23	75
118	远望角宏远 1 号	13.26	2.01*	0.59	0.83	0.34	-0.15	-0.33	0.23	12.99	6.47	0.78	15.03	41
119	新方程宏量 2 号	13.21	1.70*	0.48	0.83	-0.04	-0.11	0.23	0.11	13.72	5.64	0.87	12.27	8
120	兴聚尊享 A 期	13.08	1.84*	0.55	0.81	0.38	-0.23	-0.11	0.05	9.47	6.69	0.58	19.55	28
121	归富长乐 1 号	13.05	1.99*	0.91	0.79	0.27	-0.15	-0.21	0.00	-11.67	15.80	-0.65	54.02	60

· 235 ·

续表

编号	基金名称	年化 α(%)	$t(\alpha)$	γ	$t(\gamma)$	β_{mkt}	β_{smb}	β_{hml}	β_{mom}	年化收益率(%)	年化波动率(%)	年化夏普比率	最大回撤率(%)	调整后R^2(%)
122	世纪前沿指数增强2号	12.92	2.68*	0.99	0.78	1.01	0.34	-0.01	0.27	22.08	11.40	0.91	23.88	87
123	五行明石（星石1期）	12.48	2.71*	0.62	0.72	1.13	-0.24	0.13	-0.06	9.41	10.94	0.45	27.70	87
124	投资精英（星石B）	12.26	2.47*	0.68	0.69	1.11	-0.22	0.08	-0.02	9.69	11.03	0.46	28.66	85
125	中信信托锐进41期	12.18	2.26*	0.71	0.67	0.49	-0.23	0.02	0.12	9.47	6.90	0.63	19.55	50
126	航长常春藤	12.18	1.65*	0.17	0.67	0.45	0.04	0.36	-0.13	11.04	5.15	0.67	11.51	24
127	黄金优选13期1号	12.02	2.46*	0.48	0.65	1.09	-0.22	0.08	-0.04	9.47	10.83	0.45	28.01	84
128	远望角投资1期	11.74	1.69*	0.72	0.64	0.32	-0.18	-0.36	0.21	10.53	6.48	0.62	14.75	38
129	中信兴聚1期	11.73	2.20*	0.63	0.64	0.45	-0.22	0.00	0.12	8.77	6.34	0.60	23.80	46
130	睿璞投资-睿泰一潜心1号	11.70	1.81*	0.77	0.63	0.67	-0.43	0.01	0.01	7.88	9.03	0.43	31.17	60
131	融升稳健1号	11.67	4.32*	0.92	0.62	-0.01	0.04	-0.06	0.08	15.55	1.11	2.63	1.94	9
132	仁桥泽源1期	11.60	2.15*	0.42	0.62	0.72	-0.04	0.30	0.07	18.96	6.44	1.00	17.55	70
133	兴聚财富7号	11.41	2.02*	0.57	0.62	0.49	-0.21	0.08	0.16	9.73	6.76	0.63	24.28	48
134	睿郡尊享A期	11.32	2.11*	1.06	0.60	0.67	-0.03	-0.06	0.04	13.62	7.32	0.78	16.98	66
135	高毅世宏1号赋余5号	11.27	1.67*	0.83	0.60	0.71	-0.26	-0.09	0.05	6.77	8.39	0.37	30.61	57
136	投资精英（朱雀B）	11.16	2.03*	0.59	0.58	0.83	-0.10	-0.46	0.14	6.29	11.59	0.33	37.81	78
137	宁聚自由港1号	10.91	1.85*	0.17	0.56	0.40	-0.07	-0.01	0.41	11.57	6.18	0.73	15.31	46
138	黑翼风行3号	10.89	3.00*	0.87	0.56	0.91	-0.21	0.11	0.04	10.40	8.33	0.55	25.55	88
139	悟空对冲量化11期	10.88	1.74*	0.56	0.55	0.36	-0.13	-0.54	0.20	11.02	8.47	0.64	27.80	53
140	远望角容远1号A期	10.77	1.79*	0.38	0.52	0.34	-0.18	-0.27	0.19	9.32	6.67	0.60	14.98	41

附录二 股票型私募基金经理的选股能力和择时能力（按年化 α 排序）：2020~2024 年

续表

编号	基金名称	年化 α(%)	t(α)	γ	t(γ)	β_{mkt}	β_{smb}	β_{hml}	β_{mom}	年化收益率(%)	年化波动率(%)	年化夏普比率	最大回撤率(%)	调整后 R^2 (%)
141	中欧瑞博成长智投	10.75	2.78*	0.64	0.51	0.60	−0.19	−0.05	0.07	9.77	6.02	0.65	19.91	74
142	中信信托兴聚智投尊享 A 期	10.71	2.24*	0.34	0.51	0.48	−0.19	0.22	0.10	8.74	5.16	0.63	14.76	51
143	黄金优选 4 期 1 号（朱雀）	10.70	1.99*	0.49	0.49	0.80	−0.10	−0.45	0.14	5.97	11.31	0.31	37.27	77
144	纽富斯价值精选	10.56	2.11*	0.48	0.48	0.12	−0.07	−0.10	0.20	10.23	3.68	0.89	17.77	19
145	拾贝智投	9.69	1.86*	0.33	0.36	0.55	−0.07	0.07	0.19	7.04	7.52	0.46	11.59	53
146	中信信托中欧瑞博成长智投尊享 A 期	9.61	2.48*	0.44	0.34	0.60	−0.19	−0.05	0.07	8.51	6.15	0.56	22.09	74
147	寰宇精选收益之睿益 1 期	9.52	2.23*	0.40	0.33	−0.04	−0.12	−0.07	−0.04	8.89	4.30	0.94	10.62	7
148	宽远价值成长	9.29	1.85*	0.38	0.32	0.62	−0.16	0.15	0.08	8.63	7.25	0.55	12.10	61
149	中金财富多元化 FOF1 号	9.26	3.19*	0.26	0.31	−0.02	−0.07	0.10	−0.06	8.46	2.51	1.21	5.87	16
150	金锝中证 1000 指数增强 1 号	9.18	2.59*	0.33	0.31	1.03	0.41	−0.10	0.12	17.36	12.87	0.74	24.59	93
151	华炎晨星	9.17	3.11*	0.13	0.31	0.29	0.04	0.03	−0.07	12.78	2.95	1.40	4.64	55
152	世纪前沿量化对冲 9 号	8.94	2.29*	0.14	0.29	−0.09	0.20	−0.16	0.22	12.68	3.70	1.26	6.21	36
153	华炎晨晖	8.70	2.77*	0.20	0.23	0.29	0.04	0.03	−0.06	12.45	3.03	1.32	5.02	52
154	鹿秀标准化对冲 1 号	8.57	2.46*	0.26	0.21	0.00	0.04	−0.08	0.04	11.15	1.67	1.47	2.82	6
155	量魁东海龙王 2 号	8.44	2.22*	0.37	0.18	0.06	0.12	0.05	0.19	15.33	2.36	1.76	3.20	19
156	茅倍虎鲸	8.39	1.82*	0.06	0.16	0.84	0.22	−0.04	0.27	15.80	9.85	0.76	20.88	83
157	羲和平衡 FOF 思享 1 号	8.21	1.92*	0.04	0.15	0.20	0.02	0.10	0.24	10.53	2.82	1.01	7.26	27
158	致同稳健成长 1 期	8.11	4.24*	0.25	0.12	0.02	0.00	−0.04	0.10	11.38	0.60	2.49	0.92	19

续表

编号	基金名称	年化 α(%)	$t(\alpha)$	γ	$t(\gamma)$	β_{mkt}	β_{smb}	β_{hml}	β_{mom}	年化收益率(%)	年化波动率(%)	年化夏普比率	最大回撤率(%)	调整后 R^2(%)
159	新方程星动力S7号	8.11	1.96*	0.11	0.09	0.79	−0.25	0.14	0.00	6.00	7.62	0.35	26.29	80
160	新方程对冲精选N1号	8.10	5.11*	0.12	0.08	0.36	0.08	0.07	0.10	11.01	3.58	1.24	6.23	86
161	银叶量化精选1期	8.06	1.86*	0.04	0.04	0.97	0.18	0.08	0.32	16.08	10.36	0.73	19.23	88
162	明汯红橡金麟专享1号	8.01	3.16*	0.04	0.04	0.04	0.04	−0.04	0.09	8.73	2.41	1.39	4.89	20
163	元葵宏观策略复利1号	7.91	1.80*	0.01	0.01	0.32	−0.04	−0.09	0.22	7.17	5.63	0.57	23.62	46
164	中欧瑞博4期	7.86	1.94*	0.00	−0.01	0.63	−0.17	0.00	0.11	8.27	6.53	0.52	23.94	75
165	宽德中性优选3号	7.80	2.70*	−0.01	−0.01	−0.04	0.06	−0.08	−0.04	2.55	2.55	1.06	3.57	20
166	黑翼中证500指数增强5号	7.67	1.91*	−0.04	−0.04	0.94	0.22	−0.09	0.11	13.85	11.30	0.65	22.18	89
167	华炎晨轩	7.50	2.45*	−0.06	−0.05	0.29	0.04	0.03	−0.06	11.14	3.03	1.19	4.81	53
168	寰宇精选收益之睿益10期	7.31	1.80*	−0.06	−0.07	−0.09	−0.07	−0.10	0.00	8.79	3.90	0.97	8.96	6
169	海浦量化对冲7号	7.29	1.89*	−0.01	−0.07	−0.01	0.06	−0.11	−0.17	1.78	5.26	0.07	13.69	37
170	赫富灵活对冲1号	7.05	1.85*	−0.06	−0.09	0.06	0.12	−0.20	0.20	11.39	4.20	1.15	13.13	36
171	白鹭FOF演武场	7.01	4.11*	−0.11	−0.10	0.03	0.04	0.01	0.05	10.56	0.71	2.69	0.90	12
172	盛泉恒元量化套利17号	6.96	2.60*	−0.13	−0.12	0.01	0.12	0.03	0.16	10.46	2.17	1.60	5.90	23
173	新方程量化中小盘精选	6.95	2.29*	−0.06	−0.13	0.94	0.24	−0.14	0.06	13.03	11.48	0.62	22.60	93
174	赫富500指数增强1号	6.85	1.64*	−0.10	−0.14	0.95	0.21	−0.13	0.16	17.17	10.94	0.75	25.13	89
175	宁泉悦享1号	6.75	2.34*	−0.21	−0.15	0.38	0.02	0.11	0.02	12.76	3.89	1.15	6.17	71
176	盛泉恒元灵活配置8号	6.73	2.28*	−0.08	−0.16	0.52	0.12	−0.09	0.18	12.51	6.13	0.87	12.15	83
177	艾方博云全天候1号	6.57	1.72*	−0.16	−0.17	0.31	0.12	0.13	0.02	8.30	4.06	0.78	11.68	41

附录二　股票型私募基金经理的选股能力和择时能力（按年化α排序）：2020~2024年

续表

编号	基金名称	年化α(%)	t(α)	γ	t(γ)	β_{mkt}	β_{smb}	β_{hml}	β_{mom}	年化收益率(%)	年化波动率(%)	年化夏普比率	最大回撤率(%)	调整后R^2(%)
178	涵德量化稳健	6.52	1.70*	-0.26	-0.19	-0.05	0.12	-0.02	0.12	9.11	3.31	1.03	5.90	15
179	赢仕创盈9号	6.34	2.48*	-0.35	-0.23	0.03	0.00	0.05	0.17	9.29	1.14	1.51	3.24	18
180	致同宝盈	6.24	3.72*	-0.13	-0.24	0.03	0.00	0.01	0.10	8.93	0.42	2.17	0.41	19
181	牧鸥畅享壹号	6.19	1.72*	-0.64	-0.28	0.36	-0.05	0.01	0.05	1.76	6.19	0.07	19.27	50
182	宽德对冲中性专享1期	6.17	2.36*	-0.18	-0.29	-0.03	0.07	-0.07	-0.01	7.52	2.53	1.19	4.10	13
183	明泫中性1号	5.69	2.02*	-0.39	-0.38	-0.03	0.13	-0.14	0.09	7.97	3.10	1.04	7.95	34
184	中信信托宽德对冲专享10期	5.50	2.37*	-0.41	-0.41	-0.03	0.05	-0.06	-0.02	6.56	2.18	1.12	3.76	14
185	中信信托宽德对冲专享6期	5.43	2.25*	-1.30	-0.42	-0.04	0.06	-0.07	-0.02	6.85	2.17	1.14	3.11	14
186	金锝量化	5.32	3.02*	-0.63	-0.43	0.03	0.08	0.01	0.13	7.92	1.48	1.63	3.84	33
187	白鹭FoF演武场6号	4.87	4.13*	-0.22	-0.51	0.04	0.03	0.02	0.05	8.05	0.82	2.62	1.39	25
188	外贸一致远对冲3号	4.43	1.80*	-0.14	-0.55	0.02	0.09	0.10	0.08	7.71	2.40	1.32	4.49	10
189	新方程大类配置	4.20	2.17*	-0.40	-0.59	0.29	0.06	0.01	0.08	7.44	3.54	0.86	6.82	75
190	金锝中性量优选1号	4.18	2.79*	-0.84	-0.60	0.04	0.08	0.03	0.09	5.84	1.53	1.27	3.19	37
191	金锝6号	4.07	2.69*	-0.48	-0.60	0.04	0.09	0.02	0.10	6.18	1.56	1.33	3.44	40
192	钧富套利1号	3.57	1.95*	-0.40	-0.65	0.02	0.02	0.07	0.02	8.26	1.73	1.74	3.32	26
193	中邮永安钱潮FOF3号	2.89	1.71*	-0.59	-0.73	0.06	0.04	0.02	0.04	6.25	1.41	1.38	2.17	21
194	中邮永安金石	2.44	1.85*	-1.16	-0.81	0.04	0.05	-0.02	0.05	6.30	1.02	1.62	1.35	34
195	中信信托睿信稳健配置TOF	2.39	1.92*	-0.59	-0.84	0.14	0.02	-0.04	0.07	5.77	1.76	1.04	4.03	70

附录三 收益率在排序期排名前30位的基金在检验期的排名（排序期为一年）：2021~2024年

本表展示的是排序期为一年时，检验期为一年，排序期收益率排名前30位的基金在检验期的收益率排名，以及基金在排序期和检验期的收益率。样本量为在排序期和检验期都存在的基金数量。★表示在检验期仍排名前30位的基金。2021~2024年所有基金结果的完整数据可扫描前言中提供的二维码查阅。

排序期	排序期排名	基金名称	排序期收益率（%）	检验期	检验期排名	检验期收益率（%）	样本量
2021	1	匠心全天候	1 382.7	2022	105	42.3	9 470
2021	2	共同大健康量化	887.6	2022	2 245	-2.6	9 470
2021	3	唐氏专户1期	724.9	2022	8 953	-40.6	9 470
2021	4	七禾聚兴1号	437.6	2022	7 905	-28.4	9 470
2021	5	至简方大	390.1	2022	6 827	-22.2	9 470
2021	6	英领标地1号	382.0	2022	873	6.6	9 470
2021	7	久奕精选1号	380.5	2022	6 872	-22.4	9 470
2021	8	亚靴价值1号	371.6	2022	1 395	2.4	9 470
2021	9	黑石宏忠1号	368.8	2022	9 368	-59.4	9 470
2021	10	久盈价值精选1号	357.1	2022	8★	183.7	9 470
2021	11	中闽产业主题3号	331.0	2022	8 600	-35.0	9 470
2021	12	云土顺盈5号	327.7	2022	2 027	-1.4	9 470
2021	13	恒邦开鑫1号	321.7	2022	3 170	-7.1	9 470
2021	14	稻洋洋盈6号	318.2	2022	9 179	-46.8	9 470
2021	15	弘理嘉富	317.6	2022	9 150	-45.6	9 470
2021	16	天创机遇15号	317.3	2022	3 156	-7.1	9 470

附录三　收益率在排序期排名前30位的基金在检验期的排名（排序期为一年）：2021~2024年

续表

排序期	排序期排名	基金名称	排序期收益率（%）	检验期	检验期排名	检验期收益率（%）	样本量
2021	17	金元日鑫	314.0	2022	9 401	-63.9	9 470
2021	18	青鸾-芒种	312.7	2022	3 233	-7.4	9 470
2021	19	建泓盈富4号	306.9	2022	2*	287.4	9 470
2021	20	睿扬新兴成长	305.2	2022	5 702	-17.2	9 470
2021	21	稻洋祥盈7号	305.1	2022	9 237	-49.0	9 470
2021	22	睿扬新兴成长2号	291.0	2022	5 948	-18.3	9 470
2021	23	鑫疆九颂3号	289.6	2022	9 420	-67.6	9 470
2021	24	中阅聚焦7号	283.0	2022	49	69.9	9 470
2021	25	瀚木资产瀚木1号	278.9	2022	8295	-31.7	9 470
2021	26	佰邦2号	276.1	2022	7 291	-24.5	9 470
2021	27	誉庆平海鸥飞翔1号	276.1	2022	9 446	-76.8	9 470
2021	28	弘理嘉元	273.9	2022	9 113	-44.5	9 470
2021	29	鑫疆精选价值成长6号	272.6	2022	9 469	-94.7	9 470
2021	30	中盛晨嘉小草资本深圳湾1号	270.8	2022	9 388	-61.0	9 470
2022	1	宥盛尊享9号	307.3	2023	1 115	14.1	12 260
2022	2	金程宗态长风1号	240.7	2023	12 128	-48.5	12 260
2022	3	玖毅颂航2号	239.8	2023	759	19.2	12 260
2022	4	睿屹尚丰中睿智选2号	235.6	2023	7 040	-5.7	12 260
2022	5	君冠3号弘久价值机遇	216.6	2023	10 505	-18.8	12 260
2022	6	久盈价值精选1号	183.7	2023	11 653	-30.1	12 260

· 241 ·

续表

排序期	排序期排名	基金名称	排序期收益率（%）	检验期	检验期排名	检验期收益率（%）	样本量
2022	7	鸿宸领投1号	180.8	2023	4 560	0.8	12 260
2022	8	一村北极星	179.3	2023	9 345	-13.4	12 260
2022	9	甬邦海星1号	178.4	2023	16*	189.2	12 260
2022	10	图灵林海9号	172.6	2023	1 390	11.9	12 260
2022	11	锐耐资本精锐量化1号	166.8	2023	4 129	1.9	12 260
2022	12	汇牛白泽	160.1	2023	11 695	-30.9	12 260
2022	13	诚域新享2号	159.4	2023	1 242	12.9	12 260
2022	14	宝盈1号（宝信德）	156.6	2023	8 609	-10.6	12 260
2022	15	泽添复利1号	148.0	2023	1 755	9.5	12 260
2022	16	简帧世纪元端1号	143.1	2023	11 149	-24.1	12 260
2022	17	福邑共赢	137.8	2023	1 582	10.5	12 260
2022	18	中珏中钜增利1号	134.0	2023	8 884	-11.6	12 260
2022	19	万点资本进取2号	133.2	2023	867	17.3	12 260
2022	20	莽荒尚杉5号	133.2	2023	2 163	7.6	12 260
2022	21	歆享海盈16号	123.0	2023	4 283	1.5	12 260
2022	22	泰舜稳健进取9号	122.8	2023	11 650	-30.1	12 260
2022	23	有米合端混合策略2号	120.7	2023	133	55.5	12 260
2022	24	天俞道升辉10号	119.5	2023	582	23.6	12 260
2022	25	中珏恩视宏达价值1号	119.3	2023	1 240	12.9	12 260
2022	26	阳川10号	117.3	2023	2 795	5.3	12 260

附录三 收益率在排序期排名前30位的基金在检验期的排名（排序期为一年）：2021～2024年

续表

排序期	排序期排名	基金名称	排序期收益率（%）	检验期	检验期排名	检验期收益率（%）	样本量
2022	27	三才	114.0	2023	875	17.2	12 260
2022	28	友檩紫淇	113.7	2023	3 595	3.2	12 260
2022	29	上海瓦洛兰投资-精选2号	113.0	2023	126	57.2	12 260
2022	30	昭阳1号	111.4	2023	3 680	3.0	12 260
2023	1	中阅知行6号	226.9	2024	2 214	3.9	3 696
2023	2	中阅定制5号	181.7	2024	2 746	2.2	3 696
2023	3	宁聚量化稳盈1期	152.0	2024	3 361	-4.2	3 696
2023	4	中阅被动管理5号	141.4	2024	238	26.8	3 696
2023	5	中阅知行2号	131.6	2024	201	29.8	3 696
2023	6	指南创远	110.4	2024	155	35.3	3 696
2023	7	禧悦三石	108.6	2024	169	33.8	3 696
2023	8	中阅聚焦3号	102.2	2024	9*	101.4	3 696
2023	9	泽源致诚贝特量化1号	101.4	2024	237	26.8	3 696
2023	10	中颖公益1号	93.7	2024	48	64.1	3 696
2023	11	东方港湾麒庭1号	90.9	2024	46	64.7	3 696
2023	12	同威哈勃1号	82.8	2024	18*	77.6	3 696
2023	13	万纳精选	67.4	2024	2 244	3.9	3 696
2023	14	万纳精选4号	65.6	2024	1 454	7.1	3 696
2023	15	领久恒峰	65.3	2024	72	59.1	3 696
2023	16	翼威价值发现1号	63.6	2024	59	61.3	3 696

续表

排序期	排序期排名	基金名称	排序期收益率（%）	检验期	检验期排名	检验期收益率（%）	样本量
2023	17	万纳精选2号	62.1	2024	2 900	1.2	3 696
2023	18	Prospective Globe Fund	60.0	2024	819	13.5	3 696
2023	19	领久成长策略1号	59.7	2024	21*	71.5	3 696
2023	20	东方港湾马拉松9号	56.3	2024	79	57.9	3 696
2023	21	宁聚量化稳增1号	55.1	2024	3 214	-1.6	3 696
2023	22	东方港湾价值投资9号	54.1	2024	36	68.4	3 696
2023	23	万纳核心成长	52.8	2024	2 342	3.6	3 696
2023	24	东方港湾价值投资15号2期	51.8	2024	70	59.4	3 696
2023	25	东方港湾价值投资22号	51.8	2024	88	54.3	3 696
2023	26	东方港湾价值投资15号	51.8	2024	40	67.1	3 696
2023	27	领致1号	51.3	2024	3 661	-24.3	3 696
2023	28	东方港湾5号	49.9	2024	82	56.1	3 696
2023	29	东方港湾马拉松全球	49.8	2024	31	69.3	3 696
2023	30	东方港湾海银专享1号	49.6	2024	26*	70.1	3 696

附录四 收益率在排序期和检验期分别排名前30位的基金排名（排序期为一年）：2021~2024年

本表展示的是排序期为一年、检验期为一年时，排序期和检验期分别排名前30位的基金及基金的收益率。样本量为在排序期和检验期都存在的基金数量。★表示在检验期仍排名前30位的基金。

排序期	排序期排名	基金名称	排序期收益率（%）	检验期	检验期排名	基金名称	检验期收益率（%）	样本量
2021	1	匠心全天候	1 382.7	2022	1	建泓盈富4号★	287.4	9 470
2021	2	共同大健康量化	887.6	2022	2	每利-四维民生	283.5	9 470
2021	3	唐氏专户1期	724.9	2022	3	海豚量化	185.7	9 470
2021	4	七禾聚晨兴1号	437.6	2022	4	久盈价值精选1号★	183.7	9 470
2021	5	至简方大	390.1	2022	5	宝盈1号（宝信德）	156.6	9 470
2021	6	英领棕地1号	382.0	2022	6	万点资本进取2号	133.2	9 470
2021	7	久实精选1号	380.5	2022	7	昭阳1号	111.4	9 470
2021	8	亚馥价值1号	371.6	2022	8	一村金衍112号	94.8	9 470
2021	9	黑石宏忠1号	368.8	2022	9	创兆股债联动优选2号	90.9	9 470
2021	10	久盈价值精选1号	357.1	2022	10	金曼湛然5号	72.4	9 470
2021	11	中阅产业主题3号	331.0	2022	11	易徽河洲龙行2号	71.3	9 470
2021	12	云土顺盈5号	327.7	2022	12	中阅聚焦7号	69.9	9 470
2021	13	恒邦开鑫1号	321.7	2022	13	风雪3号	69.9	9 470
2021	14	稻洋祥盈6号	318.2	2022	14	汇富联合乙亥5号	57.5	9 470
2021	15	弘理嘉富	317.6	2022	15	芝麻开门成长型2号	54.1	9 470
2021	16	天创机遇15号	317.3	2022	16	牟合资产方田39号	52.0	9 470

续表

排序期	排序期排名	基金名称	排序期收益率（%）	检验期	检验期排名	基金名称	检验期收益率（%）	样本量
2021	17	金元日鑫	314.0	2022	17	量客泷韬系统化	51.4	9 470
2021	18	青鸾-芒种	312.7	2022	18	长量大志1号	50.3	9 470
2021	19	建泓盈富4号	306.9	2022	19	善泉1号	49.8	9 470
2021	20	睿扬新兴成长	305.2	2022	20	千禧细叶榕	49.7	9 470
2021	21	稻洋盈7号	305.1	2022	21	智领兆元汉石2期	48.7	9 470
2021	22	睿扬新兴成长2号	291.0	2022	22	海韵8号	47.9	9 470
2021	23	鑫疆九颂3号	289.6	2022	23	自然而然1号	43.9	9 470
2021	24	中阅聚焦7号	283.0	2022	24	蒙敦尼西9号	43.8	9 470
2021	25	瀚木资产瀚木1号	278.9	2022	25	匠心全天候	42.3	9 470
2021	26	恒邦2号	276.1	2022	26	智领汉石专享1期	42.3	9 470
2021	27	誉庆平海鸥飞翔1号	276.1	2022	27	久盈亚武二号	40.8	9 470
2021	28	弘理嘉元	273.9	2022	28	涌乐-乐山1号	39.3	9 470
2021	29	鑫疆精选价值成长6号	272.6	2022	29	西部隆淳晓见	39.2	9 470
2021	30	中盛晨嘉小草资本深圳湾1号	270.8	2022	30	弘阳信端驰7号	38.5	9 470
2022	1	育盛尊享9号	307.3	2023	1	甬邦海星1号*	189.2	12 260
2022	2	金程宗恋长风1号	240.7	2023	2	猎语天合4号	155.9	12 260
2022	3	玖毅源航2号	239.8	2023	3	中阅知行2号	131.6	12 260
2022	4	睿屹尚丰中睿智选2号	235.6	2023	4	乘舟长兴对冲1号	111.6	12 260
2022	5	君冠3号弘久价值机遇	216.6	2023	5	京晟福星	107.5	12 260

附录四　收益率在排序期和检验期分别排名前30位的基金排名（排序期为一年）：2021~2024年

续表

排序期	排序期排名	基金名称	排序期收益率（%）	检验期	检验期排名	基金名称	检验期收益率（%）	样本量
2022	6	久盈价值精选1号	183.7	2023	6	海粟价值成长1号	102.1	12 260
2022	7	鸿宸领投1号	180.8	2023	7	华银德洋	96.5	12 260
2022	8	一村北极星	179.3	2023	8	量宇红番茄12号	94.0	12 260
2022	9	甬邦海星1号	178.4	2023	9	天岸马时珍号	80.0	12 260
2022	10	图灵林海9号	172.6	2023	10	鑫鉴光芒1号	79.3	12 260
2022	11	锐耐资本精锐量化1号	166.8	2023	11	明廷6号	78.9	12 260
2022	12	汇牛台泽	160.1	2023	12	宝隼钱塘1号精选	75.0	12 260
2022	13	诚毓新享2号	159.4	2023	13	东方港湾蜗牛爬爬	73.6	12 260
2022	14	宝盈1号（宝信德）	156.6	2023	14	乾瀛价值成长3号	72.1	12 260
2022	15	泽添复利	148.0	2023	15	申优北极星5号	70.0	12 260
2022	16	简顿世纪元端1号	143.1	2023	16	昊业倍赢1号	69.8	12 260
2022	17	福邑共赢1号	137.8	2023	17	量化倍势1号	69.5	12 260
2022	18	中珏中钜增利1号	134.0	2023	18	柔微-星火燎原2号	67.6	12 260
2022	19	万点资本进取2号	133.2	2023	19	华融盈海佳进3号	62.4	12 260
2022	20	莽荒尚杉5号	133.2	2023	20	柔微-星火燎原1号	61.7	12 260
2022	21	歆享海盈16号	123.0	2023	21	易徽河洲龙行2号	61.4	12 260
2022	22	泰舜稳健进取9号	122.8	2023	22	Prospective Globe Fund	60.0	12 260
2022	23	有米合瑞混合策略2号	120.7	2023	23	领久成长策略1号	59.7	12 260
2022	24	天衔道升辉10号	119.5	2023	24	和祺朔忆7号	59.2	12 260

· 247 ·

续表

排序期	排序期排名	基金名称	排序期收益率（%）	检验期	检验期排名	基金名称	检验期收益率（%）	样本量
2022	25	中珏恩视宏达价值1号	119.3	2023	25	上海瓦洛兰投资-精选2号	57.2	12 260
2022	26	阳川10号	117.3	2023	26	堃熙多策略1号	56.7	12 260
2022	27	三才	114.0	2023	27	有米合瑞混合策略2号	55.5	12 260
2022	28	友德櫐淇	113.7	2023	28	宁纳新雨1号	54.6	12 260
2022	29	上海瓦洛兰投资-精选2号	113.0	2023	29	复熙量化选股1号	54.1	12 260
2022	30	昭阳1号	111.4	2023	30	岳海稳健对冲1号	53.5	12 260
2023	1	中阅知行6号	226.9	2024	1	玖鹏星辰成长8号	128.0	3 696
2023	2	中阅定制5号	181.7	2024	2	青竹价值常青	119.8	3 696
2023	3	宁聚量化稳盈1期	152.0	2024	3	利美仁善	117.6	3 696
2023	4	中阅被动管理5号	141.4	2024	4	吉丰永利一号	114.4	3 696
2023	5	中阅知行2号	131.6	2024	5	龙凤飞尺度长善价值长期价值1号	110.4	3 696
2023	6	指南创远	110.4	2024	6	止于至善价值投资3号5年期*	106.6	3 696
2023	7	禧悦三石	108.6	2024	7	中阅聚焦3号*	101.4	3 696
2023	8	中阅聚焦3号	102.2	2024	8	津博宏图2号	100.0	3 696
2023	9	泽源致诚贝驰量化1号	101.4	2024	9	鹤骑鹰列墨蔚蓝	96.4	3 696
2023	10	中颖公益1号	93.7	2024	10	东方港湾海雅海国际2号	80.6	3 696
2023	11	东方港湾湾麒庭1号	90.9	2024	11	同威港哈勃1号*	77.6	3 696
2023	12	同威哈勃1号	82.8	2024	12	东方港湾健康1号	76.9	3 696
2023	13	万纳精选	67.4	2024	13	启元通盛2号	73.2	3 696

附录四　收益率在排序期和检验期分别排名前30位的基金排名（排序期为一年）：2021~2024年

续表

排序期	排序期排名	基金名称	排序期收益率（%）	检验期	检验期排名	基金名称	检验期收益率（%）	样本量
2023	14	万纳精选4号	65.6	2024	14	领久成长策略1号*	71.5	3 696
2023	15	领久恒峰	65.3	2024	15	东方港湾马拉松15号	70.9	3 696
2023	16	冀威价值发现1号	63.6	2024	16	东方港湾马拉松2号	70.5	3 696
2023	17	万纳精选2号	62.1	2024	17	天恩马海银专享1号*	70.1	3 696
2023	18	Prospective Globe Fund	60.0	2024	18	东方港湾语翡	70.1	3 696
2023	19	领久成长策略1号	59.7	2024	19	东方港湾杰盈1期	69.8	3 696
2023	20	东方港湾马拉松9号	56.3	2024	20	东方港湾倚天1号	69.5	3 696
2023	21	宁聚量化稳增1号	55.1	2024	21	东方港湾马拉松全球	69.3	3 696
2023	22	东方港湾价值投资9号	54.1	2024	22	东方港湾马拉松11号	68.6	3 696
2023	23	万纳核心成长	52.8	2024	23	样程汉景港湾1号	68.5	3 696
2023	24	东方港湾价值投资15号2期	51.8	2024	24	东方港湾价值投资9号	68.4	3 696
2023	25	东方港湾价值投资22号	51.8	2024	25	东方港湾高山	68.4	3 696
2023	26	东方港湾价值投资15号	51.8	2024	26	东方港湾九鲤荷塘	67.9	3 696
2023	27	领致1号	51.3	2024	27	东方港湾利得3号	67.7	3 696
2023	28	东方港湾5号	49.9	2024	28	同威劳龄富豪1号	67.3	3 696
2023	29	东方港湾马拉松全球	49.8	2024	29	东方港湾价值投资15号	67.1	3 696
2023	30	东方港湾海银专享1号	49.6	2024	30	东方港湾马拉松16号	66.0	3 696

附录五 夏普比率在排序期排名前 30 位的基金在检验期的排名（排序期为一年）：2021~2024 年

本表展示的是排序期为一年，检验期为一年时，排序期夏普比率排名前 30 位的基金在检验期的夏普比率排名，以及基金在排序期和检验期的夏普比率。样本量为在排序期和检验期都存在的基金数量。★ 表示在检验期仍排名前 30 位的基金。

排序期	排序期排名	基金名称	排序期夏普比率	检验期	检验期排名	检验期夏普比率	样本量
2021	1	润钱宝 1 号	32.38	2022	28★	4.89	9 470
2021	2	润合唐诚 2 号	30.59	2022	2★	19.82	9 470
2021	3	润农 1 号	27.43	2022	250	1.49	9 470
2021	4	润钱宝尊享 2 号	24.84	2022	34	4.30	9 470
2021	5	半年增利 1 号	24.41	2022	7 431	-1.23	9 470
2021	6	润合通宝唐诚	24.33	2022	1★	20.50	9 470
2021	7	汇信未来 3 期	20.11	2022	1 364	0.20	9 470
2021	8	天简道新弘稳健 1 号	19.17	2022	170	1.88	9 470
2021	9	润合唐诚新元宝 1 号	14.60	2022	1 317	0.22	9 470
2021	10	巨源新泽 1 号	14.03	2022	5★	11.12	9 470
2021	11	汇利 200 号	13.51	2022	1 501	0.13	9 470
2021	12	新弘稳健 3 号	12.79	2022	222	1.62	9 470
2021	13	大树套利 1 号	9.37	2022	82	2.76	9 470
2021	14	叁津新动力核心 2 号	8.52	2022	192	1.77	9 470
2021	15	中邮永安鑫安 1 号	8.50	2022	66	3.16	9 470
2021	16	展弘稳进 1 号	8.03	2022	17★	5.71	9 470
2021	17	涌利宝 B3	7.97	2022	125	2.28	9 470

附录五 夏普比率在排序期排名前30位的基金在检验期的排名（排序期为一年）：2021~2024年

续表

排序期	排序期排名	基金名称	排序期夏普比率	检验期	检验期排名	检验期夏普比率	样本量
2021	18	鑫选1号	7.62	2022	29*	4.63	9 470
2021	19	湘信稳健一年锁定期1号	7.31	2022	69	3.06	9 470
2021	20	时代复兴磐石6号	7.25	2022	511	0.93	9 470
2021	21	润合唐诚珍宝2号	7.24	2022	1 380	0.19	9 470
2021	22	西部犀牛淳院见	7.23	2022	58	3.43	9 470
2021	23	君犀犀舟8号	7.17	2022	2 259	-0.11	9 470
2021	24	乾行天合6号	7.05	2022	39	4.11	9 470
2021	25	微观博易－春枫	7.01	2022	20*	5.56	9 470
2021	26	乾行天利6号	6.95	2022	218	1.64	9 470
2021	27	山东天宝云中燕11期	6.91	2022	26*	5.19	9 470
2021	28	蒙玺金选套利1号B	6.88	2022	95	2.63	9 470
2021	29	利位星舟泰华7号	6.79	2022	182	1.81	9 470
2021	30	展弘稳达2号	6.65	2022	44	3.93	9 470
2022	1	外贸信托汇玉1号第18期	64.03	2023	9 708	-1.12	12 260
2022	2	外贸信托汇玉3号第9期	56.33	2023	9*	23.07	12 260
2022	3	外贸信托汇玉3号第10期	55.45	2023	11 052	-1.64	12 260
2022	4	灵涛机构日享2期	43.01	2023	6*	26.23	12 260
2022	5	平安信托平稳安泰（第1期）	35.32	2023	3*	29.40	12 260
2022	6	外贸信托鑫安1号	34.09	2023	7*	24.88	12 260
2022	7	平安信托平稳安盈1号	33.85	2023	4*	29.24	12 260

· 251 ·

续表

排序期	排序期排名	基金名称	排序期夏普比率	检验期	检验期排名	检验期夏普比率	样本量
2022	8	平安信托平稳安盈3号	33.04	2023	2*	29.41	12 260
2022	9	平安信托畅享一号	27.10	2023	77	6.00	12 260
2022	10	卓亿稳续月月通1号	26.97	2023	20*	14.77	12 260
2022	11	国民信托稳鑫80号	26.61	2023	147	4.31	12 260
2022	12	海益天利1号	25.20	2023	678	1.71	12 260
2022	13	上凤周添利1号	22.24	2023	305	2.77	12 260
2022	14	汇泽润享1号	21.49	2023	11 918	-2.41	12 260
2022	15	山东信托泰山宝	21.36	2023	17*	15.60	12 260
2022	16	国民信托金牛2号	21.21	2023	7 885	-0.70	12 260
2022	17	山东信托泰山宝1号	20.80	2023	19*	15.32	12 260
2022	18	润合通宝唐诚	20.50	2023	231	3.27	12 260
2022	19	润合唐诚2号	19.82	2023	27*	11.47	12 260
2022	20	山东信托泰山宝2号	17.83	2023	21*	14.57	12 260
2022	21	盛景量化对冲收益	17.23	2023	3 647	0.22	12 260
2022	22	温州嘉利复鑫4号	15.32	2023	18*	15.58	12 260
2022	23	金沣利晟稳健周周赢1号	14.46	2023	36	8.94	12 260
2022	24	平安信托平稳安盈6号	14.11	2023	5*	28.00	12 260
2022	25	江苏信托金信添利系列	12.00	2023	30*	10.71	12 260
2022	26	黑皇鑫隆1号	11.64	2023	37	8.89	12 260
2022	27	厦门信托现金宝2号	11.52	2023	15*	16.98	12 260

附录五　夏普比率在排序期排名前 30 位的基金在检验期的排名（排序期为一年）：2021~2024 年

续表

排序期	排序期排名	基金名称	排序期夏普比率	检验期	检验期排名	检验期夏普比率	样本量
2022	28	金洋利晟稳健年年红 1 号	11.52	2023	13*	18.10	12 260
2022	29	天宝星海对冲二期	10.93	2023	1 024	1.34	12 260
2022	30	国民信托稳鑫 82 号	10.88	2023	2 236	0.62	12 260
2023	1	山东信托山东建设发展基金（A 类）	33.67	2024	287	4.99	3 696
2023	2	山东信托山东建设发展基金（B 类 2 期 30 天型）	33.67	2024	288	4.99	3 696
2023	3	山东信托山东建设发展基金（B 类 2 期 60 天型）	33.67	2024	289	4.99	3 696
2023	4	山东信托山东建设发展基金（B 类 2 期 90 天型）	33.67	2024	290	4.99	3 696
2023	5	山东信托山东建设发展基金（B 类 2 期 180 天型）	33.67	2024	291	4.99	3 696
2023	6	山东信托山东建设发展基金（定制）	33.67	2024	292	4.99	3 696
2023	7	外贸信托五行致远（6 月开）1 期	31.25	2024	353	3.98	3 696
2023	8	外贸信托西湖 2 号	30.61	2024	43	13.67	3 696
2023	9	外贸信托西湖 3 号	30.46	2024	94	11.67	3 696
2023	10	外贸信托鑫安 1 号	24.88	2024	199	8.26	3 696
2023	11	国投泰康信托招福宝 B 款理财 714 号	24.43	2024	370	3.74	3 696
2023	12	华润信托腾龙 1 号	22.24	2024	388	3.53	3 696

· 253 ·

续表

排序期	排序期排名	基金名称	排序期复普比率	检验期	检验期排名	检验期复普比率	样本量
2023	13	平安信托睿鑫鼎裕月享18号	21.01	2024	186	8.59	3 696
2023	14	平安信托尊盛1号	20.88	2024	321	4.37	3 696
2023	15	外贸信托西湖4号	20.27	2024	35	14.08	3 696
2023	16	平安信托睿鑫鼎裕福月享11号	19.19	2024	166	9.08	3 696
2023	17	平安信托睿鑫鼎裕月享7号	19.17	2024	183	8.61	3 696
2023	18	平安信托睿鑫鼎裕月享3号	19.11	2024	193	8.44	3 696
2023	19	外贸信托朗瑞1号第4期	18.78	2024	988	1.18	3 696
2023	20	外贸信托玉如意9月发1期	18.07	2024	775	1.66	3 696
2023	21	平安信托睿鑫鼎裕月享14号	18.06	2024	195	8.37	3 696
2023	22	国投泰康信托招福宝B款理财707号	17.94	2024	351	4.06	3 696
2023	23	平安信托睿鑫鼎裕月享2号	17.91	2024	253	5.94	3 696
2023	24	平安信托睿鑫鼎裕月享17号	17.69	2024	182	8.63	3 696
2023	25	平安信托睿鑫鼎裕月享6号	17.55	2024	175	8.80	3 696
2023	26	平安信托东证融汇鼎裕月享1号	17.55	2024	260	5.75	3 696
2023	27	平安信托睿鑫鼎裕月享16号	17.33	2024	189	8.52	3 696
2023	28	外贸信托信享2号	17.10	2024	206	7.75	3 696
2023	29	厦门信托现金宝2号	16.98	2024	568	2.45	3 696
2023	30	交银国信·蓝色港湾上海1号	16.76	2024	243	6.59	3 696

参 考 文 献

［1］庞丽艳，李文凯，黄娜. 开放式基金绩效评价研究［J］. 经济纵横，2014（7）：91-95.

［2］赵骄，闫光华. 公募基金与阳光私募基金经理的管理业绩持续性实证分析［J］. 科技经济市场，2011（12）：47-50.

［3］赵羲，刘文宇. 中国私募证券投资基金的业绩持续性研究［J］. 上海管理科学，2018（6）：5-9.

［4］朱杰. 中国证券投资基金收益择时能力的实证研究［J］. 统计与决策，2012（12）：148-151.

［5］Agarwal V, Naik N Y. On Taking the "Alternative" Route: The Risks, Rewards, and Performance Persistence of Hedge Funds［J］. The Journal of Alternative Investments, 2000（2）：6-23.

［6］Brown S J, Goetzmann W N. Performance Persistence［J］. The Journal of Finance, 1995（50）：679-698.

［7］Carhart M M. On Persistence in Mutual Fund Performance［J］. The Journal of Finance, 1997（52）：57-82.

［8］Cao C, Simin T, Wang Y. Do Mutual Fund Managers Time Market Liquidity?［J］. Journal of Financial Markets, 2013（16）：279-307.

［9］Cao C, Chen Y, Liang B, Lo A. Can Hedge Funds Time Market Liquidity?［J］. Journal of Financial Economics, 2013（109）：493-516.

［10］Cao C, Farnsworth G, Zhang H. The Economics of Hedge Fund Startups: Theory and Empirical Evidence［J］. Journal of Finance, Forthcoming, 2020.

［11］Chen Y. Timing Ability in the Focus Market of Hedge Funds［J］. Journal of Investment Management, 2007（5）：66-98.

［12］Chen Y, Liang B. Do Market Timing Hedge Funds Time the Market?［J］. Journal of Financial and Quantitative Analysis, 2007（42）：827-856.

［13］Fama E F, French K R. The Cross-section of Expected Stock Returns［J］. The Journal of Finance, 1992（47）：427-465.

[14] Fama E F, French K R. Common Risk Factors in the Returns on Stocks and Bonds [J]. Journal of Financial Economics, 1993 (33): 3-56.

[15] Fama E F, French K R. Luck Versus Skill in the Cross-section of Mutual Fund Returns [J]. The Journal of Finance, 2010 (65): 1915-1947.

[16] Fung W, Hsieh D A. Hedge Fund Benchmarks: A Risk-based Approach [J]. Financial Analysts Journal, 2004 (60): 65-80.

[17] Malkiel B G. Returns from Investing in Equity Mutual Funds 1971 to 1991 [J]. The Journal of Finance, 1995 (50): 549-572.

[18] Jegadeesh N, Titman S. Returns to Buying Winners and Selling Losers: Implications for Stock Market Efficiency [J]. The Journal of Finance, 1993 (48): 65-91.

后　记

　　本书是清华大学五道口金融学院、香港中文大学（深圳）数据经济研究院经过多年积累的研究成果，是 2016~2024 年历年出版的《中国公募基金研究报告》和《中国私募基金研究报告》的后续报告。2025 年，我们进一步完善了研究方法、样本和结果，并加入了对科技创新 ETF 的分析，出版《2025 年中国公募基金研究报告》和《2025 年中国私募基金研究报告》，以飨读者。

　　本书凝聚着所有参与研究和撰写的工作人员的心血和智慧。在整个书稿撰写及审阅的过程中，清华大学五道口金融学院、香港中文大学（深圳）数据经济研究院金牛资产管理研究中心的领导们给予了大力支持，报告由曹泉伟教授、陈卓教授和吴海峰主任以及研究人员门垚、平依鹭、刘桢、吴莹、张鹏和姜白杨共同撰写完成。

　　我们衷心感谢清华大学五道口金融学院、香港中文大学（深圳）数据经济研究院的大力支持，感谢国家自然科学基金委员会重大项目（72495152 和 72495150）、国家自然科学基金委员会优秀青年科学基金项目（72222004）的资助，感谢来自学术界、业界、监管机构的各方人士在书稿写作过程中提供的帮助。最后，我们由衷感谢来自各方的支持与帮助，在此一并致谢！

作者

2025 年 4 月

图书在版编目（CIP）数据

2025年中国私募基金研究报告 / 曹泉伟等著.
北京：经济科学出版社，2025.6. -- ISBN 978-7-5218-7003-9

Ⅰ. F832.51

中国国家版本馆CIP数据核字第2025WW0077号

责任编辑：初少磊
责任校对：齐　杰
责任印制：范　艳

2025年中国私募基金研究报告
2025 NIAN ZHONGGUO SIMU JIJIN YANJIU BAOGAO
曹泉伟　陈卓　吴海峰　等/著
经济科学出版社出版、发行　新华书店经销
社址：北京市海淀区阜成路甲28号　邮编：100142
总编部电话：010-88191217　发行部电话：010-88191522
网址：www.esp.com.cn
电子邮箱：esp@esp.com.cn
天猫网店：经济科学出版社旗舰店
网址：http://jjkxcbs.tmall.com
北京季蜂印刷有限公司印装
787×1092　16开　16.75印张　338000字
2025年6月第1版　2025年6月第1次印刷
ISBN 978-7-5218-7003-9　定价：76.00元
(图书出现印装问题，本社负责调换。电话：010-88191545)
(版权所有　侵权必究　打击盗版　举报热线：010-88191661
QQ：2242791300　营销中心电话：010-88191537
电子邮箱：dbts@esp.com.cn)